**Controle e aprendizagem motora:
introdução aos processos
dinâmicos de aquisição
de habilidades motoras**

EDITORA intersaberes

O selo DIALÓGICA da Editora InterSaberes faz referência às publicações que privilegiam uma linguagem na qual o autor dialoga com o leitor por meio de recursos textuais e visuais, o que torna o conteúdo muito mais dinâmico. São livros que criam um ambiente de interação com o leitor – seu universo cultural, social e de elaboração de conhecimentos –, possibilitando um real processo de interlocução para que a comunicação se efetive.

Controle e aprendizagem motora: introdução aos processos dinâmicos de aquisição de habilidades motoras

Suelen Meira Góes

EDITORA intersaberes

Rua Clara Vendramin, 58 • Mossunguê • CEP 81200-170 • Curitiba • PR • Brasil
Fone: (41) 2106-4170 • www.intersaberes.com • editora@editorainterasaberes.com.br

Conselho editorial
Dr. Ivo José Both (presidente)
Dr.ª Elena Godoy
Dr. Neri dos Santos
Dr. Ulf Gregor Baranow

Editora-chefe
Lindsay Azambuja

Gerente editorial
Ariadne Nunes Wenger

Analista editorial
Ariel Martins

Preparação de originais
Bruno Gabriel

Edição de texto
Arte e Texto

Capa
Laís Galvão (*design*)
Monkey Business Images/
Shutterstock (imagem)

Projeto gráfico
Luana Machado Amaro

Diagramação
Andreia Rasmussen

Equipe de *design*
Luana Machado Amaro
Iná Trigo

Iconografia
Sandra Lopis da Silveira
Regina Claudia Cruz Prestes

Dados Internacionais de Catalogação na Publicação (CIP)
(Câmara Brasileira do Livro, SP, Brasil)

Góes, Suelen Meira
  Controle e aprendizagem motora: introdução aos processos dinâmicos de aquisição de habilidades motoras/Suelen Meira Góes. Curitiba: InterSaberes, 2020. (Série Corpo em Movimento)

  Bibliografia.
  ISBN 978-85-227-0214-5

  1. Aprendizagem motora 2. Capacidade motora 3. Controle motor (Fisiologia) 4. Educação física 5. Movimento I. Título. II. Série.

19-30932   CDD-613.7

Índices para catálogo sistemático:
1. Controle e aprendizagem motora: Educação física   613.7

Cibele Maria Dias – Bibliotecária – CRB-8/9427

1ª edição, 2020.

Foi feito o depósito legal.

Informamos que é de inteira responsabilidade da autora a emissão de conceitos.

Nenhuma parte desta publicação poderá ser reproduzida por qualquer meio ou forma sem a prévia autorização da Editora InterSaberes.

A violação dos direitos autorais é crime estabelecido na Lei n. 9.610/1998 e punido pelo art. 184 do Código Penal.

Sumário

Apresentação • 15
Como aproveitar ao máximo este livro • 19

Parte I
Introdução ao comportamento motor • 25

Capítulo 1
Conceitos do controle motor e da aprendizagem motora • 29
   1.1 Campos de estudo do comportamento motor • 32
   1.2 Conceito de habilidades motoras
       e capacidades motoras • 36
   1.3 Classificações das habilidades motoras:
       esquemas unidimensionais • 39
   1.4 Classificações das habilidades motoras:
       taxonomia bidimensional de Gentile • 45
   1.5 Avaliação do comportamento motor • 55
   1.6 Controle motor e aprendizagem motora
       na educação física • 66

Parte II
Controle motor · 79

Capítulo 2
Controle motor: aspectos teóricos da produção
do movimento · 83
  2.1 Teorias cognitivas do controle motor · 86
  2.2 Teorias dos sistemas dinâmicos do controle motor · 96
  2.3 Organização do movimento · 104
  2.4 Sistema de percepção-ação · 109
  2.5 Fontes de informação para o controle
       do movimento · 112

Capítulo 3
Características da produção do movimento · 133
  3.1 Atenção e produção de movimento · 136
  3.2 Coordenação do movimento · 147
  3.3 *Feedback* e *feedforward*: correções
       e antecipação de movimento · 154
  3.4 Diferenças individuais e capacidades motoras · 165
  3.5 Identificação de capacidades motoras · 170

Parte III
Aprendizagem motora · 183

Capítulo 4
Concepções e perspectivas teóricas
da aprendizagem motora · 187
  4.1 Características da aquisição de habilidades · 190
  4.2 Processo de aprendizagem e construção do panorama
       perceptual-motor · 195
  4.3 Tempo de reação e processamento de informação · 198
  4.4 Tomada de decisões nas ações e respostas motoras · 205
  4.5 Estágios de aprendizagem motora · 213
  4.6 Transferência de aprendizagem motora · 221

Capítulo 5

Desenvolvimento motor, mensuração e comunicação verbal na aprendizagem motora · 231

5.1 Estágios de desenvolvimento motor na aprendizagem motora · 234
5.2 Relação entre aprendizagem motora e desempenho motor · 245
5.3 Características no desempenho para mensuração da aprendizagem motora · 250
5.4 Avaliação da aprendizagem motora · 251
5.5 Prática do desempenho e aprendizagem · 257
5.6 Instruções para a aprendizagem motora · 263
5.7 *Feedback* aumentado · 269

Capítulo 6

Aprendizagem motora: condições da prática · 285

6.1 Prática na aprendizagem motora · 288
6.2 Prática mental e prática física · 290
6.3 Fragmentação da habilidade motora na prática · 293
6.4 Distribuição da prática motora · 297
6.5 Variabilidade da prática motora e interferência contextual · 302

Considerações finais · 313
Referências · 315
Bibliografia comentada · 337
Respostas · 341
Sobre a autora · 343

À complexidade e à dinamicidade da vida, por ela nos mostrar que as divergências existem, não somente como parte do processo, mas como elementos transformadores. Os instrumentos para a transformação estão à nossa disposição, somente precisamos unir forças para realizar mudanças.

Com amor ao Neumar, por me mostrar que é na simplicidade da vida que encontramos os melhores momentos e por acreditar, junto comigo, que sonhos devem ser seguidos, não havendo fronteiras que nos barrem.

Agradeço, aos meus pais, Reinaldo e Solange, por sempre me mostrarem que a vida é dinâmica e que temos o poder da mudança. Obrigada sempre pela amizade, pelo apoio, pelas inspirações e pelos ensinamentos.

Agradeço também aos meus irmãos, Liz e Romulo, pelo companheirismo e por sempre serem minhas fontes de inspiração.

Agradecimento especial às minhas amigas, Ana e Luciana, pela sororidade feminina de hoje e sempre, pelo apoio no desenvolvimento deste livro e pela amizade verdadeira em todos os momentos.

Não existe um significado único e simples para o termo "revolucionária". Uma pessoa "revolucionária" é uma mulher ou um homem que pode ser várias coisas, mas, basicamente, a pessoa revolucionária quer mudar a natureza da sociedade de uma maneira que crie um mundo onde as necessidades e interesses do povo sejam respondidos. Uma pessoa revolucionária percebe, no entanto, que para criar um mundo onde os seres humanos possam viver, amar, criar e serem saudáveis, é preciso revolucionar completamente toda estrutura da sociedade.

Angela Davis

Apresentação

Sejam bem-vindas e bem-vindos a este livro sobre controle e aprendizagem motora, com foco nos processos dinâmicos de aquisição de habilidades motoras.

Para iniciarmos nossa reflexão, vamos partir da prática. É comum aplicarmos os conceitos de controle e aprendizagem motora todas as vezes em que perguntamos: Quais as maneiras que nosso organismo se organiza para o movimento? Qual é a melhor progressão de ensino para determinada habilidade motora?

O controle motor e a aprendizagem motora são duas das áreas de estudo que dão base para o entendimento sobre o movimento. O ensino e a pesquisa realizados nessas duas áreas são pilares estruturais na aplicação dos conceitos da educação física. Dessa forma, o que devemos saber para utilizar os conhecimentos dessas áreas? O que é fundamental para a educação física quando consideramos o controle motor e a aprendizagem motora?

E podemos ir além neste questionamento: Afinal, qual é a melhor maneira de organizar a prática nas minhas aulas? Como posso corrigir os erros de desempenho de minha aluna? Quando atuamos como profissionais de educação física, o ideal é que viabilizemos às alunas e aos alunos uma aprendizagem de conhecimentos sobre o movimento que lhes permitam, individual e intencionalmente, utilizar potencialidades para que o movimento ocorra de forma funcional, assim como melhorar a relação com o meio em que vivem e buscar benefícios para a sua qualidade de vida.

Chegamos, então, ao foco deste livro: trazer conceitos introdutórios e que motivem profissionais e futuras (os) profissionais de educação física a aplicarem cada vez mais os conceitos de controle e aprendizagem motora. Com intuito de propiciar formação global e aplicada nos conteúdos dessas disciplinas, iremos analisar os seguintes aspectos:

- estrutura e potencialidades relacionadas com o movimentar-se e o envolvimento de seus aspectos músculo-esquelético, fisiológico, biomecânico, neuro-muscular, psicológico e suas interações;
- capacidades relacionadas com o movimentar-se, desde aquelas caracterizadas por exigência de menor complexidade até aquelas que exigem maior complexidade;
- habilidades relacionadas com o mover-se e o envolvimento da aprendizagem e da execução de movimentos em um sistema complexo e dinâmico;
- relacionamento que o movimento proporciona com o meio físico e social, visto que este afeta e é afetado pelo ambiente no qual está inserido.

Para atendermos aos objetivos propostos, esta obra estará dividida em três unidades maiores: introdução ao comportamento motor, controle motor e aprendizagem motora. Cada uma dessas unidades será composta por capítulos que nos trarão viabilidade na aprendizagem de conhecimentos sobre o tema em questão.

A parte I, composta pelo Capítulo 1, fornecerá uma visão geral sobre os campos de estudo do comportamento motor: controle motor, aprendizagem motora e desenvolvimento motor. Nesse capítulo, veremos os conceitos básicos do controle motor e da aprendizagem motora, entendendo, por exemplo, o que são habilidades motora. Traremos os princípios básicos sobre esses campos de estudo do comportamento motor e aplicaremos tais conceitos em exemplos e situações práticas relacionados com a educação física.

A Parte II contará com os Capítulos 2 e 3 e fornecerá uma visão geral sobre o controle motor com base nos pressupostos tanto das teorias cognitivas como dos sistemas dinâmicos do controle motor. O Capítulo 2 apresentará as contribuições das teorias cognitivas e dos sistemas dinâmicos na percepção e produção de movimento. Será um capítulo que explorará o processo de organização do movimento, apresentando como funciona o sistema de percepção-ação e o papel das fontes de informação no controle do movimento.

Já o Capítulo 3 mostrará os principais conceitos relacionados ao controle motor e que podem ser aplicados na aprendizagem motora. O capítulo enfatizará a compreensão sobre a atenção e a produção de movimento, apresentando a maneira que coordenamos e controlamos o movimento e o papel das diferenças individuais para a correção e a antecipação do movimento.

Ao chegarmos à Parte III, composta pelos Capítulos 4, 5 e 6, teremos uma visão geral sobre a aprendizagem motora com base em pressupostos tanto das teorias cognitivas como dos sistemas dinâmicos do controle motor. No Capítulo 4, veremos as concepções e perspectivas teóricas da aprendizagem motora. Nesse momento, discutiremos as características da aquisição de habilidades, compreendendo o processo de aprendizagem e de construção do panorama perceptual-motor. Também mostraremos qual é o papel desses processo na tomada de decisões, nos estágios de aprendizagem motora e na transferência de aprendizagem.

O Capítulo 5, por sua vez, abrangerá os estágios de desenvolvimento motor e sua relação com a aprendizagem motora, bem como a diferença entre aprendizagem e desempenho motor.

O capítulo também apresentará as possibilidades de utilização de instruções e *feedback* na aprendizagem motora.

Por fim, o Capítulo 6 encerrará o livro com a apresentação das variadas maneiras como podemos organizar a prática de forma a facilitar a aprendizagem motora. Esse capítulo apresentará os tipos de prática e o conceito de interferência contextual.

É importante mencionarmos que todos os capítulos desta obra contarão com recursos didáticos e atividades que auxiliarão no entendimento da teoria e no desenvolvimento de reflexão sobre os temas propostos.

Bom estudo!

Como aproveitar ao máximo este livro

Empregamos nesta obra recursos que visam enriquecer seu aprendizado, facilitar a compreensão dos conteúdos e tornar a leitura mais dinâmica. Conheça a seguir cada uma dessas ferramentas e saiba como elas estão distribuídas no decorrer deste livro para bem aproveitá-las.

Conteúdos do capítulo

Logo na abertura do capítulo, relacionamos os conteúdos que nele serão abordados.

Após o estudo deste capítulo, você será capaz de:

Antes de iniciarmos nossa abordagem, listamos as habilidades trabalhadas no capítulo e os conhecimentos que você assimilará no decorrer do texto.

Síntese

Ao final de cada capítulo, relacionamos as principais informações nele abordadas a fim de que você avalie as conclusões a que chegou, confirmando-as ou redefinindo-as.

Para saber mais

Sugerimos a leitura de diferentes conteúdos digitais e impressos para que você aprofunde sua aprendizagem e siga buscando conhecimento.

Questões para reflexão

Ao propor estas questões, pretendemos estimular sua reflexão crítica sobre temas que ampliam a discussão dos conteúdos tratados no capítulo, contemplando ideias e experiências que podem ser compartilhadas com seus pares.

Atividades de autoavaliação

Apresentamos estas questões objetivas para que você verifique o grau de assimilação dos conceitos examinados, motivando-se a progredir em seus estudos.

Atividades de aprendizagem

Aqui apresentamos questões que aproximam conhecimentos teóricos e práticos a fim de que você analise criticamente determinado assunto.

Bibliografia comentada

Nesta seção, comentamos algumas obras de referência para o estudo dos temas examinados ao longo do livro.

Importante!

Algumas das informações centrais para a compreensão da obra aparecem nesta seção. Aproveite para refletir sobre os conteúdos apresentados.

Preste atenção!

Apresentamos informações complementares a respeito do assunto que está sendo tratado.

Parte I

Introdução ao comportamento motor

A **Parte I** nos fornece uma visão geral sobre os campos de estudo do comportamento motor: controle motor, aprendizagem motora e desenvolvimento motor. Esta parte é composta pelo Capítulo 1.

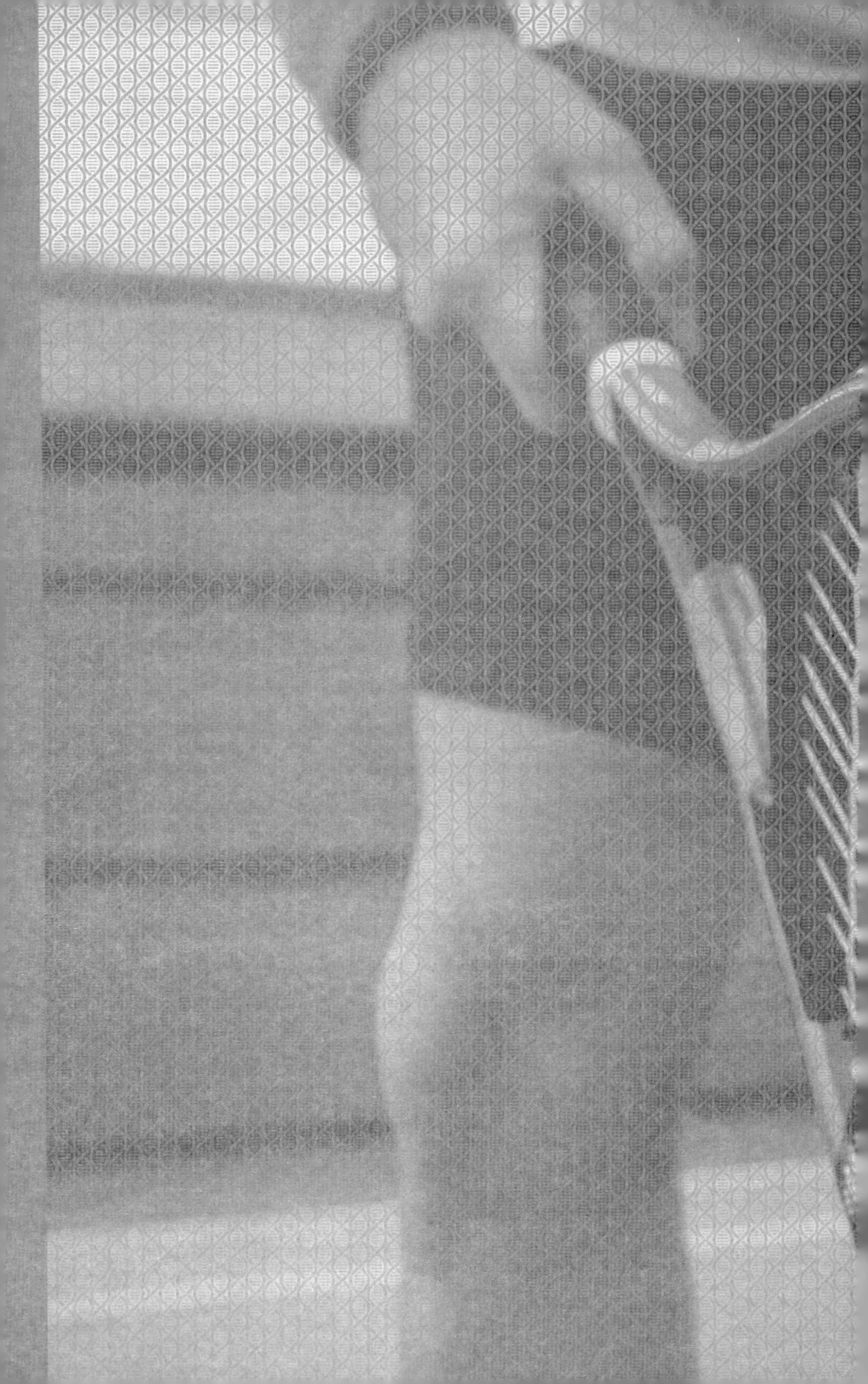

Capítulo 1

Conceitos do controle motor e da aprendizagem motora

Conteúdos do capítulo:

- Princípios básicos do comportamento motor.
- O papel de cada área do comportamento motor: controle motor, aprendizagem motora e desenvolvimento motor e suas implicações para os profissionais de educação física.
- As habilidades motoras e como estas podem ser classificadas.
- Possibilidades de avaliação do comportamento motor.

Após o estudo deste capítulo, você será capaz de:

1. distinguir controle e aprendizagem motora das outras áreas relacionadas ao campo de estudo do comportamento motor;
2. listar os métodos utilizados para avaliar o comportamento motor;
3. identificar as habilidades motoras;
4. classificar as habilidades motoras;
5. compreender o papel do controle motor e da aprendizagem motora na educação física.

1.1 Campos de estudo do comportamento motor

Quando admiramos as incríveis habilidades da jogadora de futebol brasileira Marta Silva – eleita a melhor jogadora do mundo pela Federação Internacional de Futebol (FIFA) por seis vezes – ou as qualidades da tenista estadunidense Serena Williams – uma das tenistas a ficar mais tempo no topo do *ranking* –, podemos nos perguntar como elas adquiriram a capacidade de coordenar e controlar seus músculos e articulações para produzir ações que deixam até outras profissionais impressionadas.

De fato, as ações de *experts* apresentam certos aspectos como: a) eficiência dos movimentos; b) suavidade e leveza na ação; e c) ajustes que o movimento passa perante pequenas alterações no meio ou do próprio executante.

Na mesma linha, podemos também nos maravilhar com indivíduos que, talvez como resultado de lesões ou doenças, tenham tido de aprender a controlar uma cadeira de rodas ou prótese para realizar atividades do dia a dia e para participar em atividades recreativas ou esportivas.

Observamos que, no núcleo desses exemplos, está o movimento – cuja aquisição e controle dominam dois dos três campos de estudo do comportamento motor: a aprendizagem motora e o controle motor. O outro campo de estudo dessa área de investigação é o desenvolvimento motor (Fischman, 2007; Tani et al., 2010).

O comportamento motor inclui todo tipo de movimento ocorrido de ações voluntárias ou involuntárias, em todas as partes do corpo e em todos os contextos físicos e sociais (Adolph; Franchak, 2017).

||| Preste atenção!

Curiosamente, o estudo do controle motor não se limita apenas aos humanos, mas pode incluir animais e estruturas artificiais, como robôs (Schmidt; Lee, 2005).

O **controle motor** pode ser definido como a compreensão de como o sistema neuromuscular funciona para ativar e coordenar os músculos e os membros envolvidos no desempenho das habilidades motoras, tanto as novas quanto as já adquiridas (Magill, 2011; Shumway-Cook; Woollacott, 2014). Como campo de estudo, o controle motor está preocupado em como o sistema nervoso central (SNC) produz movimentos coordenados, bem como a interação destes com o resto do corpo e com o meio ambiente (Latash et al., 2010).

||| Para saber mais

Mais sobre o controle motor pode ser visto no vídeo do professor Miguel Nicolelis para o TED-talks:

MIGUEL Nicolelis: um macaco que controla um robô com a força do pensamento. Não, é sério. Disponível em: <https://youtu.be/CR_LBcZg_84>. Acesso em: 17 jun. 2019.

A **aprendizagem motora** é a ciência que aborda a capacidade de adquirir e/ou aprimorar as habilidades motoras. Trata-se do processo ou conjunto de processos que aumenta a coordenação entre as funções percepção e ação (Newell, 1991). As pesquisas no campo da aprendizagem motora analisam o processo de mudança (por meio da prática ou experiência) na capacidade do indivíduo realizar a habilidade motora, a qual é inferida pela melhoria, relativamente permanente, no seu desempenho (Magill, 2011).

> ||| *Importante!*

A aprendizagem motora também inclui a reabilitação de habilidades que são realizadas com maior dificuldade devido a lesões, doenças etc.

O **desenvolvimento motor** diz respeito ao estudo das mudanças que ocorrem no comportamento motor ao longo do tempo, como: as trajetórias típicas de comportamento ao longo do ciclo da vida, os processos subjacentes a tais mudanças e os fatores que influenciam o comportamento motor.

> ||| *Importante!*

A mudança ao longo do tempo reflete em como as pessoas se movem ao longo da vida, não apenas bebês e crianças, mas também adultos e idosos (Ulrich, 2007; Tani et al., 2013).

O campo de estudo do desenvolvimento motor compreende os processos que explicam como as mudanças ao longo do tempo ocorrem, explorando os fatores que podem impactar significativamente os comportamentos motores que disso emergem (Ulrich, 2007; Tani et al., 2013).

1.1.1 Inter-relação entre as três especialidades do comportamento motor

Os três campos de estudo do comportamento motor apresentam consideráveis aspectos teóricos em comum (Newell, 1991). Essa inter-relação é interessante e tem o potencial de facilitar a completa compreensão sobre o movimento humano.

A complexidade do movimento humano nos desafia a discutir a interação entre os campos de estudo, desde mecanismos neurais até a prática e a experiência, que levam a alterações nas propriedades biomecânicas (Ulrich; Reeve, 2005).

Embora os movimentos dependam fundamentalmente de gerar, controlar e explorar forças físicas, o gerenciamento de forças requer mais do que músculos e biomecânica. Em todos os pontos do comportamento motor, percepção e cognição são necessárias para planejar e orientar ações (Keen, 2011).

Fatores psicológicos, sociais e culturais estimulam e restringem os comportamentos motores. Os comportamentos motores, por sua vez, fornecem a matéria-prima para percepção, cognição e interação social. Os movimentos geram informações perceptivas, fornecem os meios para adquirir conhecimento sobre o mundo e possibilitam as interações sociais (Bernstein, 1996; Adolph; Franchak, 2017).

Dessa forma, os comportamentos motores não podem ser entendidos de forma isolada, separados do contexto físico, ambiental e sociocultural em que ocorrem. O corpo e o ambiente se desenvolvem em conjunto. As habilidades motoras, novas ou melhoradas, trazem novas partes do ambiente e, assim, oferecem oportunidades novas ou aprimoradas para aprender e fazer (Davids; Button; Bennett, 2008; Adolph; Franchak, 2017).

Nós, profissionais de educação física, facilitamos e restringimos o controle, a aprendizagem e o desenvolvimento motor. Como consequência, as diferenças na forma como nós estruturamos o ambiente e interagimos com nossas alunas e nossos alunos afetam na aquisição e/ou reaquisição de habilidades conforme suas trajetórias de desenvolvimento e experiências (Adolph; Franchak, 2017).

A aprendizagem motora leva a melhoras no controle motor e ambos são alterações de comportamento motor que ocorre dentro de um contexto de desenvolvimento motor.

Dessa forma, é importante que compreendamos que, apesar de a aprendizagem motora, o controle motor e o desenvolvimento motor terem aspectos próprios como campos de investigação, os fenômenos estudados em cada área estão fortemente conectados (Figura 1.1). Devemos, assim, focar mais nas suas relações do que nas suas diferenças, especialmente na atuação como profissionais de educação física.

Figura 1.1 Campos de estudo no comportamento motor

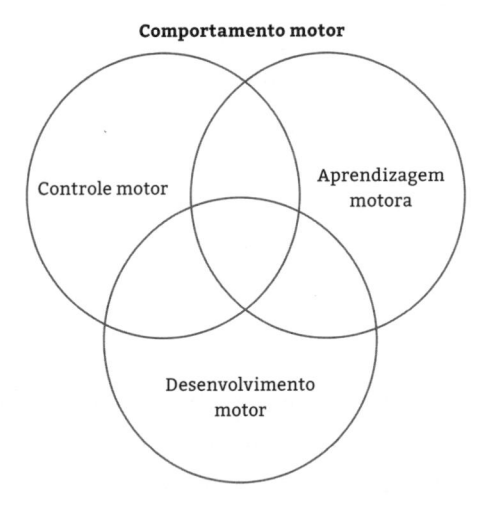

Comportamento motor

- Controle motor
- Aprendizagem motora
- Desenvolvimento motor

Compreender a interligação entre esses três campos de estudo é importante, visto que nos auxilia no entendimento de como abordaremos o conceito e a classificação das habilidades motoras, aspectos fundamentais para o comportamento motor. Na próxima seção deste capítulo, discutiremos sobre o que são as habilidades motoras e veremos como classificá-las.

1.2 Conceito de habilidades motoras e capacidades motoras

Quando você ouve as palavras *habilidades* e *capacidades motoras*, você sabe se há diferenças entre elas? Considere a lista de palavras na Figura 1.2. Baseado na sua experiência sobre o assunto, como você as agruparia com relação ao seu entendimento sobre habilidades motoras e capacidades motoras?

Figura 1.2 Habilidades *versus* capacidades motoras

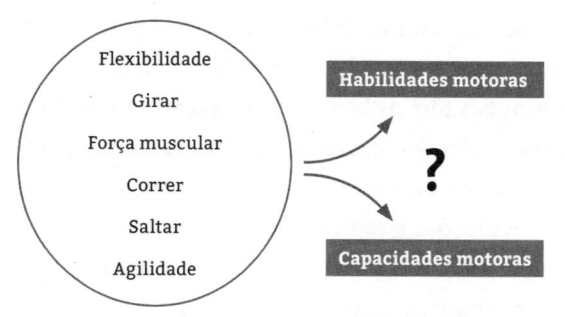

```
    Flexibilidade
       Girar           Habilidades motoras
   Força muscular              ↗
       Correr                  ?
       Saltar                  ↘
      Agilidade        Capacidades motoras
```

De forma geral, podemos dizer que aprendemos habilidades motoras ao longo das nossas vidas e que nascemos e desenvolvemos capacidades motoras. Assim, podemos separar as palavras da seguinte forma: *flexibilidade, força muscular* e *agilidade* no grupo das capacidades motoras; e *correr, girar* e *saltar* no grupo das habilidades motoras.

Desse modo, podemos conceituar **habilidade motora** como a atividade ou tarefa que deve ser aprendida ou reaprendida com intuito de alcançar determinada meta estabelecida (Schmidt; Wrisberg, 2004; Magill, 2011; Ives, 2014). Tais habilidades podem ser influenciadas pelas capacidades motoras.

Já as **capacidades motoras** são características gerais e permanentes dos indivíduos, podem ser afetadas tanto pela aprendizagem quanto pela hereditariedade, porém esse último fator prevalece sobre o primeiro (Singer, 1975).

1.2.1 Habilidades, ações e movimentos

Como vimos na descrição anterior, podemos definir a *habilidade* como atividade ou tarefa na qual temos como objetivo atingir determinada meta. A habilidade motora leva a alterações no ambiente ou na nossa relação com as pessoas e os objetos envolvidos nessa habilidade e inseridos neste ambiente. Muitas vezes, para alcançarmos a meta, utilizamos muitos movimentos.

É muito comum encontrarmos em outros livros ou trabalhos na área do comportamento motor o termo *ações*. Neste livro utilizaremos essa palavra como sinônimo de *habilidades motoras*, visto que ambas têm o objetivo de alcançar uma meta.

Nós também encontramos com frequência a palavra *movimento*, a qual indica padrões de deslocamento específicos entre nossas articulações e segmentos corporais. Podemos dizer que o movimento é a maneira pela qual atingimos os objetivos da ação. Por exemplo, transportar um objeto é a ação, e para realizarmos essa ação podemos executar diferentes movimentos, como transportá-lo com uma das mãos, colocá-lo acima da cabeça, prendê-lo com faixas e transportá-lo com o tronco etc.

1.2.2 Importância das habilidades e capacidades motoras no comportamento motor

Chegamos ao ponto em que podemos nos questionar: Mas, afinal, qual a importância em sabermos diferenciar habilidades e capacidades motoras quando estamos atuando como profissionais de educação física?

Identificar e classificar habilidades motoras proporciona que características similares e básicas sejam agrupadas, o que auxilia no ensinamento, assim como na prescrição e no monitoramento da progressão do treinamento. Além disso, essas características podem auxiliar na identificação de algumas das capacidades subjacentes que contribuem para a execução de habilidades motoras (Ives, 2014).

De forma geral, podemos dizer que todos nós temos a capacidade motora de desempenhar muitas habilidades motoras. Assim, aspectos genéticos, nível de desenvolvimento motor e experiência, bem como as características presentes no ambiente, apresentam papel importante na realização dessa habilidade motora. Como exemplos de capacidades, podemos citar caminhar e correr, mastigar, equilibrar-se e evitar estímulos dolorosos desses comportamentos relativamente inatos.

Podemos encontrar variedade de esquemas para classificar as habilidades motoras. Tradicionalmente, a maioria tem sido considerada unidimensional (respondendo por um único aspecto). Mas há também o esquema bidimensional, que permite observar a habilidade motora sob dois aspectos ao mesmo tempo (Schmidt; Wrisberg, 2004; Magill, 2011; Ives, 2014).

Questão para reflexão

Pense em uma habilidade motora que você gosta de desempenhar (recreativa ou esportiva). Agora, sem considerar razões relacionadas à prática e ao treinamento, por que você acha que algumas pessoas realizam essa habilidade em nível mais alto ou mais baixo que você?

Na próxima sessão deste capítulo, serão apresentados esquemas classificadores de habilidade motoras, tanto unidimensionais quanto bidimensionais. O papel das capacidades motoras na aprendizagem motora será discutido com maior detalhe no Capítulo 3, quando falarmos sobre diferenças individuais.

1.3 Classificações das habilidades motoras: esquemas unidimensionais

Esquemas unidimensionais classificam as habilidades considerando duas categorias que representam pontas extremas de um contínuo e não necessariamente categorias dicotômicas.

Essa classificação permite que a habilidade seja entendida mais em termos de proximidade a uma determinada categoria do que no encaixamento em uma categoria exclusiva – ou seja, onde, numa linha contínua, tal habilidade se aproximaria melhor. A Figura 1.3 demostra algumas habilidades dentro de um contínuo (habilidade A em uma ponta até a habilidade B na outra) em que essas habilidades se aproximariam dentro desses extremos.

Figura 1.3 Exemplo de classificação de habilidades dentro de um contínuo.

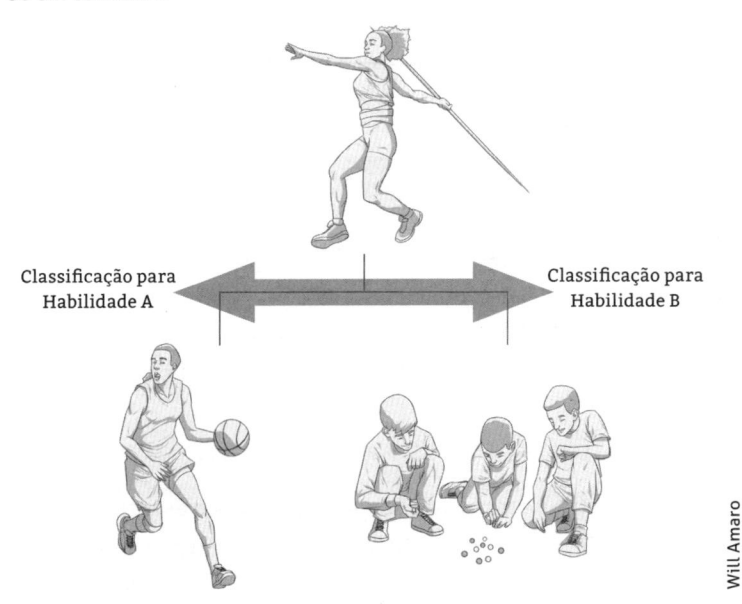

Classificação para Habilidade A ⟷ Classificação para Habilidade B

Will Amaro

A partir de agora, observaremos alguns exemplos dos esquemas unidimensionais.

- **Classificação pela importância relativa dos elementos cognitivos e motores**

Com essa classificação, podemos dizer que as habilidades podem ser tanto motoras quanto cognitivas. A habilidade cognitiva enfatiza principalmente o conhecimento do que deve ser feito. Ela requer atividade cognitiva, que inclui tomada de decisão e resolução de problemas. Essa habilidade não precisa necessariamente de movimentos do corpo para que a meta seja obtida. Ler, por exemplo, geralmente não precisa de movimento para que seja realizada. Já a habilidade motora requer movimentos voluntários do corpo para que se alcance a meta estabelecida (Schmidt; Wrisberg, 2004; Magill, 2011). Ela enfatiza principalmente o desempenho correto do que se deve fazer. Dessa forma, podemos utilizar habilidades cognitivas enquanto realizamos habilidades motoras e vice-versa. Se considerarmos nosso exemplo da leitura, podemos ler enquanto caminhamos na esteira.

- Classificação das habilidades motoras pelos aspectos musculares

Nessa classificação, temos as habilidades motoras classificadas de acordo com o tamanho dos grupos musculares primários solicitados. A habilidade motora grossa envolve o movimento dos grandes grupos musculares do corpo e geralmente tem pouca precisão, utilizando movimentos multissegmentados com o corpo todo. Muitas das habilidades motoras grossas, como caminhar, correr, pular, chutar e lançar, são consideradas habilidades motoras básicas. Habilidades motoras básicas são aquelas que funcionam tipicamente como base para outras habilidades motoras. Já a habilidade motora fina envolve o controle de músculos menores e requer alto grau de precisão, como os movimentos manipulativos de costurar, escrever, desenhar, digitar e abotoar um botão de camisa. Apesar de músculos maiores poderem estar envolvidos no desempenho de tarefas motoras finas, os menores são os músculos primários envolvidos no momento de atingir a meta da habilidade.

A seguir, no Quadro 1.1, veremos alguns exemplos ao "inserirmos" algumas habilidades no contínuo entre habilidades grossas e finas.

Quadro 1.1 Exemplos de habilidades no contínuo entre habilidades grossas e finas

Habilidade grossa ←						→ Habilidade fina
Levantamento de peso	Lançamento do dardo no atletismo	Lançamento da bola de boliche	Passe no Handebol	Batida com o taco de beisebol	Batida com o taco de golfe	Tacada no jogo de sinuca

■ Classificação das habilidades motoras pelos aspectos temporais

Outra maneira de classificar as habilidades motoras é baseada no quão específico é o início e o final do movimento de uma habilidade. A habilidade motora discreta apresenta início e fim definidos. Saltar, apertar uma tecla do piano, soltar o freio de mão do carro e chutar uma bola constituem exemplos de habilidades motoras discretas. Como os exemplos sugerem, as habilidades discretas são tipicamente simples.

A habilidade motora em série envolve série ou sequência de movimentos discretos, como mudar a marcha do carro, ou tocar uma peça no piano, ou seja, é o desempenho do movimento simples e discreto repetido diversas vezes em sucessão rápida. O saltito na ginástica rítmica, o drible no basquete e a rebatida da bola no voleibol constituem tarefas típicas em série.

Já a habilidade motora contínua apresenta início e fim arbitrários, ou seja, o início e fim não são nítidos. Além disso, abrangem os movimentos repetidos durante determinado tempo. Movimentar o volante do carro, correr, nadar e pedalar constituem movimentos contínuos comuns. Embora algumas habilidades contínuas, como caminhar e nadar, podem ter início de movimento distinto, o final é arbitrário e os movimentos são repetitivos.

Alguns exemplos no contínuo que vai de habilidades discretas a contínuas são apresentados no Quadro 1.2.

Quadro 1.2 Exemplos de habilidades no contínuo entre habilidades discretas e contínuas

Habilidade Discreta Contínua		Habilidade em série		Habilidade		
Levantamento de peso	Lançamento do dardo no atletismo	Saltos no crossfit	Saltitos na ginástica rítmica	Drible da bola no basquete		Corrida

- **Classificação das habilidades motoras pelos aspectos ambientais**

Além de considerar as características específicas das habilidades, podemos também ponderar o ambiente onde elas são desempenhadas. Assim, as habilidades motoras podem ser baseadas na estabilidade do contexto ambiental no qual acontecem (Gentile, 2000).

O contexto ambiental pode ser apresentado em três características: 1) superfície de apoio na qual desempenhamos a habilidade; 2) os objetos envolvidos no desempenho da habilidade; e 3) outras pessoas envolvidas no momento do desempenho da habilidade. Nesse esquema de classificação, a estabilidade do ambiente é considerada, podendo variar entre estacionária (estável) ou em movimento (instável).

Habilidade motora fechada trata-se daquela em que a superfície de apoio, o objeto ou outras pessoas envolvidas no desempenho da habilidade são estacionários, ou seja, apresentam ambiente estável ou previsível durante o desempenho da habilidade. Alguns exemplos seriam realizar parada de mão, tentar acertar o alvo na parede, saltar verticalmente e subir escadas. Uma característica importante da habilidade motora fechada é que quem a executa determina quando iniciará a ação e, dessa forma, apresenta ritmo autosselecionado.

Habilidade motora aberta, por sua vez, é aquela realizada em ambiente onde as condições estão constantemente em mudança, ou seja, a superfície de apoio, o objeto e as pessoas envolvidas no desempenho da habilidade estão em movimento. Essas condições mutáveis exigem que realizemos ajustes ou modificações no movimento, com o intuito de nos adaptarmos às demandas da situação.

Dessa forma, necessitamos de maior plasticidade ou flexibilidade no momento que desempenhamos tais habilidades abertas. Nesses casos, devemos considerar as características externas ao iniciar a ação e, dessa forma, o ritmo de desempenho destas habilidades é selecionado externamente. Alguns exemplos seriam dirigir carro, subir escada rolante (superfície de apoio em movimento), bater na bola em movimento, receber a bola lançada (objeto em movimento), caminhar sobre calçada com muitas pessoas, correr com outros corredores (pessoas em movimento).

- Classificação pelo objetivo e pelo padrão de movimento fundamental

Outra maneira das habilidades motoras serem classificadas é com base na sua intenção/objetivo.

A primeira delas é a habilidade motora de estabilidade, que envolve elementos de equilíbrio, ou seja, os movimentos devem apresentar características corporais estáveis. Para essa classificação de habilidades, podemos considerar: sentar e ficar de pé, equilibrar-se sobre *slackline*, rolar para frente, para trás ou lateralmente, girar e flexionar o tronco.

A habilidade motora de locomoção envolve o transporte corporal de um ponto para outro. De maneira geral, exemplos de habilidades de locomoção seriam quando caminhamos, corremos ou saltamos.

Por fim, a habilidade motora de manipulação é quando temos força aplicada a um objeto (lançar uma bola) ou quando recebemos força de um objeto (receber a bola lançada). Outros exemplos seriam pegar um objeto, chutar a bola de futebol e quicar a bola de basquetebol.

1.4 Classificações das habilidades motoras: taxonomia bidimensional de Gentile

Agora que já vimos os esquemas unidimensionais, podemos partir para os bidimensionais. Precisamos, contudo, ponderar sobre uma situação. Apesar de parecer simples, a separação e a classificação motora de forma distinta nem sempre é possível ou desejada. Considere a seguinte situação: você é um dançarino ou uma dançarina de *hip-hop* em um grupo de dança com 15 pessoas. Quais habilidades você desempenharia em uma apresentação? Quais outros elementos e características estariam presentes nessa situação?

Provavelmente, você realizaria várias habilidades conforme a coreografia a ser apresentada. Dentre elas, podemos dizer que corridas, saltos e rolamentos estariam envolvidos. Além disso, tais habilidades estariam em sincronia com as de seus colegas e envolveriam várias direções e rítmos, ou seja, seria uma tarefa dinâmica que abrangeria uma complexidade de elementos.

De fato, somos seres dinâmicos e, em movimento, respondemos a muitos fatores sutis do meio ambiente e às demandas específicas da tarefa motora em particular. A classificação motora unidimensional foca a atenção sobre aspectos motores específicos. Por outro lado, o modelo bidimensional para a classificação das habilidades motoras reconhece a complexidade do movimento (Gentile, 2000).

A taxonomia de Gentile absorve técnicas da classificação unidimensional das habilidades motoras com implementação de alguns outros aspectos. Tais aspectos seriam o **contexto do ambiente** onde realizamos a habilidade motora e a **função da tarefa motora** que caracteriza a habilidade. Quando subdivididas, essas duas características levam à criação de uma taxonomia expandida, com 16 categorias de habilidades motoras.

Essa taxonomia nos proporciona certa estrutura funcional para estabelecermos como podemos ensinar algumas habilidades motoras. Ou seja, esse modelo bidimensional é uma excelente maneira de observarmos as características que tornam as habilidades diferentes umas das outras, bem como relacioná-las.

Visto que a taxonomia é complexa, as partes especificas serão descritas e discutidas separadamente antes da discussão da taxonomia como um todo.

1.4.1 Contexto ambiental

O contexto ambiental no qual a tarefa motora é realizada é considerado a primeira dimensão da taxonomia. Tal contexto está relacionado às condições que regulam (estacionárias ou em movimentos), bem como se estas apresentam ou não variabilidade entre as tentativas de execução.

Condições reguladoras é um termo que podemos utilizar para descrever as características relevantes do contexto no qual a habilidade é realizada. Ou seja, o contexto vai especificar os movimentos que devemos implementar para conseguir sucesso ao desempenhar a habilidade. Caso as condições reguladoras durante o desempenho da habilidade sejam fixas, então o contexto ambiental é imutável. Por exemplo, se jogamos handebol, a superfície da quadra nos permite quicar a bola, e essa é uma das regras do jogo quando nos movimentamos com ela. No entanto, quando jogamos handebol de areia, a superfície não nos permite quicar a bola devido a característica "macia" da superfície. Nesse último caso, as regras do esporte são adaptadas ao contexto.

Percebemos, então, que é importante considerarmos que tal condição não se refere às características do nosso movimento, mas somente às características do ambiente no qual a habilidade é realizada (superfície de apoio, objeto e pessoas envolvidas nesse contexto enquanto desempenhamos a habilidade).

Outros exemplos seriam: caminhar na areia fofa ou sobre a calçada; caminhar em superfície plana ou subida; arremessar ou receber uma bola de basquetebol, futebol americano, beisebol etc.; caminhar em um ambiente com muitos brinquedos pelo chão; correr em uma corrida com bastantes participantes, como a de São Silvestre. Na taxonomia de Gentile (2000), uma distinção importante para classificação das habilidades motoras é se as condições reguladoras são estacionárias ou estão em movimento.

Depois das condições reguladoras, temos como característica ambiental na taxonomia a **variabilidade entre tentativas**. Em outras palavras, observamos se as condições regulatórias são as mesmas ou não entre as tentativas de desempenho. Dessa forma, podemos distinguir as habilidades motoras de acordo com a ausência ou a presença de variabilidade entre tentativas.

Por exemplo, quando caminhamos em uma sala vazia ou sentamos/levantamos de uma cadeira, a variabilidade entre as tentativas de desempenho pode ser não nula ou muito próximo disso. Em contrapartida, a variabilidade entre as tentativas de desempenho pode ser maior quando caminhamos pela mesma sala, mas com vários objetos espalhados pelo chão, ou quando sentamos/levantamos de cadeiras com diversas alturas em cada tentativa.

Por fim, podemos pensar na relação entre as duas características do contexto ambiental. Afinal, o que ocorre quando consideramos as condições reguladoras e a variabilidade entre tentativas para o desempenho de habilidades motoras? Podemos dizer que essa relação cria quatro categorias distintas. Dessa forma, as condições reguladoras do ambiente podem ser:

1. **Estacionária sem variabilidade entre tentativas**: Um exemplo seria você arremessar a bola de basquetebol de determinada distância em direção à cesta sem marcação de outras jogadoras do time adversário, visto que a cesta não se movimenta e as suas tentativas são realizadas da mesma distância dela (Figura 1.4).

Figura 1.4 Exemplo de habilidade estacionária sem variabilidade: arremesso livre

2. **Estacionária com variabilidade entre tentativas**: Imagine-se em um jogo de "bets". Um exemplo para esta condição seria quando você bate, com o taco de "bets", na bola lançada pela integrante da dupla adversária (Figura 1.5). Nessa situação, a sua posição é, de certa forma, estacionária (você defendendo a "casinha"), mas os lançamentos realizados pela integrante da dupla adversária podem variar a cada tentativa.

Figura 1.5 Exemplo de habilidade estacionária com variabilidade: rebater a bola, com o taco de "bets", lançada pela a integrante da dupla adversária

3. **Em movimento e sem variabilidade entre tentativas**: Um exemplo seria rebater a bola de tênis com velocidade constante (lançada por uma máquina). Dessa forma, a cada tentativa de movimento, a velocidade da bola de tênis apresentaria variabilidade muito baixa, visto que é controlada pelo equipamento de lançamento (Figura 1.6).

Figura 1.6 Exemplo de habilidade em movimento e sem variabilidade: rebater a bola de tênis com velocidade constante

- **Em movimento com variabilidade entre tentativas**: Se considerarmos a mesma situação de rebater bola de tênis, mas agora durante uma prática com um oponente do outro lado da rede (Figura 1.7), cada tentativa é diferente da outra.

Figura 1.7 Exemplo de habilidade em movimento com variabilidade: rebater a bola de tênis durante uma partida

Will Amaro

1.4.2 A função da tarefa motora

Depois do contexto ambiental, temos a segunda dimensão do esquema bidimensional de Gentile (2000) para a classificação de habilidades motora, que considera a função da tarefa motora. Mais especificamente, podemos mencionar: como o nosso corpo se posiciona durante a execução da tarefa. Dessa forma, a função da ação pode ser determinada pelo corpo em estar estável ou em locomoção.

Além de considerar a posição corporal, essa dimensão também se atenta à questão sobre a existência ou não de manipulação de objetos. Dessa forma, podemos descrever tais características como partes da orientação corporal e da manipulação, duas das funções da tarefa motora.

A primeira delas, a **taxonomia da orientação corporal**, refere-se às mudanças e à manutenção da localização do corpo. Duas características da orientação do corpo são importantes para a classificação das habilidades: estabilidade corporal e transporte corporal.

A estabilidade corporal refere-se às habilidades que não envolvem modificação na localização do corpo durante o desempenho da habilidade motora, como ficar em pé, beber um copo de água ou lançar uma bola.

Já o transporte corporal diz respeito às habilidades que requerem movimento de um lugar para outro – a orientação é transportar o nosso corpo. Exemplos seriam habilidades como caminhar, correr, nadar.

O segundo tipo de função da tarefa está relacionado à **manipulação**. Nessa taxonomia, o termo *manipulação* refere-se à manutenção ou à mudança de posição de objetos ou pessoas – por exemplo, quando manipulamos uma bola, uma ferramenta, ou mesmo quando tocamos em outra jogadora durante um esporte.

Habilidades que requerem a manipulação de objetos apresentam maior dificuldade no desempenho quando comparadas às que não envolvem manipulação de objetos, visto que são duas tarefas a serem realizadas. Primeiramente, teríamos de manipular o objeto corretamente para, então, ajustarmos a postura corporal para acomodar o desequilíbrio criado pelo objeto.

Considere a seguinte situação: você está no seu primeiro dia de academia em uma aula utilizando *kettlebells* (aqueles pesos com alças). A manipulação desse equipamento pode apresentar características bem técnicas, visto que envolve a realização de determinados movimentos enquanto segura o "peso" com uma alça.

Dessa forma, você provavelmente vai se sentir mais confortável em aprender a execução das habilidades sem a utilização do objeto para depois inserir o *kettlebell* no desempenho (Figura 1.8).

Tal estratégia pode ser muito eficaz durante a prática de ensino de habilidades que requerem manipulação de objetos.

Figura 1.8 Movimento com manipulação de objeto (*kettlebell*)

Will Amaro

1.4.3 As 16 categorias de habilidades motoras

Como mencionamos anteriormente, a interação entre as quatro características do contexto ambiental e as quatro características da função da tarefa motora cria 16 categorias de habilidades motoras.

Por serem muitas as informações trazidas até aqui, formulamos um esquema para que você consiga entender melhor as categorias em questão. Dessa forma, observe o Quadro 1.3, disposto a seguir. Cada categoria de habilidades apresenta demandas diferentes no momento de desempenhar a habilidade. Ou seja, são as características e o número de variáveis que precisamos controlar e aos quais necessitamos dar atenção para que consigamos realizar a habilidade.

As habilidades que demandam menos de nós são as mais simples; as que demandam mais são as mais complexas. Em outras palavras, habilidades menos complexas enfatizam a estabilidade corporal sem nenhuma manipulação de objeto e apresentam condições reguladoras ambientais fixas sem nenhuma variabilidade entre as tentativas. Em contrapartida, habilidades mais complexas ressaltam o transporte corporal com manipulação de objetos e presença de variabilidade entre as tentativas.

Quadro 1.3 Esquema bidimensional

Contexto do meio ambiente da tarefa de movimento	Função Intencional da Tarefa de Movimento			
	Estabilidade sem manipulação	Estabilidade corporal manipulação	Locomoção sem manipulação	Locomoção com manipulação
Condições Reguladoras Imutáveis* + Sem variabilidade entre as tentativas = Tarefa de movimento completamente fechada	▪ Sentar em uma cadeira ▪ Ficar em pé em algum lugar	▪ Arremessar uma bola em um alvo ▪ Chutar uma bola parada	▪ Caminhar sobre uma superfície plana ▪ Saltar para uma altura fixa	▪ Caminhar com uma sacola ▪ Pular corda com ritmo
Condições Reguladoras imutáveis* + Variabilidade entre as tentativas = Tarefa de movimento moderadamente fechada	▪ Sentar em cadeiras fixadas em diversas alturas ▪ Levantar-se de cadeiras fixadas em diversas alturas	▪ Arremessar uma bola no alvo em diversas alturas ▪ Chutar diferentes tipos de bolas paradas	▪ Caminhar sobre um tambor ▪ Saltar em diversas alturas	▪ Caminhar sobre uma superfície escorregadia com uma sacola de compras ▪ Saltar de uma distância fixa para agarrar uma bola lançada

(continua)

(Quadro 1.3 – conclusão)

Função Intencional da Tarefa de Movimento				
Contexto do meio ambiente da tarefa de movimento	Estabilidade sem manipulação	Estabilidade corporal manipulação	Locomoção sem manipulação	Locomoção com manipulação
Condições Reguladoras em Movimento** + Sem variabilidade entre as tentativas = Tarefa de movimento moderadamente aberta	▪ Ficar de pé sobre uma escada rolante em movimento ▪ Exercício de sentar sobre uma bola grande	▪ Tocar em uma bola arremessada de uma máquina inclinada ▪ Chutar uma bola rolando sobre uma superfície plana e suave	▪ Caminhar sobre uma escada rolante ▪ Correr e saltar para uma altura fixa	▪ Realizar uma jogada em competições de esportes de quadra ▪ Arremessar o dardo em uma corrida
Condições reguladoras em Movimento** + ariabilidade entre as tentativas = tarefa de movimento completamente aberta	▪ Ficar de pé sobre uma escada rolante em movimento ▪ O exercício de sentar sobre uma bola grande com ambos os pés suspensos	▪ Tocar uma bola arremessada ▪ Chutar uma bola de futebol em movimento rápido	▪ Atravessar uma ponte oscilante ▪ Correr e em seguida saltar em diversas alturas	▪ Correr para pegar uma bola no ar ▪ Saltar para pegar uma bola atada

* Os aspectos espaciais do movimento são controlados pelo requerimento da tarefa, mas os aspectos temporais da tarefa são controlados pelo praticante.
** Ambos os aspectos espaciais e temporais do movimento são controlados pelos requerimentos da tarefa.

Fonte: Gallahue, 2002.

O esquema bidimensional de Gentile (2000) para a classificação de habilidades motoras pode solucionar muitos dos problemas detectados em esquemas unidimensionais. Isso acontece porque, pela identificação da habilidade motora dentro de uma série contínua de 16 categorias, nós, profissionais de educação física, podemos determinar se nossas alunas e nossos alunos realizam a tarefa de forma satisfatória. Assim, durante o ensino da habilidade, podemos considerar alterações progressivas no contexto do ambiente no qual as habilidades são desempenhadas.

Questão para reflexão

Identifique três habilidades motoras que você pode realizar – pode ser aquelas realizadas no dia a dia ou aquelas relacionadas a atividades recreativas ou esportivas. Classifique-as em uma das categorias dos sistemas de classificação de habilidades motoras apresentados neste capítulo. Além disto, descreva o porquê de cada habilidade ser classificada dessa maneira.

De forma geral, habilidades motoras são os movimentos básicos que sustentam o estudo do comportamento motor. Compreender como podemos avaliar o comportamento motor nos dá base de entendimento para as possibilidades e limitações do movimento. Na próxima seção deste capítulo, discutiremos sobre como o comportamento motor pode ser mensurado.

1.5 Avaliação do comportamento motor

A avaliação do comportamento motor é um processo importante quando consideramos os objetivos finais de determinada tarefa. Mas como podemos avaliar o comportamento motor?

Quando planejamos essa avaliação, devemos focar na ação específica, na qual analisamos os resultados obtidos e, a partir daí, delineamos programas de exercícios específicos. É fundamental que adequemos a avaliação à realidade do público que queremos analisar (Rosa Neto, 2002; Gorla; Araújo; Rodrigues, 2009).

Por exemplo, se vamos avaliar uma aluna/um aluno quanto ao seu controle de movimento durante o arremesso da bola de handebol ao gol, podemos observar o seu posicionamento de braço durante o arremesso (Figura 1.9). Além disso, podemos analisar os resultados obtidos em cada arremesso, considerando se ela/ele acertou os alvos preestabelecidos e se, ao longo do tempo, seu desempenho melhorou comparado às primeiras práticas. Finalmente, enquanto realizamos essa avaliação, devemos nos ater às características ligadas ao desenvolvimento motor da aluna/do aluno de acordo com a sua idade e suas experiências anteriores.

Figura 1.9 Exemplo de arremesso da bola de handebol

Will Amaro

Imagine outra situação, na qual temos como cliente na academia uma mulher idosa de 75 anos. Como podemos mensurar o seu progresso em um programa de exercícios com o objetivo de melhorar a marcha e o risco de quedas? Temos várias características possíveis de caminhada para escolher. Por exemplo, podemos contar o número de passos feitos ou a distância percorrida em cada tentativa de caminhada. Essas medidas podem fornecer alguns indicadores gerais de progresso.

Se quisermos saber mais sobre algumas características específicas relacionadas à caminhada, podemos medir o equilíbrio e a estabilidade postural da nossa aluna enquanto ela caminha, ou podemos avaliar o progresso biomecânico que ela apresenta analisando as características cinemáticas dos movimentos de pernas, tronco e braços.

Cada uma dessas medições pode ser valiosa e nos dirá algo diferente sobre o desempenho da nossa aluna na caminhada. Discutiremos a seguir essas e outras maneiras de avaliar o comportamento motor.

1.5.1 Abordagens metodológicas utilizadas

No campo do comportamento motor, podemos utilizar variadas formas metodológicas para sua avaliação, dentre as quais temos as seguintes abordagens:

- **Descritiva e explicativa**: Abordagem na qual podemos descrever quão bem o movimento alcança as metas de determinada tarefa (por exemplo, descrever se o objetivo foi atingido). Nesse caso, o foco da análise é explicar o movimento.
- **Quantitativa**: Apresenta nível mais específico; foca na quantificação do movimento que está sendo realizado. Aqui, a ênfase é na medida do movimento.
- **Neurofisiológica**: Engloba o estudo do sistema nervoso antes e durante a produção do movimento. Nesse nível, o interesse é nas atividades neurais envolvidas no planejamento e na execução dos movimentos.

1.5.2 Descrição do resultado do movimento

Uma das formas mais comuns de avaliação do comportamento motor é quantificar se o objetivo pretendido foi alcançado (Schmidt; Lee, 2005; Tani et al., 2010). Por exemplo, quando descrevemos se a bola foi atingida com sucesso no momento do chute ou se ela atingiu o alvo preestabelecido. Tais medidas estão associadas às metas a serem alcançadas.

As medidas de descrição dos resultados são fortemente influenciadas pela relação entre o movimento e o ambiente no qual este está inserido (objetos utilizados, outras pessoas envolvidas etc.).

Podemos avaliar se o resultado do movimento alcançou o objetivo preestabelecido por meio das seguintes medidas (Schmidt; Lee, 2005; Tani et al., 2010): erros, tempo e velocidade, magnitude do movimento, desempenho em tarefas secundárias, descrição das características do movimento.

A medida de **erro** é a mais utilizada para a descrição do resultado. Um fato importante a ser considerado quanto à análise de erros é que, durante o desempenho, geralmente podemos avaliá-los a partir da execução em blocos de tentativas, os quais podem variar em número (três, cinco, dez ou quinze tentativas). A medida de erro pode ser apresentada como a média de erros de determinado bloco de tentativas realizado.

Dessa forma, a aluna/o aluno poderá tem uma boa ideia de onde e como está errando sem que receba muitas informações ao mesmo tempo, o que poderia acontecer caso fornecêssemos essa informação a cada tentativa

Abordaremos mais sobre a quantidade de informação fornecida antes, durante e depois da realização de uma tarefa no Capítulo 5 deste livro, quando falarmos sobre *feedback* aumentado.

Ainda sobre o erro, é importante saber que *erro absoluto* é a medida de precisão global do movimento. Ele mede a diferença (desvio) entre o resultado que foi alcançado em cada tentativa e o objetivo que havia sido estipulado, sem considerar a direção de tal desvio.

Por sua vez, *erro constante* é medida de tendência do erro para uma ou outra direção, visto que considera não somente o valor absoluto do erro, mas também a sua direção. Já o *erro variável* é a medida de dispersão de cada execução quando se considera a meta da tarefa, ou seja, ele considera a inconsistência do desempenho.

Outras maneiras de descrever os resultados são:

- **Tempo e velocidade**: Divide-se em tempo para realização do movimento e tempo de reação ao movimento.
- **Magnitude do movimento**: Há duas possibilidades. A primeira é mensurar a distância percorrida pelo indivíduo ou pelo objeto utilizado na tarefa; a segunda é quantificar o "peso" levantado durante a tarefa.
- **Desempenho em tarefas secundárias**: Pode inserir uma atividade cognitiva ou outra motora na tarefa primária ou realizar a tarefa primária em ambiente com mais fatores a serem controlados.
- **Descrição das características do movimento**: Vários métodos podem ser utilizados para descrever o movimento, dependendo das características que temos interesse. Como esse item é um pouco mais complexo, falaremos mais detalhadamente dele a seguir.

1.5.3 Descrição das características do movimento

O movimento é a variação de posição espacial de um objeto ou ponto material em relação a um referencial no decorrer do tempo. São quatro as características do movimento: descritores, análise cinemática, análise cinética e análise neurofisiológica. Veremos cada uma delas de modo mais aprofundado na sequência.

■ **Descritores de movimento**

Podemos utilizar descritores verbais para caracterizar o movimento – por exemplo, listas de checagem para avaliar os níveis de desenvolvimento e aprendizagem motora, nas quais profissionais de educação física podem relacionar o movimento realizado a critérios de desempenho.

Um exemplo utilizado na área da aprendizagem motora é visto nos estudos de Magarotto Junior e Deprá (2010) e Meira Junior (2003), nos quais os autores descrevem uma lista de checagem elaborada para analisar qualitativamente a recepção de saque no voleibol. Tal lista de checagem, validada por Meira Junior (2003), pode ser conferida no Quadro 1.4.

Quadro 1.4 Lista de checagem para análise qualitativa do padrão de movimento do saque do voleibol

FI – Posição Inicial (peso 1)
Para o saque por baixo: pé esquerdo a frente do direito com ambos voltados para o alvo, e inclinação do tronco para frente:
( ) **1 – ruim** (pés não direcionados ao alvo, pé esquerdo na mesma linha ou atrás do pé direito e tronco em posição ereta);
( ) **2 – regular** (execução com a apresentação de até dois dos seguintes pontos: pés não direcionados ao alvo, pé esquerdo na mesma linha ou atrás do pé direito, e tronco em posição ereta);
( ) **3 – bom** (pé esquerdo a frente do direito com ambos direcionados ao alvo, e inclinação do tronco para frente).

Para o saque por cima: pé esquerdo a frente do direito com ambos voltados para o alvo:
( ) **1 – ruim** (pés não direcionados ao alvo e pé esquerdo na mesma linha ou atrás do pé direito);
( ) **2 – regular** (pés não direcionados ao alvo ou pé esquerdo na mesma linha ou atrás do pé direito);
( ) **3 – bom** (pé esquerdo a frente do direito com ambos voltados para o alvo).

Para o saque japonês: afastamento lateral dos membros inferiores em posição lateral em relação ao alvo:
( ) **1 – ruim** (pés unidos e corpo não direcionado ao alvo);
( ) **2 – regular** (posição lateral do corpo em relação ao alvo, porém sem afastamento lateral dos membros inferiores ou vice-versa);
( ) **3 – bom** (afastamento lateral dos membros inferiores em posição lateral em relação ao alvo).

FII – Lançamento da bola (peso 3)
Para o saque por baixo: em direção ao braço de saque (aproximadamente 20 cm acima da linha da cintura) ou apenas a retirada da mão que segura a bola;
Para o saque por cima: aproximadamente a 80 cm acima e a e 30 cm a frente do ombro de saque;

(continua)

(Quadro 1.4 – conclusão)

Para o saque japonês: aproximadamente a 100 cm acima da cabeça:
( ) **1 – ruim** (lançamento que leva a uma execução completamente desequilibrada e/ou uma descaracterização da ação do braço de saque);
( ) **2 – regular** (lançamento que leva à execução do saque, porém com algum desequilíbrio e/ou alteração da velocidade do braço de saque);
( ) **3 – bom** (lançamento que leva a uma perfeita execução do movimento).

FIII – Ataque à bola (peso 4)
Para o saque por baixo: movimento pendular postero-anterior do braço direito estendido; transferência do peso corporal do membro inferior direito para o membro inferior esquerdo; golpe na bola com a região proximal da palma da mão ou com o punho:
( ) **1 – ruim** (inexistência de transferência do peso corporal e golpe na bola com o antebraço, com os dedos ou com a mão em forma de "copinho");
( ) **2 – regular** (inexistência de transferência do peso corporal ou golpe na bola com o antebraço, com os dedos ou com a mão em forma de "copinho");
( ) **3 – bom** (transferência do peso corporal e golpe na bola com a região proximal da palma da mão ou com o punho).

Para o saque por cima: braço direito elevado, cotovelo na altura da orelha, movimento pôstero-anterior (similar ao lançamento de uma pedra ou de um saque de tênis); transferência do peso corporal do membro inferior direito para o membro inferior esquerdo; golpe na bola a frente do corpo com a região proximal da palma da mão com o braço estendido:
( ) **1 – ruim** (cotovelo na linha do ombro, inexistência de transferência do peso corporal, e golpe na bola com o antebraço ou com os dedos);
( ) **2 – regular** (execução com a apresentação de até dois dos seguintes pontos: cotovelo na linha do ombro, inexistência de transferência do peso corporal, golpe na bola com o antebraço ou com os dedos);
( ) **3 – bom** (cotovelo na altura da orelha, transferência do peso corporal, e golpe na bola com a região proximal da palma da mão).

Para o saque japonês: abdução do ombro partindo das nádegas até acima da cabeça (similar a um gancho do basquetebol); transferência do peso corporal do membro inferior direito para o membro inferior esquerdo; golpe na bola acima da cabeça no ponto mais alto possível com a região proximal da palma da mão ou com o punho sem flexão da articulação do cotovelo:
( ) **1 – ruim** (ausência de abdução do ombro, golpe na bola a frente ou atrás da cabeça e contato com a bola com o antebraço ou com os dedos);
( ) **2 – regular** (execução com a apresentação de até dois dos seguintes pontos: ausência de abdução do ombro, golpe na bola a frente ou atrás da cabeça, contato com a bola com o antebraço ou com os dedos);
( ) **3 – bom** (abdução do ombro, golpe na bola acima da cabeça com a região proximal da palma da mão ou com o punho).

FIV – Finalização (peso 1)
- Em posição equilibrada, finalização do braço de saque em direção ao alvo (para todos os saques):
( ) **1 – ruim** (ausência de finalização do braço de saque em direção ao alvo);
( ) **2 – regular** (finalização do braço de saque, porém não direcionada ao alvo);
( ) **3 – bom** (finalização do braço de saque em direção ao alvo).

Fonte: Meira Junior, 2003, p. 158-159, grifos do original.

Além da descrição qualitativa, há a possibilidade de empregarmos instrumentos de avaliação mais quantitativos, como os utilizados no campo de estudo da biomecânica, dentre os quais podemos citar os equipamentos que avaliam cinemática e cinética do movimento (Schmidt; Lee, 2005; Tani et al., 2010).

Análise cinemática do movimento

Analisa os parâmetros relacionados às variações de posição (deslocamento), a velocidade e as variações de velocidade (aceleração) de um objeto (corpo), sem considerar as forças presentes (Schmidt; Lee, 2005; Tani et al., 2010; Magill, 2011).

Importante!

Quando analisamos cinematicamente o movimento humano, temos que o deslocamento é mensurado conforme a posição espacial dos membros ou das articulações durante o intervalo de tempo do movimento. A velocidade, por sua vez, é medida por meio da variação da posição dos membros em função do tempo. Dessa forma, calculamos quão rápido essa posição varia. Já a aceleração é descrita com base na variação da velocidade durante o movimento.

Podemos obter essas medidas ao gravarmos imagens do movimento, as quais podem ser analisadas imediatamente ou posteriormente. Para facilitar a análise, podemos utilizar marcadores reflexivos, de LED ou fita adesiva colados nos segmentos corporais (Figura 1.10).

Por meio da trajetória dos segmentos analisados e do tempo gasto para execução do movimento, podemos obter variações de posição (lineares e angulares), de velocidades (lineares e angulares) e de aceleração do movimento (Schmidt; Lee, 2005; Tani et al., 2010).

Figura 1.10 Análise do movimento cinemático com utilização de marcadores

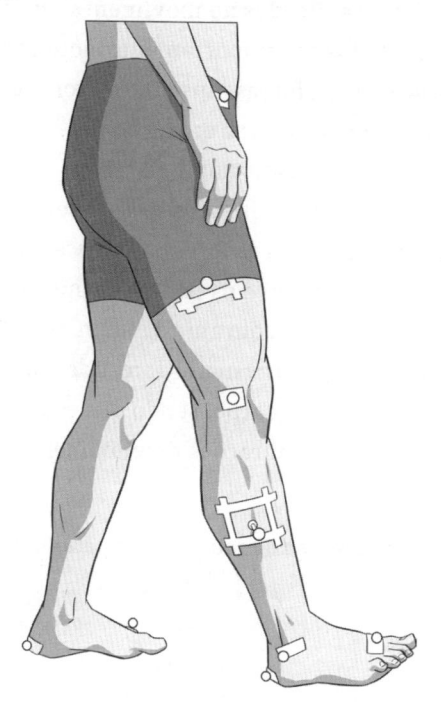

Fonte: Goés, 2019.

As análises cinemáticas podem envolver instrumentos sofisticados, como câmeras de alta velocidade e programas específicos para computadores. No entanto, equipamentos como goniômetros, velocímetros e acelerômetros também podem ser utilizados na análise cinemática (Amadio; Serrão, 2007).

O principal objetivo de tais equipamentos é trazer melhor entendimento de como aspectos cinemáticos se modificam após o aprendizado de uma determinada habilidade, ou como modificações no ambiente no qual o movimento ocorre podem influenciar na cinemática do movimento, por exemplo.

Análise cinética do movimento

Considera as forças aplicadas ao movimento. Dentre as forças analisadas nos estudos do comportamento motor, podemos citar forças de reação do solo, forças musculares, torques articulares (rotações de segmentos do corpo em torno dos eixos articulares), força elástica e força inercial (Magill, 2011).

Um dos equipamentos utilizados na análise cinética é a plataforma de força. A plataforma de força quantifica a força de reação do solo, o momento (torque) e os pontos de aplicação enquanto estamos sobre a plataforma durante o movimento. Quando estamos em contato com a plataforma, as forças de reação do solo são transferidas para o nosso corpo, sendo que essa transferência de forças determina as alterações do movimento que estamos executando (Figura 1.11).

Figura 1.11 Forças de reação do solo medidas pela plataforma de força

Peso do corpo

Força de reação do solo

Podemos também combinar os aspectos cinemáticos e cinéticos quando avaliamos o comportamento motor, o que nos permite explorar mais a organização da ação durante o movimento.

- **Análise neurofisiológica do movimento**

Funciona para melhorar a compreensão do movimento e dos fatores que podem modificar a qualidade com que ele é realizado. Estudos na área do comportamento motor têm utilizado medidas como a eletromiografia (medidas da atividade elétrica do músculo), a eletroencefalografia (atividade elétrica cerebral), bem como a imagem cerebral (por meio de ressonância magnética, por exemplo).

Podemos utilizar a eletromiografia para melhor entendimento sobre a produção de movimento, como também para explorar as estratégias aplicadas na manutenção do equilíbrio. As medidas de eletroencefalografia e imagens cerebrais são utilizadas para trazer mais informações sobre as áreas e ondas cerebrais ativadas durante a realização do movimento.

Questão para reflexão

Selecione uma habilidade motora que você pode ajudar um(a) aluno(a)/cliente a aprender ou reaprender. Quais aspectos do desempenho dessa habilidade por parte dessa pessoa você deve medir para avaliar validamente suas capacidades e limitações de desempenho? Descreva os tipos de medidas que você usaria para avaliar esses aspectos do desempenho e descreva como essas medidas ajudariam a determinar o que você faria para auxiliar tal aluno(a)/cliente.

A avaliação do comportamento motor é um aspecto importante para o entendimento sobre como podemos mensurar aspectos ligados tanto ao controle quanto à aprendizagem motora de alunas e alunos. Trata-se de uma avaliação que tem papel fundamental.

A seguir, discutiremos mais a fundo sobre o controle motor e a aprendizagem motora na educação física.

1.6 Controle motor e aprendizagem motora na educação física

O movimento é aspecto fundamental nas nossas vidas, sendo essencial para nossa alimentação, reprodução, comunicação, locomoção etc. Nossa capacidade de mover-se é crucial para o nosso desenvolvimento, tão importante quanto o desenvolvimento das nossas capacidades intelectuais e emocionais. Além disso, é difícil isolarmos os movimentos que realizamos do ambiente no qual os desempenhamos.

> **Para saber mais**
>
> Para saber mais sobre a importância do movimento, assista ao **vídeo do professor Daniel Wolpert para o TED-talks**:
>
> DANIEL Wolpert: a razão para os cérebros existirem. Disponível em: <https://youtu.be/J0xRKo6tOWE>. Acesso em: 17 jun. 2019.

Nossas ações durante atividades diárias – sejam elas relacionadas a atividades esportivas ou recreacionais, sejam as referentes à atividades laborais ou funcionais – diferem na natureza das demandas que nos são impostas no momento do seu desempenho. Por exemplo, algumas ações, presentes em jogos de tênis, tênis de mesa ou mesmo enquanto dirigimos um carro em via rápida apresentam a necessidade de serem realizadas em altas velocidades.

Outras ações, vistas em movimentos durante o jogo de handebol, futebol americano, artes marciais ou presentes em exercícios para reabilitação, podem envolver quantidade significativa de contato corporal.

Muitas ações requerem alto grau de precisão e acurácia durante o movimento, como em jogos de golfe, lançamento de dardo, tiro ao alvo ou durante processos cirúrgicos. Há, também, as ações que enfatizam o desafio de realizar sequências graciosas e estilizadas de movimento estético, como movimentos de dança, balé e patinação. Muitas atividades nos colocam em contato com elementos da natureza, como caminhadas, montanhismo, caiaque e corridas de aventura.

Podemos perceber que, apesar da enorme variedade de restrições impostas por vários esportes e atividades diárias, uma coisa que todas as nossas ações motoras compartilham é o requisito de coordenarmos e controlarmos os movimentos de forma eficaz.

Como profissionais de educação física, devemos entender que em várias atividades físicas nossas alunas, nossos alunos ou nossos clientes são qualificados(as) e capazes de:

- produzir padrões de movimento funcionais, eficientes e efetivos, que se apresentam de forma suave e sem muito esforço;
- demonstrar tempo preciso entre seus movimentos e eventos que ocorrem no ambiente;
- reproduzir consistentemente padrões de movimento coordenados, mesmo sob severas restrições relacionadas ao tempo para sua execução ou a pressões competitivas;
- realizar movimentos que não são automatizados no sentido de apresentarem desempenhos idênticos todas as vezes, mas sutilmente variados e adaptados precisamente a qualquer mudança no ambiente em que são desempenhados;
- integrar, quando necessário, movimentos de diferentes partes do corpo em padrão esteticamente "agradável".

Dessa forma, para propiciarmos o controle e o aprendizado motor, devemos nos atentar a três aspectos:

1. Ao **meio ambiente**, como local disponível para a prática das atividades, os equipamentos e as condições de segurança presentes.
2. Às **características das(os) nossas(os) alunas(os) ou clientes**, como nível de aprendizagem motora e nível de desenvolvimento motor e fatores psicológicos.
3. À **tarefa** a ser realizada, como padrões de movimento, habilidades envolvidas etc.

Tais aspectos são importantes para que possamos selecionar os métodos de ensino e manter o programa das nossas aulas mais eficaz.

Para que possamos compreender o movimento humano, precisamos considerar uma estrutura multidisciplinar com o intuito de capturar as diversas formas de análise do movimento, incluindo fatores neurais, comportamentais e psicológicos, assim como os diferentes subsistemas envolvidos na produção de comportamento. Como exemplos, podemos citar o sistema perceptivo e o sistema do movimento (Davids; Button; Bennett, 2008).

Compreender esses processos nos sistemas de movimento é vital em diferentes áreas de atuação da educação física, seja na ergonomia ou no treinamento desportivo, seja na prescrição de exercícios terapêuticos e de reabilitação ou na avaliação para prevenção de lesões.

Essas informações são importantes para entendermos a natureza das diferenças individuais em vários níveis de desempenho. Por meio delas, compreendemos como transmitir informações a nossas(os) alunas(os) e clientes, assim como podemos desenvolver melhores ideias sobre as capacidades de movimento em vários estágios de desenvolvimento. Também ficamos aptos à interpretar as incapacidades e os distúrbios de movimento, bem como seus efeitos nas funções perceptual e motora (Davids; Button; Bennett, 2008).

Nos próximos quatro capítulos deste livro, discutiremos com maior profundidade cada um dos conceitos, aspectos e fatores relacionados, primeiramente, ao controle motor e, depois, à aprendizagem motora.

Síntese

Considerando os campos de estudo do comportamento motor, temos que: *controle motor* é a compreensão do "como" a habilidade motora é executada, com grande ênfase nas estruturas e funções do sistema neuromuscular em se adaptar ao contexto motor; *aprendizagem motora* é o processo gradual de mudança que ocorre no desempenho da habilidade motora, que resulta em comportamento motor menos vulnerável para cada situação; e *desenvolvimento motor* é o processo de modificações que ocorre durante o ciclo da vida, bem com a sua relação com o ambiente. Esses três campos de estudos estão interligados. Por exemplo, no processo da aquisição de uma habilidade motora, nós aprendemos a controlar os sistemas para que as ações motoras possam ser realizadas de forma mais rápida, mais automática e com maior consistência. Além disso, tais aspectos podem ser influenciados pelas mudanças relacionadas ao desenvolvimento motor.

Ao diferenciarmos habilidades e capacidades motoras, as *habilidades motoras* são atividades ou tarefas que devem ser aprendidas ou reaprendidas com o intuito de alcançar determinada meta estabelecida. Já as *capacidades motoras* são características gerais e permanentes dos indivíduos, podendo ser afetadas tanto pela aprendizagem quanto pela hereditariedade.

Ao reconhecermos os requisitos da habilidade motora, conscientes do nível de habilidade de nossas alunas e nossos alunos, precisamos considerar as condições do ambiente no qual o desempenho ocorre. Para isso, podemos utilizar a classificação uni e bidimensional para estruturar nossas aulas.

A proposta da taxonomia de Gentile pode ser utilizada para avaliação das habilidades motoras, ou seja, podemos determinar deficiências por meio de alterações sistemáticas no ambiente ou na função da tarefa para identificarmos as características que trazem dificuldades no desempenho. Além disso, podemos avaliar problemas no desempenho, mediante a seleção de uma progressão das atividades apropriadas, bem como utilizar essa classificação para mapear o progresso de alunas e alunos.

No campo do comportamento motor, podemos utilizar variadas abordagens metodológicas para sua avaliação. Dentre estas, temos a descrição do resultado do movimento, que envolve quantificar se o objetivo pretendido foi alcançado, ou seja, são medidas de descrição dos resultados do movimento. Podemos avaliar se o resultado do movimento alcançou o objetivo preestabelecido por meio das seguintes medidas: a) erro – erro absoluto, erro constante e erro variável; b) tempo e velocidade – tempo para realização do movimento e tempo de reação ao movimento; c) magnitude do movimento – mensurar a distância percorrida pelo indivíduo ou pelo objeto utilizado na tarefa e quantificar o "peso" levantado durante a tarefa; d) desempenho em tarefas secundárias – inserir uma atividade cognitiva ou outra motora na tarefa primária e realizar a tarefa primária em ambiente com mais fatores a serem controlados.

O outro campo do comportamento motor diz respeito à descrição das características do movimento, que pode ser feita por meio de: a) descritores qualitativos – movimento como listas de checagem para avaliar os níveis de desenvolvimento e aprendizagem motora; b) análise cinemática – parâmetros relacionados a deslocamento, velocidade e aceleração de objetos ou do nosso corpo, sem considerar as forças presentes no movimento; c) análise cinética – considera as forças aplicadas ao movimento; d) análise neurofisiológica – medidas como atividade elétrica muscular, atividade elétrica cerebral e imagem cerebral.

A capacidade de nos movermos é crucial para o nosso desenvolvimento, tão importante quanto o desenvolvimento das nossas capacidades intelectuais e emocionais. Para propiciarmos o controle e o aprendizado motor, nós, profissionais de educação física, devemos estar atentas(os) a alguns aspectos. Entre eles, temos: o ambiente no qual o movimento será realizado, as características das(os) nossas(os) alunas(os) ou clientes e a tarefa a ser realizada. Tais aspectos são importantes para que possamos selecionar os métodos de ensino e manter o programa das nossas aulas mais eficaz.

Atividades de autoavaliação

1. Relacione cada campo de estudo do comportamento motor à sua respectiva descrição:

    (A) Controle motor

    (B) Aprendizagem motora

    (C) Desenvolvimento motor

    ( ) Estudo das mudanças que ocorrem no comportamento motor ao longo do tempo
    ( ) Compreensão de como o sistema neuromuscular funciona para ativar e coordenar os músculos e os membros envolvidos no desempenho motor
    ( ) Aborda a capacidade de adquirir e/ou aprimorar as habilidades motoras

2. Observe as figuras e assinale as respostas corretas quanto à classificação unidimensional das habilidades motoras:

a)

( ) fina/( ) grossa
( ) discreta/( ) em série/( ) contínua
( ) fechada/( ) aberta
( ) de estabilidade/( ) de locomoção/( ) de manipulação

b)

( ) fina/( ) grossa
( ) discreta/( ) em série/( ) contínua
( ) fechada/( ) aberta
( ) de estabilidade/( ) de locomoção/( ) de manipulação

c)

( ) fina/( ) grossa
( ) discreta/( ) em série/( ) contínua
( ) fechada/( ) aberta
( ) de estabilidade/( ) de locomoção/( ) de manipulação

d)

( ) fina/( ) grossa
( ) discreta/( ) em série/( ) contínua
( ) fechada/( ) aberta
( ) de estabilidade/( ) de locomoção/( ) de manipulação

3. Quando planejamos a avaliação do comportamento motor, devemos focar na ação específica, na qual analisamos os resultados obtidos. É fundamental que adequemos a avaliação à realidade do público que queremos analisar. Considerando esse contexto, assinale V para verdadeiro ou F para falso nas afirmações a seguir sobre avaliação do comportamento motor.

    ( ) Podemos utilizar variadas formas metodológicas para a avaliação, como: descritiva e explicativa, qualitativa e neurofisiológica.

    ( ) Erros, tempo e velocidade, magnitude do movimento, desempenho em tarefas secundárias e descrição das características do movimento são exemplos de medidas neurofisiológicas.

    ( ) Podemos descrever o movimento de duas formas: de maneira qualitativa (listas de checagem) e de maneira quantitativa (contando os erros).

    ( ) O movimento pode ser avaliado pela análise cinemática (deslocamento, velocidade e aceleração), cinética (forças aplicadas ao movimento), ou por medidas neurofisiológicas (eletromiografia, eletroencefalograma e ressonância magnética).

4. Avalie as afirmativas a seguir com relação à taxonomia de Gentile.

    I. A taxonomia de Gentile absorve técnicas da classificação unidimensional das habilidades motoras com implementação de alguns outros aspectos.

    II. Os aspectos considerados pela taxonomia de Gentile: contexto do ambiente onde realizamos a habilidade motora e a função da tarefa motora que caracteriza a habilidade.

    III. A taxonomia de Gentile é um modelo bidimensional de observação das características, que torna as habilidades diferentes umas das outras, bem como a relação entre elas.

IV. O contexto ambiental no qual a tarefa motora é realizada é considerada a segunda dimensão da taxonomia.

V. A primeira dimensão do esquema bidimensional de Gentile para a classificação de habilidades motora considera a função da tarefa motora.

Agora, assinale a alternativa que apresenta a resposta correta:
a) Todas as afirmativas são verdadeiras.
b) As afirmativas I, II, III são verdadeiras.
c) As afirmativas II, IV, V são verdadeiras.
d) As afirmativas I, III, IV são verdadeiras.

5. Avalie as afirmativas a seguir quanto ao contexto ambiental e à função da tarefa.

   I. Condições reguladoras é a descrição das características relevantes do contexto no qual a habilidade é realizada.

   II. Variabilidade entre tentativas é a observação entre as condições regulatórias se estas são as mesmas ou não entre as tentativas de desempenho.

   III. As condições reguladoras do ambiente podem ser: estacionária sem variabilidade entre tentativas; estacionária com variabilidade entre tentativas; em movimento e sem variabilidade entre tentativas; em movimento com variabilidade entre tentativas.

   IV. O termo manipulação refere-se às mudanças e à manutenção da localização do corpo.

   V. O termo orientação corporal refere-se à manutenção ou mudança de posição de objetos ou pessoas.

Agora, assinale a alternativa que apresenta a resposta correta:
a) Todas as afirmativas são verdadeiras.
b) As afirmativas I, III, IV são verdadeiras.
c) As afirmativas II, IV, V são verdadeiras.
d) As afirmativas I, II, III são verdadeiras.

Atividades de aprendizagem

Questão para reflexão

1. Escolha uma habilidade motora que, em sua futura profissão como profissional de educação física, você espera ajudar suas alunas e seus alunos a aprender ou reaprender. Quais são as características de desempenho dessa habilidade que apresentarão dificuldades distintas para elas e eles à medida que aprendem ou reaprendem a habilidade? Baseado no que aprendemos até agora, quais características de controle motor e de aprendizagem motora você deve levar em conta nas estratégias e nos procedimentos que você usa para ajudar suas alunas e seus alunos?

Atividade aplicada: prática

1. Sabemos que a interação entre as quatro características do contexto ambiental e as quatro características da função da tarefa motora cria 16 categorias de habilidades motoras. Ao observar suas alunas, seus alunos ou clientes na realização de atividades, descreva dois exemplos da sua prática para cada situação descrita no quadro a seguir:

Função Intencional da Tarefa de Movimento				
Contexto do meio ambiente da tarefa de movimento	Estabilidade sem manipulação	Estabilidade corporal manipulação	Locomoção sem manipulação	Locomoção com manipulação
Condições reguladoras **fixas + sem variabilidade** entre as tentativas				
Condições reguladoras **fixas + variabilidade** entre as tentativas				
Condições reguladoras **em movimento + sem variabilidade** entre as tentativas				

Parte II

Controle motor

A **Parte II** é composta pelos Capítulos 2 e 3 e fornece visão geral sobre o controle motor com base nos pressupostos das teorias cognitivas e dos sistemas dinâmicos do controle motor.

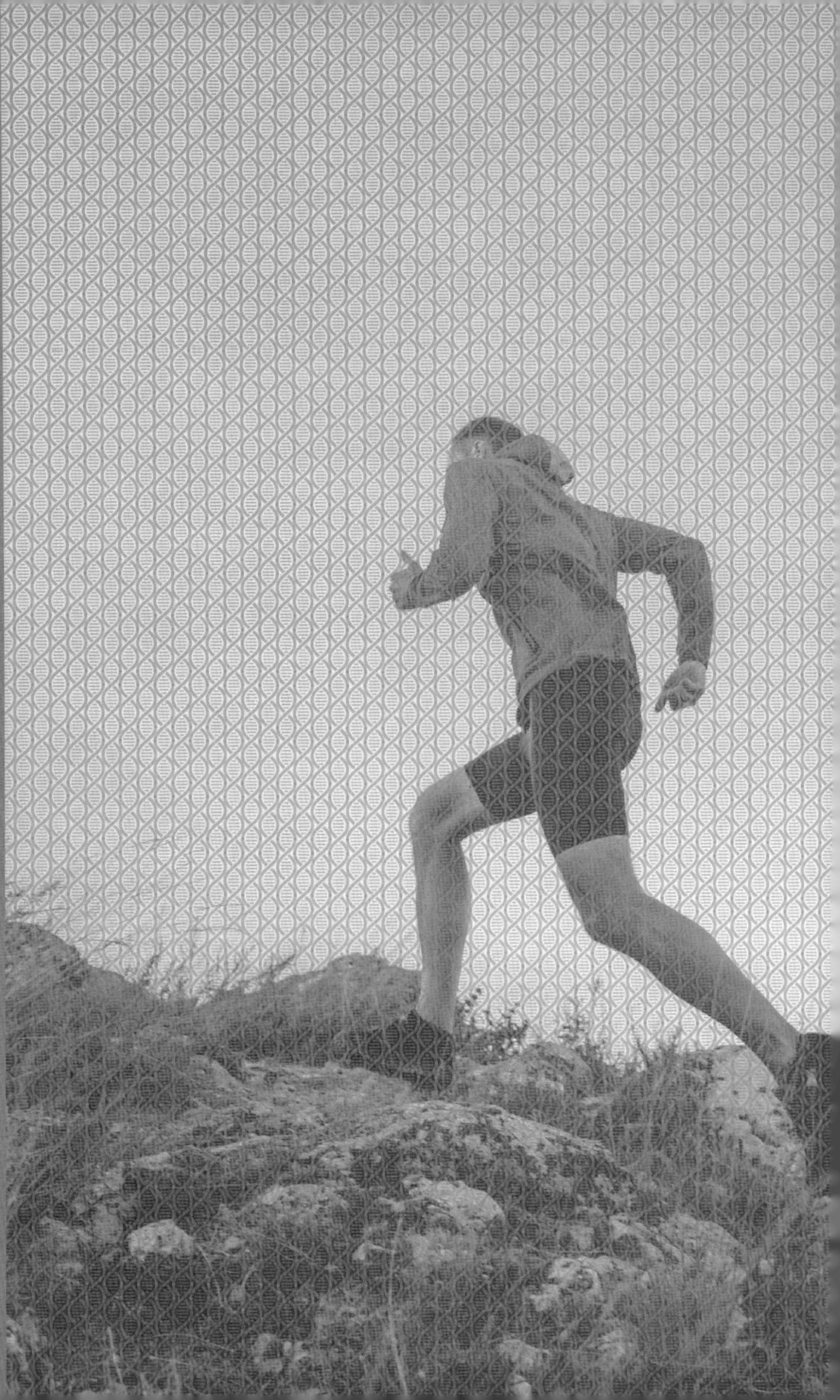

Capítulo 2

Controle motor: aspectos teóricos da produção do movimento

Conteúdos do capítulo:
- Contribuições das teorias cognitivas e dos sistemas dinâmicos na percepção e na produção de movimento.
- O processo de organização do movimento e o sistema de percepção-ação.
- O papel das fontes de informação no controle do movimento.

Após o estudo deste capítulo, você será capaz de:
1. distinguir, discutir e avaliar as contribuições das teorias cognitivas do controle motor para a produção do movimento;
2. diferenciar, discutir e mensurar as contribuições das teorias dos sistemas dinâmicos do controle motor para a produção do movimento;
3. descrever a organização do movimento;
4. definir o sistema de percepção-ação;
5. descrever e compreender as fontes de informação para o controle do movimento.

2.1 Teorias cognitivas do controle motor

Antes de discutirmos as teorias do controle motor, temos de fazer uma pergunta: Como você conceituaria *teoria*?

Podemos dizer que teorias descrevem e fornecem explicações para grande número de eventos observáveis. Tal conceito está ligado a idealizar, simplificar, abstrair e sistematizar fenômenos. A passagem por esse processo resulta na capacidade da teoria em capturar e relacionar aspectos de diversas naturezas.

Quando falamos das teorias do controle motor, entendemos que elas descrevem e explicam como o movimento coordenado é produzido, da mesma forma que a maneira como somos capazes de realizar com sucesso uma variedade de habilidades motoras em uma diversidade de contextos ambientais. Como profissionais de educação física, podemos utilizar as teorias do controle motor como base para o desenvolvimento de aulas efetivas para as habilidades motoras (Li, 2013).

Neste capítulo, iremos discutir as teorias em duas seções. Na primeira delas, falaremos sobre as teorias cognitivas; enquanto na outra analisaremos as teorias dos sistemas dinâmicos.

Comecemos, então, pelas **teorias cognitivas**, que enfatizam o papel das estruturas centrais no controle de movimentos. Ou seja, tais teorias se preocupam em responder como o sistema nervoso central (SNC) e o periférico controlam músculos e articulações antes e durante o movimento. Vejamos algumas delas.

2.1.1 Teoria reflexa

Sherrington (1906) estabeleceu a base para a **teoria do reflexo do controle motor**. De acordo com essa teoria, os reflexos são as unidades mínimas do comportamento. Reflexo, ou *ação reflexa*, consiste no movimento involuntário e quase instantâneo em resposta a um estímulo. Algumas estruturas são essenciais para que essa ação reflexa ocorra, como o receptor para os estímulos, o condutor desses estímulos e o efetor da ação (músculos e articulações, por exemplo). Como condutores do estímulo, temos ao menos duas células neurais: a primeira conduz o estímulo do receptor ao efetor e a segunda conduz o estímulo do efetor ao receptor.

Os reflexos podem ser descritos em cadeia, ou seja, em ações combinadas. Dessa forma, o estímulo provoca respostas, as quais são transformadas em estímulos para respostas seguintes. Assim, podemos dizer que os comportamentos complexos são derivados da combinação sucessiva de reflexos mais simples. Os reflexos conduzem à ativação ou à inibição de diferentes grupos musculares, coordenados por interneurônios da medula espinhal (Sherrington, 1906; Burke, 2007). Observe a Figura 2.1.

Figura 2.1 Esquema da teoria reflexa

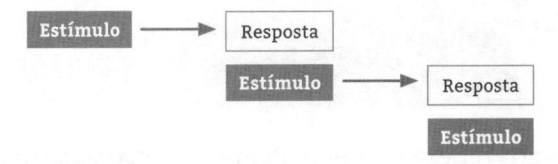

Estímulo ⟶ Resposta
　　　　　　　Estímulo ⟶ Resposta
　　　　　　　　　　　　　　Estímulo

Ao considerarmos os reflexos em cadeia como base dos nossos movimentos funcionais, podemos utilizar estratégias de avaliação projetadas para testar tais reflexos que permitem a predição da função de certos movimentos (Cano-De-La-Cuerda et al., 2015). Com base no conhecimento dos circuitos reflexos, e principalmente nas respostas esperadas por meio de certos estímulos, podemos localizar determinada lesão.

Por exemplo, o nosso ato reflexo pode ser avaliado por meio de exame tradicional conhecido como *reflexo patelar* (Figura 2.2). Esse teste avalia a função do nervo femoral. Nesse exame, batemos um pequeno martelo no joelho da nossa aluna ou do nosso aluno, e tal estímulo leva ao movimento da perna (extensão do joelho). A ausência ou a diminuição desse reflexo pode representar uma lesão no nervo ou alguma condição clínica, como o sinal de Westphal.

Figura 2.2 Teste do tendão patelar (reflexo patelar)

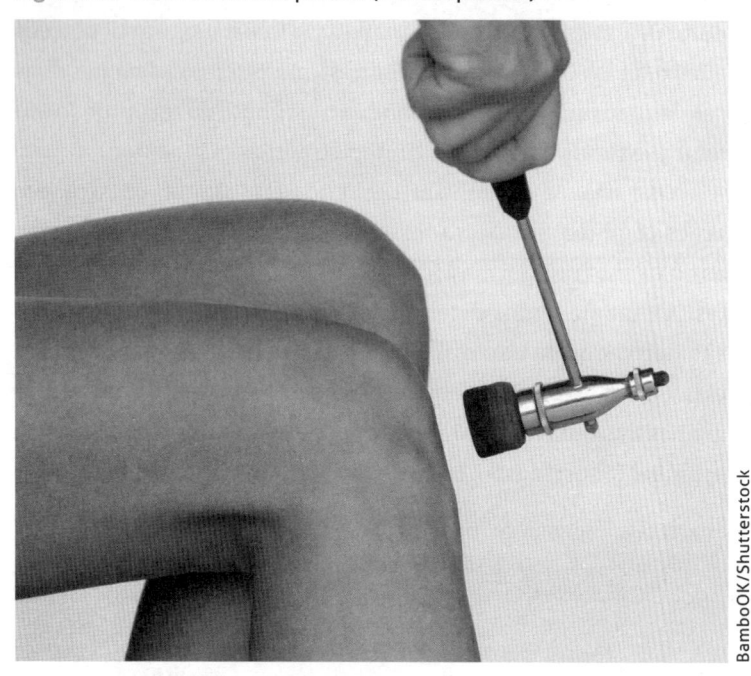

A teoria reflexa apresenta algumas limitações quando consideramos outros aspectos relacionados ao desempenho da tarefa, como outros sistemas do nosso organismo e o contexto no qual a tarefa é realizada. A seguir, citaremos alguns exemplos mais específicos dessas limitações. Observe:

- Considerar o reflexo como uma unidade básica de comportamento não explica nossos movimentos espontâneos ou voluntários. Desse modo, essa teoria não explica adequadamente movimentos que ocorrem sem estímulo sensorial (como o uso do pequeno martelo no exemplo do teste).
- A teoria não explica como um único estímulo pode induzir uma variedade de respostas dependendo do contexto e de comandos descendentes ou da capacidade de realizar novos movimentos.

- Não é explicitado como produzimos uma sequência de movimentos em alta velocidade sem a presença de *feedback* sensorial do movimento anterior como estímulo para iniciar o próximo movimento.
- A teoria também não explica a capacidade de produzirmos movimentos novos com regras aprendidas previamente. Por exemplo, como uma jogodadora experiente de handebol também consegue jogar basquetebol sem necessariamente ter praticado essa modalidade esportiva? A jogadora aprendeu habilidades em comum como correr, quicar e passar a bola, as quais ela pode aplicar na nova situação.

É importante entendermos algumas dessas limitações, pois foram justamente elas que levaram a questionamentos e à discussão de outras teorias, as quais veremos na sequência.

2.1.2 Teoria hierárquica

A **teoria hierárquica** afirma que o SNC é organizado em três níveis hierárquicos e apresenta característica vertical, com níveis de controle superior, médio e inferior (Cano-De-La-Cuerda et al., 2015). Desse modo, temos:

- **Nível inferior**: Composto pelos segmentos da medula espinhal e do tronco encefálico.
- **Nível intermediário**: Correspondente às divisões motoras e sensoriais do córtex cerebral.
- **Nível superior**: É onde as áreas associativas são consideradas e, principalmente, as divisões frontais do cérebro.

Observe que, nessa divisão de níveis de controle, as linhas de controle não se cruzam e níveis mais baixos não exercem controle do movimento (ver Figura 2.3).

Figura 2.3 Esquema das teorias hierárquicas

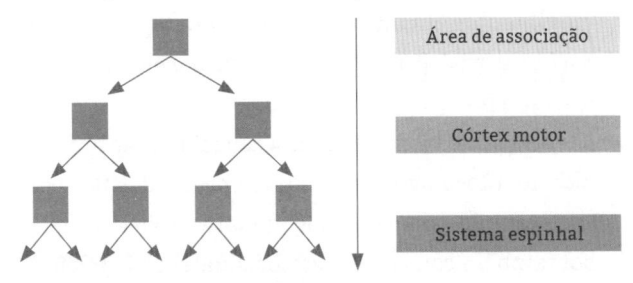

Área de associação

Córtex motor

Sistema espinhal

Preste atenção!

Podemos aplicar os conceitos da teoria reflexa na teoria hierárquica, a qual é conhecida como **teoria reflexa hierárquica**. Essa teoria sugere que o controle motor surge dos reflexos que estão dentro de níveis hierárquicos organizados do SNC. Os reflexos controlados por níveis inferiores do sistema nervoso só se tornam notáveis quando os centros corticais superiores são lesionados. Dessa forma, os reflexos são parte integrante do controle motor e os centros superiores normalmente agem como inibidores dos centros geradores de reflexos inferiores (Magnus, 1926).

Existe alguma implicação da teoria hierárquica para a educação física? Os conceitos dessa teoria podem ser utilizados como parte da avaliação de alunas ou alunos com déficits ou lesões neurológicas, quando a influência de centros superiores é interferida, temporária ou permanentemente. Observe o exemplo discutido no box "Aplicação de testes neurológicos na avaliação de indivíduos com doença de Parkinson", disposto na sequência.

Uma das limitações dessa teoria diz respeito ao fato de ela não trazer explicações na dominância do comportamento reflexo em certas situações, como pisar sobre um prego, o que nos leva a retirada imediata do pé do solo. Esse é um exemplo de controle na base hierárquica (níveis mais baixos), na qual domina a função motora. Assim, devemos ter precauções quanto a premissas de que todos os comportamentos de nível inferior são primitivos, imaturos e não adaptativos, enquanto os comportamentos de nível superior (cortical) são maduros, adaptativos e apropriados.

De fato, o conceito da hierarquia direta, na qual centros superiores estão sempre no controle, tem sido modificado. Podemos observar que a teoria hierárquica tem reconhecido que cada um dos níveis pode agir sobre os outros (superiores e inferiores), dependendo da tarefa executada. Além disso, o papel dos reflexos no movimento tem sido modificado. Reflexos não são mais considerados os únicos determinantes do controle motor, mas um dos muitos processos essenciais na iniciação e no controle do movimento.

Aplicação de testes neurológicos na avaliação de indivíduos com doença de Parkinson

O desempenho funcional e a associação entre testes de desempenho funcional e avaliação neurológica diferem em homens e mulheres com doença de Parkinson. Um estudo realizado por Medijainen et al. (2015) teve como objetivo principal avaliar a relação entre testes de desempenho e medidas de avaliação neurológica em mulheres e homens com essa doença. A doença de Parkinson é uma doença neurodegenerativa progressiva e seu diagnóstico é baseado principalmente em características clínicas.

Os autores utilizaram a escala de "Hoehn e Yahr" (HY) e a escala unificada de avaliação da doença de Parkinson (EUADP) para a avaliação neurológica. A escala de HY é uma escala de classificação clínica simples da doença de Parkinson que define o comprometimento motor e é amplamente utilizada para avaliar o estágio da doença. A EUADP é uma medida de avaliação neurológica criada para avaliar as manifestações da doença. Essa escala possui quatro partes, que monitoram a influência da doença de Parkinson nas experiências motoras e não motoras da vida diária. Exame motor e questões sobre complicações motoras também estão incluídos.

As medidas para avaliar o desempenho funcional incluíram teste de agilidade e equilíbrio dinâmico (teste *time-up and go* e o teste de caminhada de 10 metros). Para o teste de caminhada, os autores pediram que os participantes do estudo caminhassem em uma velocidade confortável em um corredor de 10 metros. O protocolo padrão do teste de agilidade e equilíbrio dinâmico mede o tempo que o participante leva para se levantar de uma cadeira, percorrer uma distância de 3 metros, virar, caminhar de volta e sentar-se novamente.

Com o resultado, os autores observaram que o desempenho funcional está associado a avaliações neurológicas em mulheres com a doença de Parkinson. É importante saber se os resultados da avaliação neurológica estão ligados ao desempenho funcional, principalmente devido a indivíduos com estágios mais avançados da doença apresentarem desempenho funcional mais baixo. Além disso, como considerações finais, os autores recomendam considerar medidas de avaliação neurológica e funcional em um contexto específico de gênero.

2.1.3 Teoria de programação motora

A **teoria de programação motora** começa a explorar a fisiologia das ações e não somente a natureza das reações. Ela sugere que o movimento é possível na ausência de reflexo, de tal forma que a rede neural da medula espinhal seria capaz de produzir ritmo locomotor sem quaisquer estímulos sensoriais ou padrões descendentes do cérebro. Assim, o movimento poderia ser provocado sem *feedback*.

Mas como isso ocorre? Estudos realizados com modelos animais demonstram que, mesmo sem a entrada de estímulo ou informação descendente do cérebro, ainda é possível se obter resposta motora padronizada sem que esta seja uma reação ao estímulo. Por exemplo, em um estudo investigando a locomoção de gatos, mesmo após a retirada da entrada de estímulos, redes neurais puderam produzir o ritmo locomotor dos animais (Grillner, 2006).

De acordo com essa teoria, se a resposta motora (ação) ocorre após a remoção do estímulo, nós temos o conceito do padrão motor central, ou simplesmente *programa motor*. O programa motor pode ser ativado tanto por um estímulo sensorial (o toque da bola nas mãos, por exemplo) quanto pelos processos centrais (sem estímulo sensorial).

Importante!

Programa motor é o conjunto de comando motores que é estruturado antes do início da sequência de movimentos e que possibilita toda a sequência a ser executada (Keele, 1968).

Quando você está se vestindo, se alimentando, tomando banho ou realizando outras atividades do dia a dia, você geralmente realiza os movimentos sequenciados de forma muito rápida, certo? Dessa forma, se considerarmos esses exemplos, fica difícil aplicarmos os conceitos tanto da teoria reflexa quanto da hierárquica nessas situações, visto que a transmissão da informação até o SNC e a transmissão da informação para os músculos e articulações seria muito lento ao considerarmos a passagem por cada nível descrito na teoria hierárquica. Podemos dizer, então, que certas estratégias e planejamento anteriores são necessários para que possamos organizar nossas ações. É aí que entra o conceito dos programas motores.

O conceito do programa motor expandiu o conhecimento do papel do sistema nervoso no controle do movimento. Entretanto, ele não veio para substituir a importância da entrada de informação sensorial no controle do movimento, mas para expandir o entendimento da flexibilidade do SNC em criar movimentos com a inclusão da habilidade de criá-los sem *feedback* (Cano-De-La-Cuerda et al., 2015).

A suposição básica dessa teoria é que o cérebro funciona como um computador no processamento e no armazenamento de informações para produzir os comportamentos. O processamento de informações no SNC ocorre por meio de uma série de estágios cognitivos discretos, envolvendo percepção, tomada de decisão e execução de resposta. Um esquema da teoria da programação motora é apresentado na Figura 2.4.

Figura 2.4 Esquema de teoria da programação motora

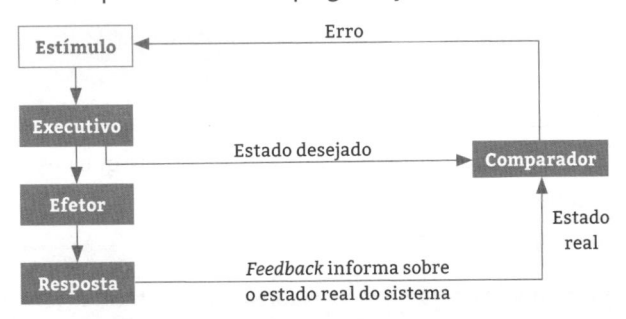

```
Estímulo ◄──────────── Erro ────────────┐
   │                                      │
   ▼                                      │
Executivo                                 │
   │       Estado desejado                │
   │       ──────────────►  Comparador
   ▼                             ▲
Efetor                           │
   │                             │ Estado
   │                             │ real
   ▼
Resposta ── Feedback informa sobre ──┘
            o estado real do sistema
```

Ao considerarmos esse esquema da teoria da programação motora, temos a percepção do estímulo primeiro. A informação é enviada ao cérebro (executivo) via sistema nervoso periférico e central. Essa informação é processada pelo sistema nervoso central, que envia a mensagem, baseada nos programas motores armazenados, para os músculos e articulações (efetores), os quais realizam a ação (resposta). Aspectos inerentes ao processamento de informação de acordo com essa teoria serão discutidos mais à frente, no Capítulo 4.

A teoria da programação motora é amplamente aplicada na educação física, visto que é de fácil entendimento, devido a sua explicação linear do processamento da informação durante o desempenho de certas habilidades motoras.

Por exemplo, ao considerarmos que temos programas motores armazenados na nossa memória (cérebro) e estes foram conservados por meio de experiências anteriores, em nossas aulas podemos focar em ações motoras que podem fortalecer esses programas motores já adquiridos. Por essa abordagem, o primeiro foco seria nas "regras corretas para a ação", e não no aprendizado de movimentos isolados.

Observamos, dessa forma, que a formação desses programas motores é crítica para o desempenho da tarefa. Ou seja, se nossa aluna/nosso aluno, durante o aprendizado de habilidades, faz uso de uma série de compensações para obter sucesso na ação, possivelmente formará programas motores que envolvem tais compensações, passando a utilizá-las automaticamente.

Um exemplo prático seria quando recebemos a bola do árbitro para um lançamento livre no basquete. Temos o estímulo da bola ao tocar nossas mãos e, ao recebermos estímulo do som do apito, planejamos o lançamento checando programas motores presentes em nossa memória (formado por experiências anteriores e fortalecidos durante as práticas). Assim, a mensagem é enviada para os músculos e articulações para a execução do movimento.

Apesar da fácil aplicação prática dessa teoria, ela apresenta limitações devido ao seu conceito linear de processamento da informação. Dentre tais dificuldades, podemos citar que ela não explica como, na ausência de informação sensorial, variáveis ambientais ou musculoesqueléticas são capazes de interferir no movimento. Por exemplo, o envio de dois comandos idênticos para flexionarmos o cotovelo podem produzir diferentes movimentos se considerarmos diferentes posições para o braço. Força da gravidade, fadiga muscular e o estado emocional são características que podem agir de formas diferentes para o mesmo comando.

Durante o decorrer deste livro, utilizaremos algumas explicações baseadas nessa teoria da programação, porém, os conceitos da teoria dos sistemas dinâmicos serão os mais utilizados nas elucidações dos fenômenos do comportamento motor. A teoria dos sistemas dinâmicos será discutida na próxima seção deste capítulo.

2.2 Teorias dos sistemas dinâmicos do controle motor

Nesta seção, iremos discutir conceitos das teorias dos sistemas dinâmicos como parte de uma estrutura alternativa às teorias cognitivas descritas na seção anterior deste capítulo.

2.2.1 Teoria dos sistemas

A **teoria dos sistemas** afirma que movimentos não são somente controlados central ou perifericamente, mas são afetados por interações entre múltiplos sistemas, ou seja, é um modelo de controle distribuído (Davids; Button; Bennett, 2008).

> **Importante!**
>
> Com base nessa teoria, o corpo é visto como um sistema mecânico, que pode ser influenciado tanto pelas forças externas quanto pelas internas (Bernstein, 1967). Por meio do conceito da teoria dos sistemas, o mesmo comando central pode resultar em movimentos diferentes.

Tal teoria faz os seguintes questionamentos: Quanto o nosso corpo, visto como um sistema mecânico, influencia o processo do controle motor? Como as condições iniciais afetam as propriedades do movimento?

A teoria dos sistemas considera os graus de liberdade a serem controlados para a geração de movimentos coordenados (Bernstein, 1967). Os graus de liberdade de qualquer sistema, por sua vez, refletem o número de elementos independentes ou que o compõem. Cada elemento é "livre" para variar de maneiras específicas. Por exemplo, a articulação do cotovelo (o elemento) pode variar (mover) de duas maneiras: flexão e extensão.

O problema dos graus de liberdade aparece quando um sistema complexo necessita ser organizado para produzir um resultado específico. Ou seja, como um sistema complexo, com muitos graus de liberdade, pode ser limitado a agir de forma específica? Iremos aprofundar essa discussão no Capítulo 3, quando falarmos sobre coordenação motora. De forma geral, podemos dizer que, quando o sistema nervoso controla o nosso corpo para a realização de determinada habilidade motora complexa, este enfrenta problemas para o controle dos graus de liberdade. A determinação do número de graus de liberdade que devem ser controlados no movimento coordenado depende do nível de controle a ser considerado.

Por exemplo, em um nível básico, podemos considerar as unidades motoras como elementos que devem ser controlados. Em outro nível, podemos considerar as nossas articulações como elementos de interesse. Independente do nível de controle considerado, é evidente que, para qualquer habilidade motora, o problema de controle envolvido em nos permitir realizar tal habilidade é considerável. Tal controle vai depender das condições do indivíduo, do ambiente onde a tarefa é executada e do objetivo da tarefa.

E, afinal, quais são as implicações dessa teoria para a educação física? Primeiramente, essa teoria foca no corpo como um sistema mecânico, mostrando a influência dessas características sobre o movimento. O que ocorre é que tal movimento não é determinado somente pela saída de informação do sistema nervoso central, que passa a ser considerado um filtro para o nosso corpo (chamado de *sistema mecânico*). Dessa forma, a avaliação e a prática motora devem focar não apenas nos déficits de sistemas específicos que contribuem para o controle motor, mas também na interação de múltiplos sistemas associados com o desempenho da tarefa. Assim, há a necessidade de variabilidade da prática da habilidade motora.

Uma das limitações dessa teoria é o fato de ela ainda não levar em conta o processamento não linear das informações.

2.2.2 Teoria da ação dinâmica

A **teoria da ação dinâmica** considera o princípio da auto-organização e afirma que, quando um sistema composto por partes individuais é integrado, as suas partes agem coletivamente de forma organizada e não exigem quaisquer instruções de centros "superiores" para transmitir instruções ou comandos na intenção de alcançar uma ação coordenada (Aoi; Funato, 2016).

Esse princípio aplicado ao controle motor prediz que o movimento pode emergir como resultado de elementos interativos, sem a necessidade de comandos específicos ou programas motores, ou seja, sem a participação do SNC como elemento principal. Dessa forma, o movimento é um padrão auto-organizado espaçotemporalmente que emerge da interação de diversos parâmetros acoplados (parâmetros físicos e biológicos).

Em outras palavras, a teoria das ações dinâmicas reconhece que os resultados não podem ser previstos simplesmente adicionando componentes conhecidos, pois o comportamento é não linear.

> **Preste atenção!**
>
> *Não linear* significa que não há uma ordem predeterminada, todas as variáveis se combinam resultando em um efeito impossível de prever com precisão, apenas padrões gerais são vistos e altamente individualizados. Ou seja, podemos dizer que quando um dos parâmetros de movimento sofre alterações e atinge um valor crítico, todo o sistema se transforma em uma configuração completamente nova de comportamento (Cano-De-La-Cuerda et al., 2015).

Para melhor exemplificarmos a teoria da ação dinâmica, vamos considerar a seguinte situação: quando caminhamos rápido até o ponto de ônibus e, ao vermos o ônibus chegando perto do ponto de parada, aumentamos a velocidade da caminhada. Chegamos a um ponto no qual, subitamente, mudamos para o trote. Se continuamos a nos mover mais rápido, chegamos ao ponto no qual mudamos para a corrida. Nós não temos tempo de planejar tal ação, esta vai se adaptando à nova situação (ônibus chegando) e, a cada aumento da velocidade, não temos outra opção a não ser mudarmos o padrão de movimento (caminhada para trote, trote para corrida).

A teoria da ação dinâmica questiona o que causa a mudança de um padrão de comportamento (como a caminhada) para um novo padrão (trote ou corrida). Assim, a perspectiva da ação dinâmica tem enfatizado a noção de comandos do SNC no controle do movimento, além de buscar explicações físicas que podem contribuir para as características do movimento.

Um conceito importante de movimentos na perspectiva da teoria da ação dinâmica é a do estado atrator. **Estado atrator** é o padrão preferido de movimento utilizado para a realização de tarefas. Continuando com o exemplo da caminhada, nós geralmente caminhamos a um ritmo constante que representa o estado atrator para a velocidade específica da caminhada. Nós tendemos a caminhar no nosso ritmo preferido, que é, geralmente, energeticamente mais eficiente.

O grau de flexibilidade para mudar um padrão preferido de movimento também é denominado *atrator*. Quanto mais estável o estado atrator (caminhar em velocidade confortável), mais difícil a mudança do padrão preferido. Padrões de movimento estáveis se tornam mais variáveis, ou instáveis, um pouco antes da transição para um novo padrão de movimento. Tal instabilidade será melhor discutida quando falarmos sobre os estágios de aprendizagem no Capítulo 4.

> **||| Importante!**
>
> A teoria da ação dinâmica tem sido modificada para incorporar muitos dos conceitos da teoria dos sistemas. Isso tem resultado na combinação dessas duas teorias do controle motor em um **modelo de sistemas dinâmicos**, o qual sugere que o movimento subjacente à ação resulta de interação tanto de componentes físicos quanto neurais (Latash; Huang, 2015).

As implicações para a educação física partem do entendimento de propriedades físicas e dinâmicas do corpo humano, sendo que essas propriedades podem ser utilizadas para o reestabelecimento do controle motor. Por exemplo, podemos utilizar pistas sensoriais nas nossas aulas. Em práticas motoras para o controle postural, perturbações externas e exposição a terrenos irregulares e instáveis são diretamente impostas para que nossas alunas e nossos alunos ajustem a postura. Os estímulos são mantidos até que a resposta ideal seja encontrada e o equilíbrio seja restabelecido.

2.2.3 Teoria ecológica

Pela **teoria ecológica**, a maneira na qual o sistema motor permite a interação mais efetiva com o meio é explorada, a fim de desenvolver comportamento orientado à meta (Gibson, 1966). Essa teoria concentra-se em como detectar informações do meio que sejam relevantes para a realização da tarefa, e como esse conhecimento é utilizado para controlar os movimentos.

Nós exploramos ativamente o nosso ambiente, o qual promove a realização de atividades que são ambientalmente adequadas. Em outras palavras, essa teoria considera a interação do nosso organismo, da tarefa e do ambiente quando realizamos determinado movimento (Figura 2.5).

Figura 2.5 Esquema da teoria ecológica

```
           Organismo
              △
             ╱│╲
            ╱ ▼ ╲
           ╱     ╲
          ╱Movimento╲
         ╱           ╲
        ╱ ▲         ▲ ╲
       ╱__│_____│__╲
      Tarefa ◄─── Ambiente
```

Visto que nas outras teorias nosso organismo é tratado como sistema sensório/motor, a teoria ecológica observa que, além da sensação, a percepção é muito importante. Especificamente, temos a percepção dos fatores ambientais necessários para a execução da tarefa. A percepção foca em detectar informação no ambiente que suporte as ações necessárias para alcançar a meta da tarefa (Gibson, 1966).

A perspectiva ecológica determina como detectamos no ambiente informação que seja relevante para a tarefa, de qual forma a informação é tomada e como ela é utilizada para modificar e controlar nosso movimento. Desse modo, tal perspectiva tem ampliado ainda mais o conhecimento da função do SNC, do sistema sensório/motor e das variáveis ambientais relativas ao sistema de percepção/ação, que explora ativamente o ambiente para satisfazer as metas estabelecidas (Cano-De-La-Cuerda et al., 2015).

Ao aplicarmos os conceitos da teoria ecológica à educação física, podemos dizer que essa teoria descreve nossas alunas e nossos alunos como exploradores ativos do ambiente e, dessa forma, desenvolvem muitas maneiras para executar a habilidade motora.

A teoria ecológica considera a adaptação como fator importante, não somente pelo modo como o movimento é organizado para completar a tarefa, mas também pela maneira como utilizamos a percepção. Finalmente, essa teoria explora a capacidade de desenvolvermos soluções múltiplas de adaptação para completar tarefas, nas quais percorremos uma gama de possibilidades para realizá-las com a descoberta da melhor solução.

Questão para reflexão

Selecione uma habilidade motora que você gosta de executar, pode ser para fins recreativos ou esportivos. Após estudar as duas primeiras seções deste capítulo, aborde como você adaptaria a maneira de executar essa habilidade a diferentes características que pode encontrar no contexto ambiental. Descreva algumas dessas características do contexto ambiental e indique como você as adaptaria em termos dos ajustes de movimento que faz. Considere se os ajustes envolvem algumas modificações no padrão de movimento que você usa.

As teorias do controle motor fornecem a base sobre a qual nós, profissionais de educação física, podemos basear muitas das tarefas e habilidades praticadas em nossas aulas e no cotidiano de nossas alunas e nossos alunos. A Figura 2.6 traz um resumo da aplicabilidade das teorias do controle motor na prática da educação física.

Figura 2.6 Exemplos de aplicação das teorias do controle motor

```
Teorias do controle motor
        ↓
Compreensão dos fenômenos do controle motor
        ↓
Aspectos (restrições, potencialidades, detrimentos etc.) do desempenho motor
        ↓
Permite praticantes a...
```

- Identificar problemas no desempenho
- Avaliar a efetividade das estratégias utilizadas nas aulas
- Desenvolver estratégias de aula para superar problemas no desempenho
- Criar novas estratégias pedagógicas e metodológicas para as aulas
- Predizer efetivamente estratégias de aula
- Desenvolver técnicas sistemáticas para auxiliar as alunas e os alunos a aumentarem as capacidades de desempenho de habilidades

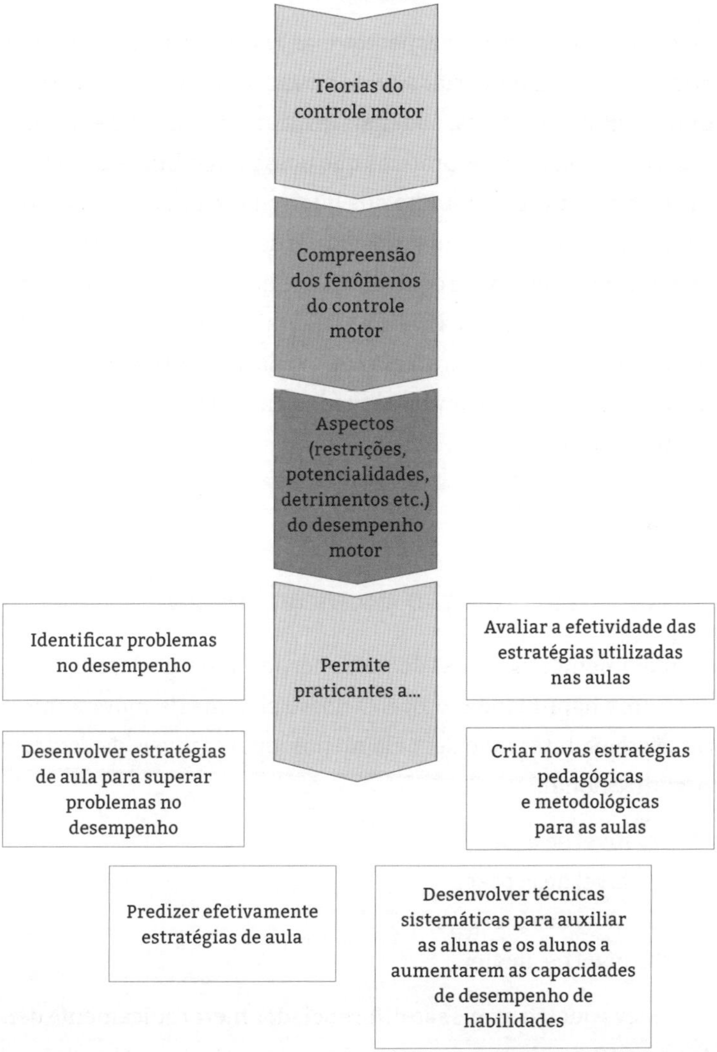

> ||| **Preste atenção!**
>
> Ao compreendermos os aspectos e as razões de como podemos nos adaptar a uma variedade de situações quando realizamos uma habilidade motora, podemos utilizar tal conhecimento para desenvolver condições práticas que possam facilitar essa capacidade de adaptação. Suponha que queremos auxiliar uma aluna/ um aluno na reaquisição da capacidade de andar. O conhecimento sobre os mecanismos de controle motor que fundamentam a locomoção humana e as variáveis ambientais que a afetam nos permitirão desenvolver estratégias de avaliação e intervenção mais adequadas, pois estaremos baseados em variáveis que influenciam tal tarefa.

2.3 Organização do movimento

Os movimentos são ações do nosso corpo enquanto desempenhamos uma habilidade motora. O nosso sistema de movimento é um sistema integrado de, pelo menos, quatro níveis de controle organizacional:

1. nível de ação;
2. nível de espaço;
3. nível de sinergias;
4. nível de ajuste.

Esses quatro níveis são diferenciados hierarquicamente dentro do SNC, sendo os principais níveis de controle localizados nos níveis corticais desse sistema (Richardson; Riley; Shockley, 2013). Podemos apresentá-los indo do mais consciente até o subconsciente, como mostra a Figura 2.7, a seguir.

Figura 2.7 Níveis de controle do movimento

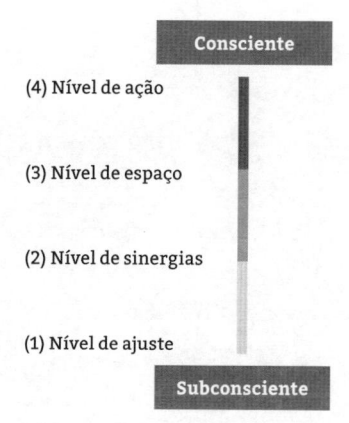

```
                    ┌─────────────────┐
                    │   Consciente    │
    (4) Nível de ação      │
                           │
                           │
    (3) Nível de espaço    │
                           │
                           │
    (2) Nível de sinergias │
                           │
                           │
    (1) Nível de ajuste    │
                    ┌─────────────────┐
                    │  Subconsciente  │
                    └─────────────────┘
```

2.3.1 Nível de ação

O nível de ação é o maior nível de controle. É nesse nível que planejamos e criamos sequências de movimento, além de adaptarmos tais sequências a ambientes dinâmicos.

Um exemplo seria quando mudamos as marchas da bicicleta porque vamos enfrentar uma subida após uma longa reta (Figura 2.8). Outro exemplo seria em uma partida de basquetebol, onde planejamos e criamos movimento ao recebermos a bola e temos de adaptá-los quando uma jogadora adversária vem nos marcar.

Figura 2.8 Mudança de marcha ao andar de bicicleta

2.3.2 Nível de espaço

O nível de espaço centra-se na coordenação dos movimentos em relação aos objetos ambientais, às superfícies e aos indivíduos, ou seja, foca os movimentos nos espaços adjacentes ao nosso corpo.

Esse nível requer percepção do espaço no qual realizamos a ação. Seriam as ações e locomoções interceptivas, ou seja, quando detemos algo no nosso caminho, interrompendo uma via de comunicação, ou apoderamo-nos de algo antes deste chegar ao ponto de destino.

Por exemplo, quando, em um jogo de futebol, o defensor de um time intercepta o passe de bola do lateral para o atacante (Figura 2.9). Nesse caso, o defensor percebe o espaço e as ações do time adversário (pode também considerar jogadas anteriores) para que a execução de sua ação impeça o passe de bola.

Figura 2.9 Interceptação do passe de bola no futebol

2.3.3 Nível de sinergias

O nível de sinergias está envolvido na integração de grupos musculares em ações coordenadas. Esse nível está associado à vinculação de grupos musculares múltiplos aos movimentos estáveis e reprodutíveis. É quando um grupo de músculos e articulações trabalha em conjunto e em sintonia.

Por exemplo, quando controlamos nosso equilíbrio e nossa postura enquanto pegamos algo em uma prateleira (Figura 2.10), combinamos, para esse feito, a ativação dos músculos dos membros inferiores, do abdômen, das costas e dos membros superiores de forma harmoniosa para que possamos manter o equilíbrio enquanto pegamos o objeto.

Figura 2.10 Controle e equilíbrio em cima da escada

2.3.4 Nível de ajuste

O nível de ajuste fornece menor nível de controle e está envolvido em todos os movimentos. Esse nível está associado à força muscular tônica e ao plano onde o movimento ocorre.

Um exemplo seria o ajuste de força dos músculos posturais quando caminhamos em superfície irregular, como na areia (Figura 2.11) ou na espuma. Quando estamos em superfícies irregulares, nossos músculos precisam se adaptar à instabilidade, sendo que tal adaptação nem sempre é voluntária. Alguns ajustes, muitas vezes, são tão sutis que não conseguimos percebê-los claramente.

Figura 2.11 Ajustes na caminhada em superfície irregular

Questão para reflexão

Descreva uma habilidade motora que você pode ensinar a um(a) aluno(a). Descreva os níveis do sistema de movimento envolvidos no desempenho de tal habilidade.

O entendimento sobre os níveis envolvidos no sistema de movimento é fundamental para a compreensão de quais aspectos devemos considerar quando avaliamos o comportamento motor de nossas alunas e nossos alunos. Na próxima seção, discutiremos as abordagens metodológicas para a mensuração do comportamento motor.

2.4 Sistema de percepção-ação

Como vimos nas seções 2.1 e 2.2 deste capítulo, tradicionalmente temos atribuído às nossas ações a existência de um controle centralizado que organiza e regula o que nosso corpo pode executar, a da geração de padrões, planos de ação ou modelos de representação interna.

Tal papel de controle tem sido relacionado ao SNC. No entanto, como vimos anteriormente, quando discutimos as teorias dos sistemas dinâmicos, essa perspectiva têm sido indagada, surgindo questionamentos sobre o SNC ser o único controlador e regulador dos nossos movimento (Lima; Nascimento; Teixeira-Salmela, 2010).

Tomemos como exemplo a abordagem ecológica, que considera a percepção como função reguladora da organização da ação (movimento), indicando que ambas estão diretamente ligadas à interação com o ambiente. Considerando isso, podemos dizer que nossas ações podem não ser somente guiadas pelo SNC, mas também por informação do ambiente – ou seja o controle do movimento está no sistema indivíduo-ambiente (Gibson, 1979). Mas o que é a perspectiva ecológica e qual o seu papel na percepção e na interpretação da informação? Vamos ver a seguir aspectos mais específicos da perspectiva ecológica e da informação.

2.4.1 Perspectiva ecológica e informação

A perspectiva ecológica consiste na ideia de que nós somos capazes de captar as informações disponíveis no ambiente e agir com base nelas (percepção-ação).

Tanto a percepção quanto a ação não podem ser compreendidas como processos independentes. Muito menos podemos entender o processo percepção-ação separado do que acontece no ambiente no qual vivemos (Castro, 2004).

Em outras palavras, podemos dizer que o movimento é o reflexo da sistematização da ação que é realizada de acordo com as limitações e possibilidades determinadas tanto pela tarefa que queremos executar quanto pelo contexto ambiental no qual estamos inseridos.

Dessa forma, podemos restringir nossas ações considerando dois conceitos importantes: 1) a relação entre as informações que são variantes (que podem se modificar) e as que são invariantes (que apresentam característica constante); e 2) as *affordances* existentes para determinada ação (Gibson, 1979).

Importante!

Affordance vem do verbo em inglês *afford*, que, quando traduzido para o português, significa "proporcionar". As *affordances* são as possibilidades que o meio ambiente nos disponibiliza. Elas estimulam nossa percepção ao que está disponível no espaço (no próprio ambiente ou em objetos presentes nele). Por exemplo, quando executamos um determinado movimento, temos de utilizar o nosso corpo de diferentes maneiras para explorar as *affordances* que o ambiente e os objetos envolvidos nos oferecem.

Informação, nesse contexto, refere-se a um padrão de energia que especifica precisa e fielmente a existência e as características de objetos e eventos do mundo real e informa precisamente sobre o ambiente sem necessidade de processamento de informação ou da existência de processos casuais.

Uma situação que pode exemplificar isso de uma forma mais específica seria quando uma jogadora de futebol adota diferentes velocidades ao conduzir a bola em direção ao gol. A manipulação da velocidade de execução em frente às jogadoras do time adversário "restringe" a jogadora a calibrar e afinar as suas capacidades motoras de acordo com as necessidades de execução (driblar, mudar de direção, passar a bola etc.), as quais podem variar de contexto para contexto.

Questão para reflexão

Considere a seguinte situação: Quando você alcança e pega um copo com água, como você sabe a distância para alcançá-lo, quanta força deve utilizar para pegá-lo e como evitar que o copo escorregue de sua mão quando o leva à boca para beber a água? São questões que não paramos para responder, pois o nosso corpo vai se adaptando à situação, visto que geralmente a consideramos simples e parte do nosso cotidiano. É claro que uma situação como essa se modifica em caso de lesões, que podem afetar o desempenho da tarefa.

A partir de agora, pretendemos detectar as fontes de informação relevantes para alcançar o objetivo da tarefa que queremos executar. Dessa maneira, na próxima seção, as principais fontes de informação para o movimento serão discutidas separadamente.

2.5 Fontes de informação para o controle do movimento

Vimos na seção anterior que a percepção é possível por meio da disponibilidade de informações significativas, que apresentam padrões invariantes (constantes). Tais padrões especificam a estrutura do ambiente para que sejamos capazes de captar as informações sem a necessidade de reconstruirmos internamente a estrutura a partir de fragmentos (dados) de informação obtidos pelos órgãos dos sentidos (Gibson, 1979).

Os **padrões invariantes de informação** expressam propriedades e características dos objetos ou eventos ligados a esses objetos, o que nos fornece parâmetros para nossas ações. Tais padrões podem ser visuais, táteis, olfativos, palatáveis ou sonoros. De fato, quando realizamos uma ação, esta pode ocorrer de acordo com o que podemos olhar, sentir, cheirar, experimentar e ouvir (Davids et al., 2003).

Podemos dizer que o ambiente no qual realizamos a ação motora é estruturalmente rico, e tal estrutura está disponível para a percepção na forma de informação. A informação é importante porque expressa as propriedades do que está presente no ambiente em que agimos (como textura, formato, altura, cheiro, velocidade do objeto ou evento). Além disso, são essas propriedades que delimitam as nossas ações motoras e designam as *affordances* do nosso sistema de percepção-ação (Gibson, 1979).

Quando realizamos um determinado movimento, necessitamos de informações precisas sobre a localização de objetos, superfícies ou obstáculos envolvidos na ação (informações sobre "onde"), bem como de informações sobre o instante específico em que ela ocorre (informações sobre "quando") (Davids et al., 2003).

Três aspectos durante o desempenho de determinada tarefa devem ser considerados para que o desempenho do movimento seja bem-sucedido. São eles:

1. garantirmos que entraremos em contato com o objeto, pessoa ou superfície no momento apropriado;
2. nos assegurarmos de que o contato será realizado na velocidade e com a força pretendidas;
3. nos certificarmos de que o contato será feito na orientação espacial pretendida.

Para tanto, precisamos ter acesso a informações de qualidade para apoiar nossas ações. Vamos, então, discutir a seguir alguns tipos de informações para o controle motor, sejam elas visuais, sejam vestibulares, sejam somatossensoriais. Veremos, ainda, fontes de informação e controle postural.

2.5.1 Informações visuais

O sistema visual nos possibilita a percepção representativa do que está presente no ambiente ao nosso redor, como quando reconhecemos e identificamos objetos, lugares ou pessoas. Essa percepção aumenta o nosso potencial adaptativo (Quaglia; Fukusima, 2008).

> **Importante!**
>
> O sistema visual é um dos sistemas sensoriais mais complexos, pois envolve várias estruturas e mecanismos para a percepção e a obtenção de informações do ambiente. As informações são percebidas e obtidas por meio da refração da luz oriunda de superfícies, objetos e pessoas envolvidos na ação (Gautier; Thouvarecq; Vuillerme, 2008).

Quando consideramos os aspectos neuroanatômicos, a luz que entra por meio da córnea é projetada na retina e transformada em sinais elétricos pelos fotorreceptores. Em seguida, é enviada para centros superiores no SNC, por meio do nervo óptico, para ser processada (Kandel, 1991; Manson; Kandel, 1991). Para melhor compreensão, veja o esquema visual da Figura 2.12.

Figura 2.12 Modelo esquemático dos aspectos anatômicos envolvidos no sistema visual

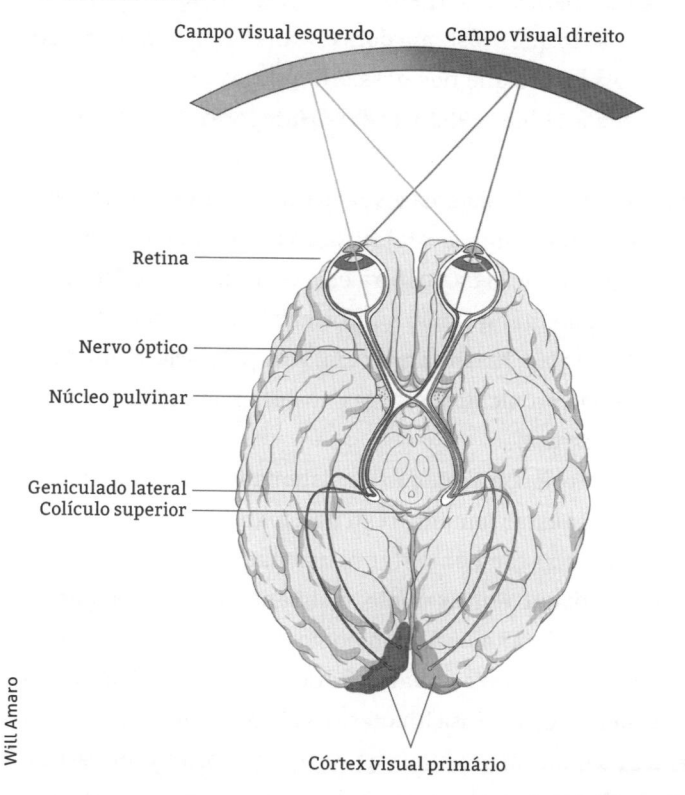

Campo visual esquerdo   Campo visual direito

Retina
Nervo óptico
Núcleo pulvinar
Geniculado lateral
Colículo superior

Córtex visual primário

Fonte: Goodale; Westwood, 2004.

Observe ainda na Figura 2.12 que a via ventral se projeta da área visual primária para o lobo temporal. Por sua vez, a via dorsal, responsável pela ação, projeta-se da área visual primária para o córtex parietal posterior, o que possibilita controle mais flexível dos módulos visomotores subcorticais (Goodale; Westwood, 2004).

A via dorsal é percebida como dissociada da via ventral. O sistema ventral desempenha papel maior na construção de representações perceptuais do ambiente e dos objetos, enquanto o sistema dorsal mede o controle visual de ações dirigidas para tais objetos (Goodale; Westwood, 2004).

Assim, o sistema ventral transforma a informação visual para que possamos perceber o objeto como relacionado ao ambiente visual, enquanto que o sistema dorsal transforma a informação visual em estrutura que nos possibilita pegar ou manipular o objeto (Goodale; Milner, 1992; Goodale; Humphrey, 1998; Norman, 2002).

A importância do sistema visual para o movimento está relacionada principalmente à estabilização corporal. Por exemplo, durante a manutenção da postura ereta estática, a oscilação do corpo pode aumentar quando a informação visual não está disponível (Mohapatra; Krishnan; Aruin, 2012). Ou seja, a informação visual pode propiciar melhoras no desempenho do sistema de controle postural.

No entanto, a contribuição do sistema visual para o movimento pode não estar somente restrita à manutenção dos nossos olhos abertos, mas também estar relacionada às características do estímulo visual. Por exemplo, o sistema de controle postural parece estabilizar a oscilação do nosso corpo em relação ao ambiente, o que minimiza a variação do contexto ambiental projetado na nossa retina. Essa hipótese base-se no fato de que deslocamentos da imagem projetada na retina indicam modificações na posição do corpo, que levam a correções apropriadas (Paulus; Straube; Brandt, 1984).

De acordo como essa proposta de minimização do deslocamento da imagem, quanto maior a precisão da imagem na retina, maior é a estabilização do movimento decorrente dessa informação. Por exemplo, a oscilação corporal na posição em pé estática aumenta conforme a distância que estamos do ponto de fixação.

Em distâncias curtas, a projeção do contexto na retina é maximizada e pequenas alterações na posição corporal são percebidas. Quando temos distâncias longas, o oposto ocorre (Paulus; Straube; Brandt, 1984; Paulus et al., 1989).

Há também outros aspectos, além do efeito da distância no uso da informação visual para o movimento, que alteram a qualidade da informação visual na retina. Entre tais fatores, podemos citar a acuidade visual, nível de luminosidade e nível de contraste (Paulus et al., 1989).

Pesquisa na área

No estudo sobre o efeito da diminuição da acuidade visual no controle da postura, Mohapatra, Krishnan e Aruin (2012) investigaram o efeito da acuidade visual sobre os componentes antecipatórios e compensatórios do controle postural. Os autores analisaram dez indivíduos durante os experimentos envolvendo perturbações induzidas por um pêndulo enquanto a sua acuidade visual era alterada.

As diferentes condições de acuidade visual foram: sem óculos, visão turva induzida pelo uso de óculos com lentes positivas ou negativas, e olhos fechados. Os óculos positivos (lentes convexas) formam a imagem na frente da retina, o que faz com que a imagem pareça borrada. Olhando através de óculos negativos (lentes côncavas) forma-se a imagem por trás da retina, fazendo com que o objeto pareça claro no início, mas se torne mais desfocado à medida que se aproxima. A atividade eletromiográfica dos músculos (EMG) do tronco e das pernas e as forças de reação do solo foram registradas durante os períodos típico de antecipação e compensação (Mohapatra; Krishnan; Ariun, 2012).

Figura 2.13 Diagrama esquemático da montagem experimental do estudo

Condições especiais

sem óculos

óculos (+)

óculos (−)

olhos fechados

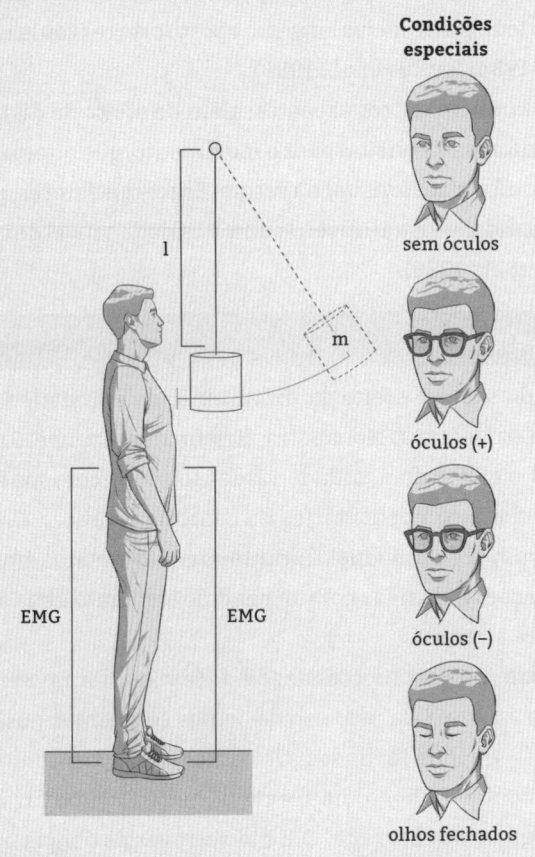

Will Amaro

Fonte: Mohapatra; Krishnan; Aruin, 2012, tradução nossa.

"Os sujeitos ficaram com os braços ao lado e o impacto do pêndulo foi aplicado nos ombros enquanto as condições visuais eram manipuladas. ℓ é o comprimento e m é a massa adicional (5% do peso corporal do sujeito)" (Mohapatra; Krishnan; Ariun, 2012, tradução nossa).

Como resultado, os autores observaram que, na condição olhos fechados, os sujeitos não geraram movimentos antecipatórios, o que resultou em maiores deslocamentos do centro de pressão após a perturbação induzida pelo pêndulo. Em todas as outras condições visuais, os movimentos antecipatórios estavam presentes, o que leva a crer que a ativação muscular ocorreu em uma ordem distal à proximal. Os indivíduos que usaram óculos positivos mostraram atividades musculares antecipadas, maiores e mais precoces do que os sujeitos que usavam óculos negativos ou nenhum tipo de óculos.

Os autores concluíram que alterações na acuidade visual induzidas pelo uso de óculos (lentes convexas ou côncavas) alteram a geração de movimentos antecipatórios e, consequentemente, afetam os componentes compensatórios de controle postural (Mohapatra; Krishnan; Aruin, 2012).

Apesar da informação visual ser importante para a estabilização corporal durante o movimento, ela pode ser utilizada para induzir maior oscilação corporal. Esse aspecto pode ser visto em estudos que manipularam as informações visuais por meio do paradigma da "sala móvel". Nesse caso, o indivíduo, na posição em pé e parado, está dentro de uma sala cujas paredes se movimentam para frente e para trás (movimentos discretos). Os movimentos da "sala móvel" produzem deslocamentos da imagem na retina, os quais induzem à percepção de movimentos ilusórios do corpo na direção oposta aos movimentos que ocorrem nas paredes da sala (Barela et al., 2009).

Figura 2.14 Desenho esquemático de uma "sala móvel"

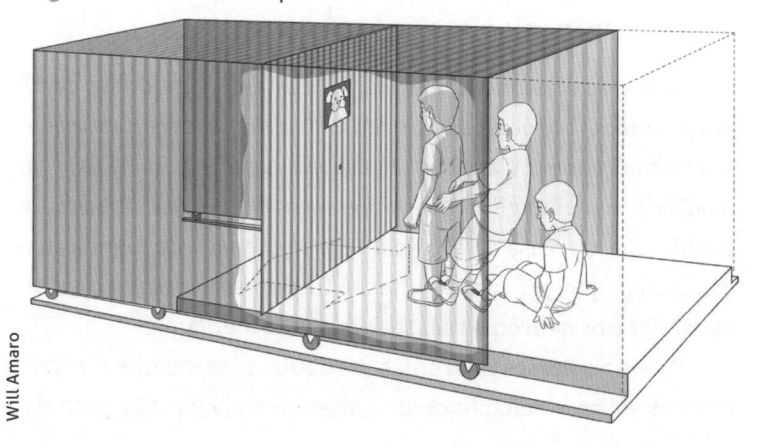

Fonte: Bertenthal; Rose; Bai, 1997, p. 1632.

Como vemos, a Figura 2.14 consta no estudo de Bertenthal, Rose e Bai (1997) e demonstra o exemplo de "sala móvel". Representada dentro da sala, há uma criança caindo para trás em função do movimento da sala em direção a ela. Essa resposta compensatória ocorre devido ao fato de que a criança percebe o fluxo ótico produzido pelo movimento da sala como especificando uma oscilação para a frente em vez de um movimento das paredes.

Assim, quando as paredes se movem para frente, as imagens na retina dos indivíduos são reduzidas, o que provoca a sensação ilusória de deslocamento do corpo para trás. Quando as paredes da sala são movidas para trás, as imagens nas retinas são maximizadas e induzem a percepção de movimento ilusório do corpo para frente. Isso ocorre porque, na intenção de minimizar e compensar tais deslocamentos ilusórios, nós oscilamos nosso corpo na mesma direção do estímulo visual, ou seja, correspondente ao fluxo óptico (Lishman; Lee, 1973; Freitas Júnior; Barela, 2004; Polastri; Barela, 2005; Prioli; Freitas Júnior; Barela, 2005).

Podemos observar, dessa forma, que a visão atua como fonte integrante do sistema do movimento. Além disso, quando conflitos sensoriais ocorrem (decorrentes de informações ilusórias, por exemplo), as informações ópticas dominam os canais vestibulares e somatossensoriais (Lee; Lishman, 1975).

2.5.2 Informações vestibulares

O sistema de orientação inercial é o sistema vestibular, compreendendo cinco órgãos sensoriais no ouvido interno, que mede a aceleração linear e angular da cabeça. A aceleração da cabeça modifica pequenos cílios que sobressaem das células ciliadas do ouvido interno. Essa distorção altera o potencial de membrana das células, que, por sua vez, altera a transmissão sináptica entre as células e os neurônios sensoriais que as inervam.

Os sinais desses neurônios vestibulares transmitem informações sobre a velocidade da cabeça e a aceleração para os núcleos vestibulares no tronco encefálico (Khan; Chang, 2013). Observe a Figura 2.15 para melhor visualização das estruturas do sistema vestibular.

Figura 2.15 Estruturas do sistema vestibular

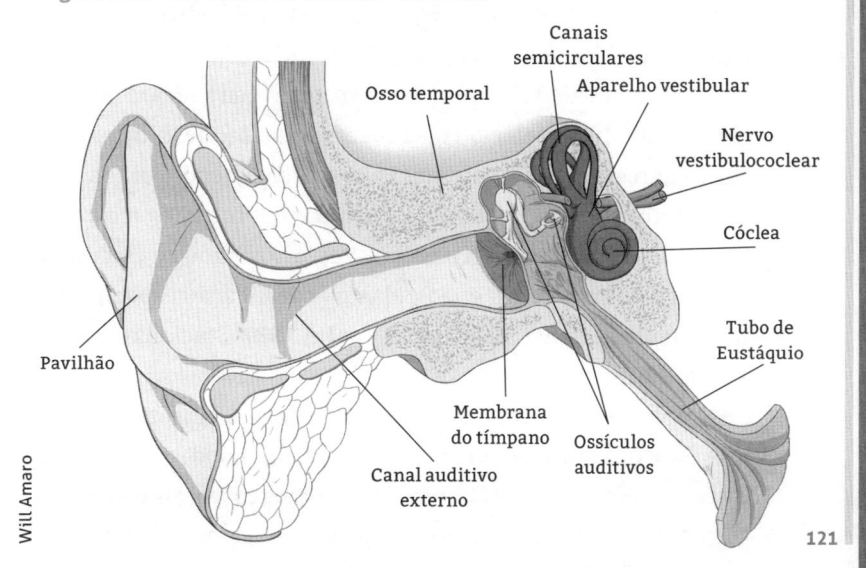

As informações fornecidas pelo sistema vestibular nos levam a manter nossos olhos imóveis quando movemos nossa cabeça, nos auxilia na manutenção da nossa postura ereta e influencia em como percebemos nosso próprio movimento e o espaço ao nosso redor, fornecendo uma medida do campo gravitacional em que vivemos.

Importante!

Podemos dizer que o sistema vestibular contribui para uma ampla gama de funções, desde os reflexos posturais e oculomotores até a representação e a percepção espacial. Sinais vestibulares são importantes para manter uma representação interna e atualizada da posição e do movimento do corpo no espaço.

Sinais vestibulares que fornecem uma sensação de rotação e translação no espaço são cruciais para a nossa navegação espacial. Para estimar os deslocamentos do corpo, os sinais vestibulares devem ser integrados com sinais visuais, proprioceptivos e auditivos em estruturas cerebrais dedicadas à codificação espacial (Angelaki; Klier; Snyder, 2009).

Alguns estudos com modelos animais que retiram ou alteram as estruturas relacionadas ao fornecimento de informações vestibulares têm sido realizados para melhor entendimento sobre essas informações. Por exemplo, estudos em roedores mostram que, quando faltam sinais vestibulares, a atividade e a estrutura das regiões do cérebro envolvidas na codificação espacial são fortemente afetadas (Stackman; Taube, 1997; Stackman; Clark, Taube, 2002).

Além disso, observações clínicas corroboram esses achados e mostram que indivíduos com perda vestibular podem ter dificuldades em detectar e estimar deslocamentos corporais no escuro. Durante a locomoção direcionada por objetivos, esses indivíduos geralmente cometem erros na trajetória (Borel et al., 2004; Cohen; Sangi-Haghpeykar, 2011).

A desorientação espacial é ainda mais forte durante tarefas complexas, como reverter a trajetória ao longo de um caminho triangular ou encontrar um atalho (Glasauer et al., 2002; Péruch et al., 2005; Guidetti et al., 2007). Todos esses estudos foram feitos com indivíduos que estavam explorando um determinado ambiente, situação na qual os receptores vestibulares são naturalmente ativados.

2.5.3 Informações somatossensoriais

Quando realizamos determinado movimento, recebemos informações de diferentes orgãos do nosso organismo que sinalizam alterações na pressão, tensão, distância, localização, velocidade, ativação, temperatura, posição e movimento do corpo e dos membros. As informações somatossensoriais fornecem compreensão sobre os membros e as articulações.

A Figura 2.16, a seguir, apresenta a localização de alguns dos órgãos que fornecem informação somatossensorial, mas veremos cada uma delas com mais atenção a partir de agora.

Figura 2.16 Localização do fuso muscular e órgão tendinoso de Golgi

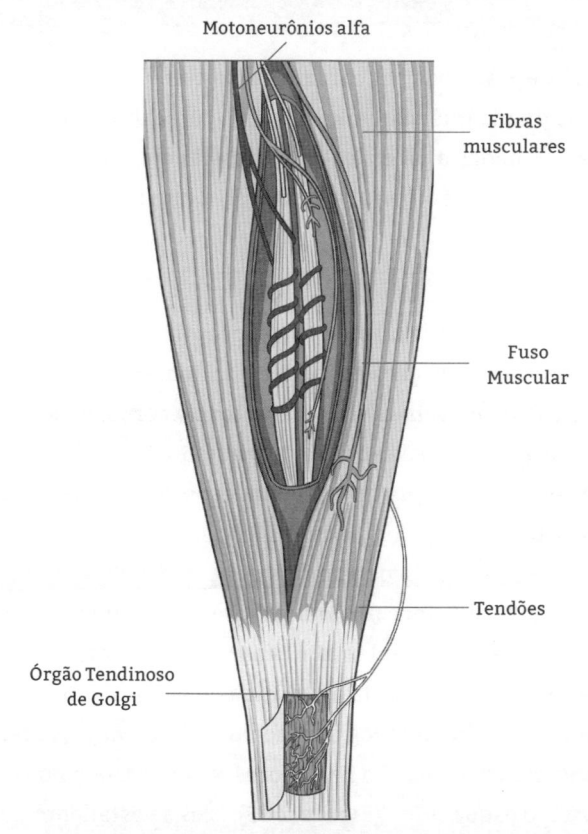

A **propriocepção** é considerada um dos subsistemas dentro do sistema somatossensorial (juntamente com a sensação de dor, tato e sensação térmica) e também tem sido considerada interoceptiva, ou seja, quando a informação sensorial é derivada de mudanças dentro de estruturas internas (Hillier; Immink; Thewlis, 2015).

A palavra *propriocepção* vem do latim *proprius*, que significa "próprio", combinada com o conceito de percepção: assim, uma tradução literal seria "perceber o próprio eu". Essa autopercepção reflete nossa habilidade de ter tanto orientação e posição corporal como senso de movimento do nosso corpo e membros.

Importante!

A propriocepção pode ser caracterizada como a informação sensorial originada internamente no nosso corpo que sinaliza alterações relacionadas a pressão, tensão, distância, localização, velocidade, ativação, temperatura, posição e movimento do corpo e dos membros.

Exemplos de informação proprioceptiva incluem as forças musculares e as posições corporais e articulares. A cinestesia é a informação que vem dos movimentos do corpo, ou seja, a percepção ou a consciência sobre o movimento das articulações e a tensão nos músculos durante atividade motora (Hillier; Immink; Thewlis, 2015).

Tais receptores fornecem informações sobre os membros e podem estar localizados nas articulações e nas cápsulas articulares. Esses receptores podem sinalizar a posição articular, especialmente nos extremos da amplitude de movimento.

Também relacionados às informações somatossensoriais, os **fusos musculares** são receptores incorporados no interior do músculo esquelético (Figura 2.23). Eles se estendem quando o músculo se contrai e fornecem informação sobre taxa de contração, mudança de posição da articulação, velocidade muscular e orientação do membro em relação à gravidade (Mcardle; Katch; Katch, 2010; Katch; Mcardle; Katch, 2011).

Cada fuso muscular está envolto por uma cápsula e contém fibras musculares especializadas, chamadas *fibras intrafusais* (com proteínas contrácteis intrafusais em cada extremidade – actina e miosina – e região central envolta por terminações nervosas sensoriais). A força de estiramento aplicada ao músculo vai alongar também as fibras intrafusais. Essa ação causa descarga sensorial transmitida para a medula espinhal, o que leva à resposta motora. Esse reflexo é conhecido como o *reflexo miotático* ou de *estiramento* (Mcardle; Katch; Katch, 2010; Katch; Mcardle; Katch, 2011).

Também relacionados ao sistema somatossensorial temos os **receptores cutâneos**, que são encontrados na pele e incluem vários tipos de detectores especializados em pressão, temperatura e tato (Schmidt; Wrisberg, 2004; Magill, 2011).

Por fim, ainda envolvendo as informações somatossensoriais, temos os **receptores articulares**. Os principais são os **órgãos tendinosos de Golgi**, receptores localizados próximos à junção entre músculo e tendão, que sinalizam o nível de força muscular.

Tais órgãos são deformados quando o músculo é ativado. Se a força da ação muscular é grande o suficiente, esta fará com que os órgãos tendinosos de Golgi transmitam informação sensorial para a medula espinhal, o que levará ao relaxamento do músculo em ação e estimulação do músculo antagonista, por exemplo. Esse reflexo protetor presumivelmente evita lesão devido à força excessiva de determinada ação muscular (Mcardle; Katch; Katch, 2010; Katch; Mcardle; Katch, 2011).

Outros receptores articulares fornecem percepção da posição corporal no espaço e determinam a posição articular. Como exemplo, podemos citar as terminações de Ruffini (para adaptações mais lentas) e os corpúsculos de Paccini (para adaptações mais rápidas) (Schmidt; Wrisberg, 2004; Magill, 2011).

2.5.4 Fontes de informação e controle postural

O controle postural é regulado pelos sistemas vestibular, proprioceptivo e visual. A percepção é a condição prévia para a regulação e o controle postural. Tanto a regulação quando o controle postural auxiliam na percepção visual e suportam o desempenho de tarefas supraposturais (Gautier; Thouvarecq; Chollet, 2007).

Controle postural pode ser definido como a habilidade de assumirmos e mantermos a posição desejada durante atividades estáticas ou dinâmicas (Winter, 2009). Dessa forma, para nos mantermos estáveis, é essencial que possamos controlar constantemente o corpo diante de perturbações internas e externas. Tais perturbações podem vir de forças da gravidade ou ser relativas à superfície de apoio ou à realização de movimentos voluntários (Levin, 2014).

O controle postural está presente em cada movimento que realizamos, sendo que ações musculares apropriadas ocorrem com base na percepção obtida por meio de informações sensoriais (Davids; Button; Bennett, 2008).

A compreensão sobre as fontes de informação e como elas são utilizadas pelo nosso corpo para o controle motor é importante para o melhor entendimento sobre as características de produção de movimento. Isso será discutido no próximo capítulo deste livro.

ⅠⅠⅠ *Síntese*

As teorias do controle motor descrevem e explicam como o movimento coordenado é produzido. Entre elas, temos: a) teoria reflexa, que afirma que os reflexos são as unidades mínimas do comportamento, constituindo-se a resposta provocada por estímulos; b) teoria hierárquica, que diz que o SNC é organizado em três níveis hierárquicos e apresenta característica vertical, com níveis de controle superior, médio e inferior; e c) teoria de programação motora, que afirma que o movimento é possível na ausência de reflexo e é controlado pelo SNC. Tais ações dependem de um plano geral, um "programa motor", e de subprogramas específicos, hierarquicamente organizados em um modelo antecipatório da ação motora.

De acordo com a teoria dos sistemas e ação dinâmica, as ações baseiam-se em princípios de coerções que cooperam sistematicamente na construção do movimento. Essa abordagem sugere que a ação motora é um fenômeno emergente que resulta de parâmetros físicos densamente acoplados. A abordagem ecológica, por sua vez, enfatiza a aquisição de novas habilidades como resultado de influência direta de parâmetros ambientais. Nós, profissionais de educação física, podemos explorar as diferentes teorias de controle motor para a elaboração de diversas estratégias para a aquisição e/ou reaquisição de habilidades.

O nosso sistema de movimento é um sistema integrado de, pelo menos, quatro níveis de controle organizacional, os quais podemos apresentar do nível mais consciente até o subconsciente. No nível de ação, planejamos e criamos sequências de movimentos, além de adaptarmos estes a ambientes dinâmicos. O nível de espaço centra-se na coordenação dos movimentos em relação a objetos ambientais, superfícies e indivíduos. O nível de sinergias, por sua vez, está envolvido na integração de grupos musculares em ações coordenadas. Por fim, o nível de ajuste está associado à força muscular tônica e ao plano onde o movimento ocorre.

Somos capazes de gerar ações estritamente coordenadas ao ambiente e direcionadas ao objetivo da tarefa, o que implica a percepção de informações oriundas do ambiente e do nosso corpo.

O fato é que podemos restringir nossas ações considerando dois conceitos importantes. O primeiro deles diz que a relação entre as informações são variantes (quando podem se modificar) e invariantes (quando apresentam característica constante). O segundo conceito mostra que as *affordances* existem para determinada ação.

Quando realizamos determinado movimento, necessitamos de informações precisas sobre a localização de objetos, superfícies ou obstáculos envolvidos na ação, bem como de informações sobre o instante específico em que ela ocorre. As informações podem ser: a) visuais, quando nos possibilitam a percepção representativa do que está presente no ambiente ao nosso redor; b) vestibulares, aquelas que detectam os movimentos da cabeça e são sensíveis a sua orientação em relação à gravidade; c) somatossensoriais, quando fornecem informações sobre nossos membros e podem estar localizadas nos músculos, nas articulações e na pele (fusos musculares, órgãos tendinosos de Golgi, receptores cutâneos).

Atividades de autoavaliação

1. Sobre as teorias cognitivas do controle motor, analise as afirmativas a seguir.

    I. As teorias cognitivas enfatizam o papel das estruturas centrais no controle de movimentos.

    II. Os reflexos podem ser descritos em cadeia; o estímulo provoca respostas, as quais são transformadas em estímulos para respostas seguintes.

    III. Não há limitações quanto às explicações fornecidas pela teoria hierárquica.

    IV. De acordo com a teoria da programação motora, não há necessidade de entrada de estímulos para que a ação motora ocorra. Esta acontece por meio da utilização de programas motores armazenados centralmente.

    Agora, assinale a alternativa que apresenta a resposta correta:

    a) Todas as alternativas são verdadeiras.
    b) As afirmativas I, II e IV são verdadeiras.
    c) As afirmativas I e II são verdadeiras.
    d) As afirmativas I, III e IV esão verdadeiras.

2. Sobre as teorias dos sistemas dinâmicos do controle motor, analise as afirmativas a seguir:

   I. Para a teoria dos sistemas, cada elemento do nosso corpo não é "livre" para variar de maneiras específicas.
   II. A teoria da ação dinâmica não considera o princípio da auto-organização.
   III. Estado atrator é o padrão preferido de movimento utilizado para a realização de tarefas.
   IV. A perspectiva ecológica determina como detectamos informação no ambiente que seja relevante para a tarefa, de qual forma essa informação é tomada, e como essa informação é utilizada para modificar e controlar nosso movimento.

   Agora, assinale a alternativa que apresenta a resposta correta:
   a) Todas as alternativas são verdadeiras.
   b) As afirmativas I e IV são verdadeiras.
   c) As afirmativas III e IV são verdadeiras.
   d) As afirmativas I, III e IV são verdadeiras.

3. O nosso sistema de movimento é um sistema integrado de, pelo menos, quatro níveis de controle organizacional. Relacione cada nível de ação a seu respectivo conceito.

   (A) nível de ação

   (B) nível de espaço

   (C) nível de sinergias

   (D) nível de ajuste

   ( ) Esse nível está associado à vinculação de grupos musculares múltiplos e a movimentos estáveis e reprodutíveis.
   ( ) É nesse nível que planejamos e criamos sequências de movimento.
   ( ) Esse nível está associado à força muscular tônica e ao plano onde o movimento ocorre.
   ( ) Esse nível requer percepção do espaço no qual realizamos a ação.

4. Quais são as principais fontes de informação que podemos utilizar enquanto desempenhamos habilidades motoras?

   a) Nível de ação, nível de espaço, nível de sinergias, nível de ajuste.
   b) Sistema de percepção-ação e perspectiva ecológica.
   c) *Affordance*, nível de ação, nível de espaço, nível de sinergias, nível de ajuste.
   d) Informações visuais, informações vestibulares, informações somatossensoriais.

5. A percepção é possível por meio da disponibilidade de informações significativas, as quais apresentam padrões invariantes (constantes), que especificam a estrutura do ambiente para que sejamos capazes de captá-las. Considerando esse contexto, assinale **V** para verdadeiro ou **F** para falso nas afirmações a seguir sobre avaliação do comportamento motor:

   ( ) Os padrões invariantes de informação expressam propriedades e características dos objetos ou eventos ligados a esses objetos, o que nos fornece parâmetros para nossas ações.

   ( ) A importância do sistema visual para o movimento está relacionada principalmente à estabilização corporal.

   ( ) Representação interna e atualizada da posição e do movimento do corpo no espaço é fornecida pela informação somatossensorial.

   ( ) Os movimentos de uma "sala móvel" produzem deslocamentos da imagem na retina, os quais induzem à percepção de movimentos ilusórios do corpo na direção oposta aos movimentos que ocorrem nas paredes da sala.

   ( ) Fusos musculares, órgãos tendinosos de Golgi e receptores cutâneos são exemplos de informação vestibular.

Atividades de aprendizagem

Questão para reflexão

1. Considere uma habilidade motora que você executa ou alguma habilidade que você pode ensinar a suas alunas/seus alunos. Levando em consideração o conteúdo discutido nesta seção sobre as fontes de informação, descreva como cada uma dessas fontes pode estar envolvida no desempenho de tais habilidades.

Atividade aplicada: prática

1. Sabemos que o nosso sistema de movimento é um sistema integrado de pelo menos quatro níveis de controle organizacional: nível de ação, nível de espaço, nível de sinergias e nível de ajuste. Quando focamos no nível de ajuste e percebemos que ele está envolvido em todos os movimentos, como aplicar esse conceito nas nossas aulas e relacioná-lo às teorias do controle motor? Como podemos incorporar tais conceitos como forma de treinamento para nossas alunas e nossos alunos? Considere uma de suas aulas e utilize um exemplo para explicar a integração entre teoria e prática.

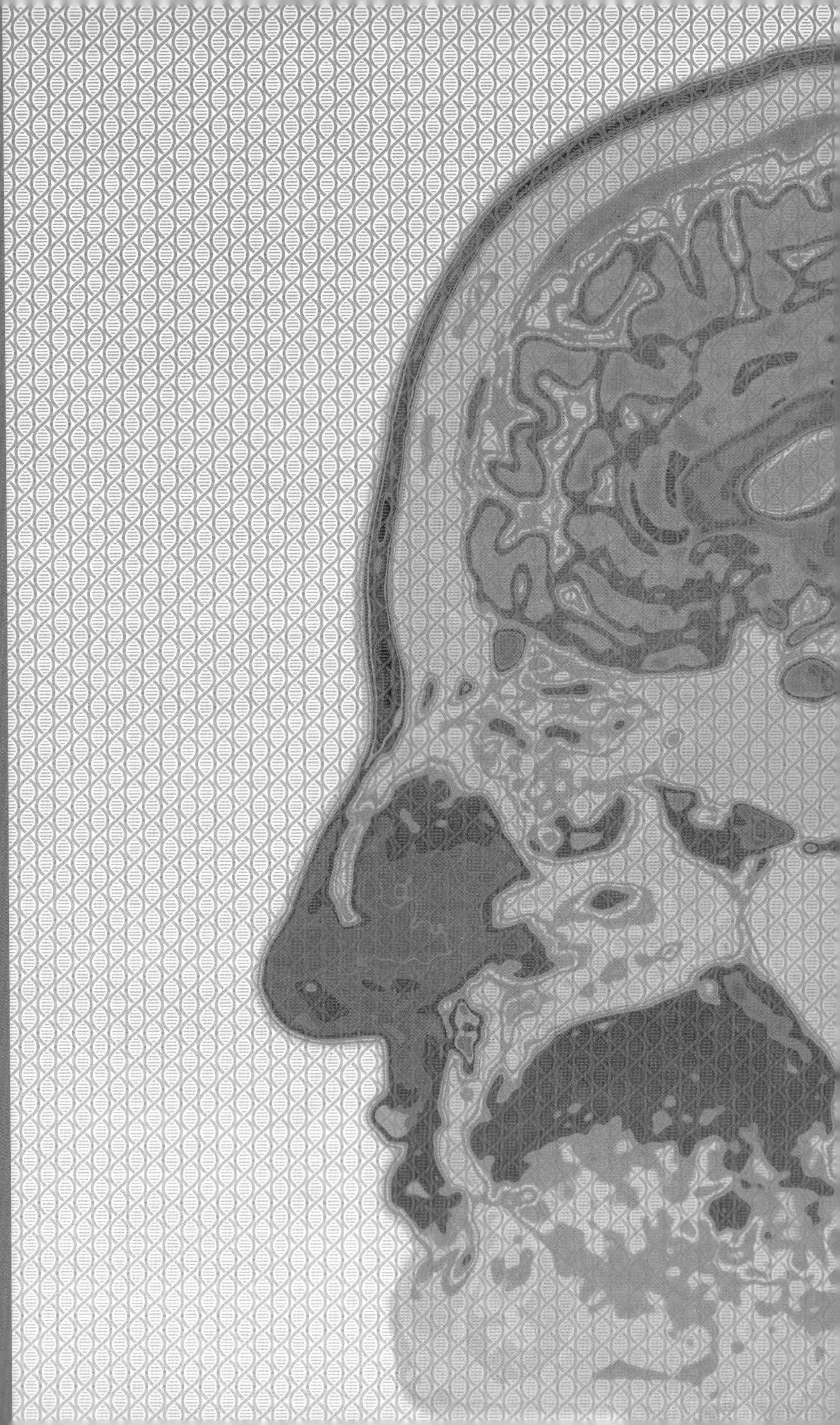

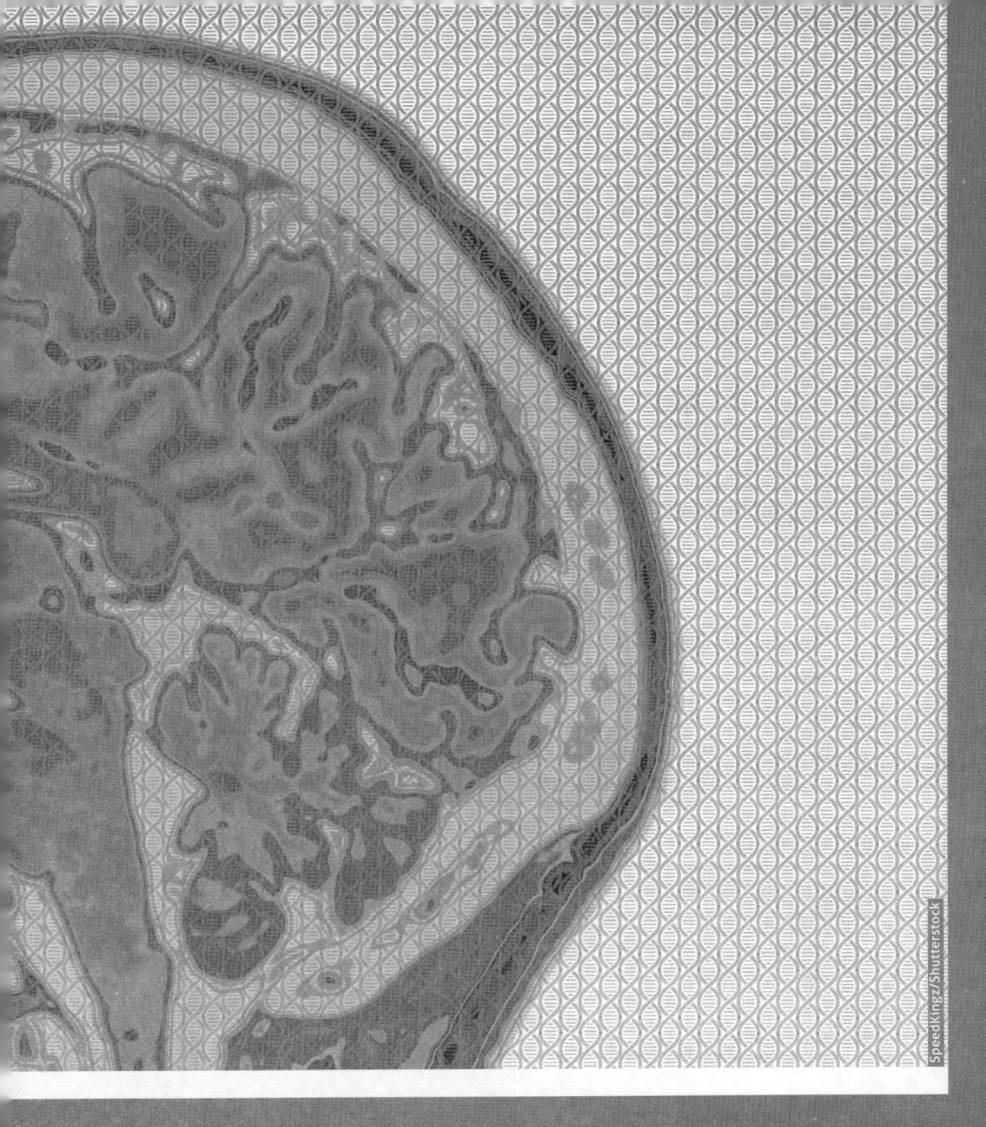

Capítulo 3

Características da produção do movimento

Conteúdos do capítulo:

- Principais características relacionadas à produção do movimento.
- Implicações da atenção na produção do movimento.
- O problema dos graus de liberdade para o desempenho do movimento coordenado.
- Correção e antecipação de um movimento.
- Diferenças individuais e o papel destas na classificação das capacidades motoras.

Após o estudo deste capítulo, você será capaz de:

1. delinear as características da atenção na produção de movimento;
2. conceituar coordenação motora do movimento;
3. definir o papel do *feedback* na correção do movimento;
4. analisar as diferenças individuais e as capacidades motoras;
5. diferenciar os tipos de capacidades motoras.

3.1 Atenção e produção de movimento

Imagine-se como uma goleira (um goleiro) de futebol (se você já não for uma/um) no momento em que o time adversário tem a posse de bola e movimenta-se em direção ao gol. Quais as características que você apresentaria? Como você acha que estaria se comportando como goleira(o) nesse momento?

Provavelmente, você estaria com sua atenção focada onde a bola estivesse, certo? Além disso, seu foco de atenção seria amplo o suficiente para acompanhar a movimentação tanto das(os) outras(os) jogadoras(es) atacantes quanto das(os) jogadoras(es) do seu time. Dessa forma, você estaria preparada(o) para um possível chute ao gol. Percebemos que a atenção é fator importante nessa situação.

Considerando a experiência como goleira(o) citada anteriormente e traduzindo-a para outras atividades esportivas ou do cotidiano, podemos considerar a atenção como processo pelo qual somos capazes de direcionar nossos esforços a estímulos como sensação, percepção e representação.

Em outras palavras, a atenção tem o objetivo de fixar, definir e selecionar percepções, representações e conceitos mais relevantes à tarefa que estamos executando. Tal processo direciona nossa vigília (o quanto estamos alertas) quando as informações são captadas (Schmidt; Lee, 2005).

3.1.1 Tipos de atenção

Podemos considerar a atenção como: a) aspecto da consciência; b) nível de ativação; c) aspecto seletivo; e d) capacidade de recursos. Vamos descrever cada um desses aspectos a seguir.

Em primeiro lugar, a atenção pode ser vista como a **noção de consciência**. *Consciência*, por sua vez, está relacionada aos aspectos dos quais estamos cientes em determinado momento. Ou seja, a consciência se liga ao conceito de processo controlado (consciente) e automático (inconsciente). Lembre-se dos diferentes níveis do sistema de movimento que vimos no Capítulo 2.

Os processos controlados são voluntários e trazem maior demanda ao processamento. Como há maior controle na atenção, geralmente utilizamos o processamento mais controlado para tarefas mais complexas ou com as quais não temos familiaridade (quando estamos aprendendo uma nova habilidade, por exemplo). Dessa forma, quando adicionamos outra tarefa a que já estamos desempenhando, podemos perceber prejuízos no desempenho.

Por exemplo, no estudo desenvolvido por Decker et al. (2016), os autores examinaram as alterações relacionadas ao desempenho de duas tarefas ao mesmo tempo em 19 idosos. O que se percebeu foi que o desempenho era pior quando a demanda de atenção para as tarefas era maior; sendo que essa maior demanda estava relacionada à complexidade das tarefas desempenhadas.

De acordo com os processos automáticos, a captação da atenção é veloz e sem necessidade de "controle ativo" de nossa parte. Assim, é possível que tal processo ocorra ao mesmo tempo que outros processamentos (outras tarefas). Outro aspecto quando consideramos os processos automáticos é que eles também podem ser iniciados prontamente, de forma quase inevitável.

Isso acontece em eventos inesperados, naqueles casos em que não estamos, inicialmente, com o foco da atenção na fonte do estímulo (Helene; Xavier, 2003). Por exemplo, quando estamos conversamos com alguém e comendo um sanduíche ao mesmo tempo, geralmente somos capazes de realizar as duas tarefas simultaneamente, sem que uma interfira no desempenho da outra. No entanto, quando estamos caminhando e escutamos um barulho forte de um acidente entre dois carros, tiramos o foco do que estamos fazendo e damos atenção ao evento inesperado.

A segunda função que destacamos dentro dos tipos de atenção é a **ativação do nosso organismo**. Entendemos que níveis muito baixos de ativação podem causar sonolência e apatia; por outro lado, níveis muito altos podem causar ansiedade e tensão.

Quando consideramos a sonolência em detrimento do desempenho de tarefas, há evidências sobre sua repercussão excessiva na ação de motoristas no trânsito: a sonolência é um dos principais fatores contribuidores de acidentes automobilísticos (Canani; Barreto, 2001).

Com altos níveis de ativação, podemos apresentar altos níveis de ansiedade. A ansiedade tem sido descrita como preditora de erros no desempenho de tarefas (Barbosa; Seabra; Calgaro, 2011). Além disso, o aumento considerável dos níveis de ansiedade em atletas de uma equipe infantil de voleibol feminino no estudo de Sonoo et al. (2010) foi associado ao resultado negativo da equipe em uma competição importante.

Dessa forma, vemos que níveis adequados de ativação propiciam efeitos positivos no desempenho das habilidades, o que torna a atenção mais nítida e flexível, com otimização no desempenho das habilidades motoras (Halson, 2016). Em outras palavras, a ativação representa o construto básico para a atenção.

Ao considerarmos essa relação entre níveis de ativação e atenção, podemos tomar como exemplo o estudo desenvolvido por Clayton, Yeung e Kadosh (2015). Nesse trabalho, os autores apresentaram um modelo no qual integraram achados eletrofisiológicos recentes (níveis de ativação) a teorias atuais de controle cognitivo e propuseram um modelo oscilatório de atenção.

Nesse contexto, a atenção depende de quatro aspectos: funções de monitoramento e controle cognitivo; comunicação entre redes cerebrais; excitação de áreas corticais relevantes à tarefa; e inibição de áreas corticais irrelevantes para a tarefa. Essas oscilações pontuais interagem umas com as outras em redes cerebrais relacionadas à atenção.

Podemos entender melhor esse modelo ao observarmos a Figura 3.1. Considere que a aluna/o aluno realiza uma tarefa que apresenta estímulos visuais (lançar a bola ao alvo). As áreas coloridas do cérebro são as áreas que demostram o nível de ativação cerebral relacionado à tarefa e à atenção.

Figura 3.1 Modelo esquemático de atenção sustentada (utilizando uma tarefa visual)

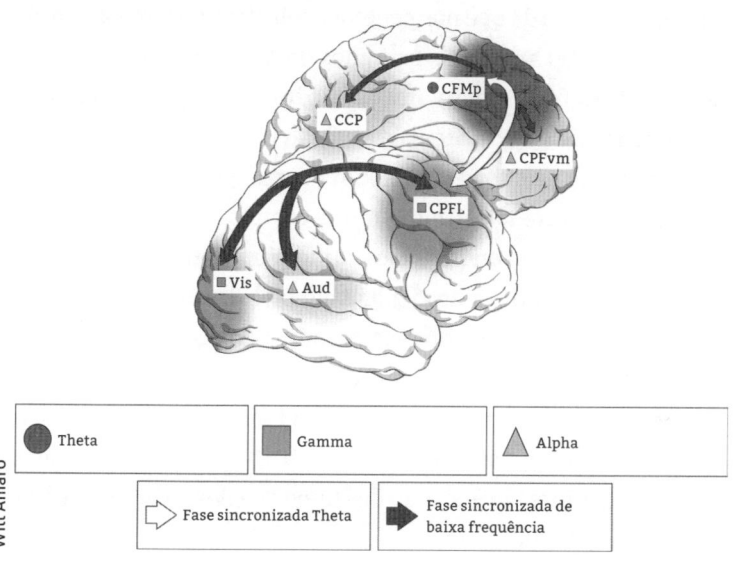

[Figura: diagrama cerebral com marcadores CFMp, CCP, CPFvm, CPFL, Vis, Aud; legenda: ● Theta, ■ Gamma, ▲ Alpha; ⇨ Fase sincronizada Theta; ➡ Fase sincronizada de baixa frequência]

Fonte: Clayton; Yeung; Kadosh, 2015.

Nota: Theta: redes cerebrais relacionadas à atenção; Gamma: excitação de áreas corticais relevantes à tarefa; Alpha: inibição de àreas corticais irrelevanttes para a tarefa; Fase sincronizada Theta: monitoramento e controle cognitivo; Fase Sincronizada de Baixa Frequência: comunicação entre redes cerebrais.

Na figura anterior, o monitoramento da atenção é apoiado por oscilações no córtex frontal medial posterior (CFMp). A comunicação entre o CFMp e o córtex pré-frontal lateral (CPFL) é facilitada pela sincronização das redes cerebrais relacionadas à atenção (área Theta). Essa comunicação promove oscilações em áreas corticais relevantes para a tarefa [ativação do córtex visual (Vis) nesse exemplo] e oscilações em áreas corticais irrelevantes para tarefas [inibição do córtex auditivo (Aud), córtex cingulado posterior (CCP) e córtex pré-frontal ventromedial (CPFvm) nesse exemplo]. Esse modelo demonstra que os níveis de ativação são relacionados ao aumento ou não da atenção durante a tarefa.

Como terceira função que destacamos dentro dos tipos de atenção, temos o **aspecto seletivo**. Ele pode ser considerado por meio do conceito de que nós podemos selecionar a atenção a diferentes sinais do ambiente, oriundos do nosso organismo ou de tarefas. A atenção seletiva pode ser intencional ou acidental, dependendo de como a atenção é alocada.

A atenção seletiva intencional ocorre quando nós identificamos determinado estímulo (por exemplo, assistir a um programa de televisão) enquanto evitamos ou inibimos a atenção a outras fontes de informação (por exemplo, alguém conversando no mesmo ambiente em que estamos assistindo à TV).

A atenção seletiva acidental ocorre como resposta a estímulos externos (por exemplo, quando rapidamente direcionamos a nossa atenção a um som alto, como o tiro de uma arma de fogo). Tal ação traz interferência ao desempenho de outra tarefa que esteja sendo desempenhada.

A atenção seletiva também pode ser considerada com base no foco de atenção utilizado. Dessa forma, a atenção pode ser espacial (atenção nos objetos para identificação e aquisição de informação – a bola no jogo de futebol) ou temporal (atenção dada para a antecipação de um evento ou a monitoração de informação – o tempo que a bola leva para chegar até nossos pés quando ocorre o passe) (Ives, 2014).

Por fim, chegamos à quarta função que destacamos dentro dos tipos de atenção. Depois de tê-la visto como aspecto da consciência, como nível de ativação e como atenção seletiva, vemos agora a atenção como um processo com limitada **capacidade de recursos**. Isso pode acontecer no momento da percepção de aspectos presentes no ambiente, na tarefa que desejamos realizar e em nós mesmos. Para ilustrar esse tipo de atenção, a tomamos quando do desempenho de duas tarefas simultaneamente, especialmente quando o desempenho de uma pode interferir na realização da outra. Dessa forma, podemos mensurar a interferência que uma tarefa pode produzir na outra (Tombu; Jolicoeur, 2005).

3.1.2 Interferência

Nesse momento, é importante que falemos sobre os processos de interferência. Começamos pela **interferência como medida de atenção**, quando temos duas tarefas a serem desempenhadas. Se conseguirmos realizá-las tanto de forma simultânea quanto individual, podemos considerar que pelo menos uma dessas tarefas não requer atenção ou que necessita somente de pequena parte da capacidade limitada de atenção. Isso pode nos levar a pensar que ao menos uma dessas tarefas é automática. Em contrapartida, se uma delas é desempenhada com menor eficiência, podemos considerar que ambas requerem certa quantia da capacidade limitada de atenção. Nesse caso, podemos dizer que ambas as tarefas demandam atenção (Mulatti; Ceccherini; Coltheart, 2015).

Por exemplo, em um estudo realizado por Ehlers et al. (2017), com o objetivo de analisar o desempenho de idosos ao atravessarem uma rua virtual sem distração (tarefa única) e com distração (tarefa dupla – falando ao celular), os autores observaram que a taxa de sucesso foi maior quando os participantes idosos realizaram a tarefa única (somente atravessar a rua). O mesmo estudo apontou, ainda, que ser mais velho, ter maior composição corporal e apresentar pior desempenho funcional estavam relacionados tanto à tarefa única quanto à tarefa dupla.

A **interferência entre duas tarefas** pode ser devido a um conjunto de motivos. Para facilitar o entendimento sobre a interferência no desempenho de tarefas, podemos classificá-la em dois tipos: a interferência estrutural e a interferência pautada na capacidade de atenção.

A **interferência estrutural** seria a interferência de estruturas físicas (ou neurológicas) como fontes de detrimento no desempenho de duas tarefas. Por exemplo, quando estamos escrevendo algo com uma de nossas mãos e simultaneamente nos é dada a tarefa de usar nosso celular com a mesma mão. Podemos dizer que a interferência é devida, pelo menos em grande parte, à limitação estrutural (visto que não conseguimos utilizar a mesma mão para duas tarefas ao mesmo tempo).

No entanto, quando podemos separar as possíveis fontes de interferência estruturais ao realizarmos duas tarefas, a interferência é pautada na capacidade de atenção (Mulatti; Ceccherini; Coltheart, 2015).

3.1.3 Foco atencional

Dentro do estudo da atenção e da produção de movimento que estamos fazendo neste capítulo, vamos agora trazer nossa concentração para o **foco atencional**. Ele se refere à qualidade da concentração dada ao estímulo em determinada situação. Nesse sentido, podemos considerar o foco atencional em termos de amplitude e direção (Schmidt; Wrisberg, 2004; Magill, 2011; Ives, 2014).

Quando falamos em *amplitude do foco*, entendemos que ela pode variar de estreita a ampla. A atenção estreita concentra-se em limitadas possibilidades de estímulos, ao passo que o enfoque amplo se concentra em maior variedade de estímulos.

Já quanto à **direção do foco**, ele pode variar de foco interno sobre os próprios pensamentos e sentimentos a foco externo sobre objetos e eventos fora do corpo.

Geralmente, precisamos trocar o foco de atenção de uma fonte de estímulo ou informação para outra. É importante que essa troca de foco atencional seja realizada rapidamente quando temos uma variedade de fontes de informação para tomada de decisão rápida. Além disso, quando nos preparamos para o início do movimento, podemos focar tanto os estímulos (fator sensorial) como as características do próprio movimento (fator motor).

Voltando ao exemplo do início desta seção, no qual você deve se imaginar uma/um goleira(o) de futebol quando a(o) atacante se prepara para chutar a bola ao gol, nossa atenção pode estar focada em estímulos sensoriais (quando olhamos onde está a bola, quando ouvimos o toque do pé da(do) atacante na bola), bem como pode estar focada no movimento da(do) atacante (como ela/ele chuta a bola, a força com que chuta a bola). Tal foco nos auxiliará no momento de tomar a decisão de como nos movimentaremos para a defesa do gol.

Importante!

A maneira como a informação que consideramos importante é identificada, assim como a troca efetiva de foco atencional, é aprendida por meio da prática e é específica para cada situação e contexto. Além disso, a prática também nos auxilia a não focar nossa atenção em aspectos não mais tão relevantes à execução de determinada tarefa.

Um último exemplo que podemos citar sobre o foco atencional é de quando estamos aprendendo a dirigir. Geralmente, precisamos focar nossa atenção tanto no trânsito quanto no movimento de pés e mãos ao mudarmos a marcha do carro. Com o passar do tempo e a prática, tal movimento torna-se mais automático e nosso foco de atenção fica maior no que realmente é importante: o trânsito. Falaremos mais sobre automação do movimento no Capítulo 5 deste livro, quando discutiremos sobre os estágios de aprendizagem.

Questão para reflexão

"Você está prestando atenção?" Acho que todos nós já ouvimos essa pergunta. De acordo com o conceito de atenção seletiva, nós focamos em certos aspectos enquanto "ignoramos" outros ao nosso redor. É como se fosse um "filtro" pelo qual alguns fatores ganham maior destaque. Você lembra de alguma situação em que percebeu o quão rápido ou não você conseguiu mudar o seu foco de atenção devido à prática?

3.1.4 Teorias da atenção

Quando a atenção é definida como grau de interferência entre duas tarefas, o foco é entender quais tipos de tarefas interferem ou não entre si, e sob que circunstâncias esses padrões de interferência podem ocorrer.

Para entendermos melhor o fenômeno da atenção, podemos explicá-la por meio de teorias que a tratam como um mecanismo tipo filtro.

Primeiramente, temos as **teorias do canal único ou filtro**. De forma geral, a atenção é vista como mecanismo que possui capacidade fixa no momento de perceber e processar a informação. Quando tal capacidade ultrapassa o que foi solicitado pela tarefa, o desempenho diminui (Kahneman, 1973).

No início dos estudos sobre as teorias da atenção, ela era vista como canal único ou filtro (Welford, 1952; Broadbent, 1958). Mais tarde, surgiu a teoria dos canais múltiplos (Treisman, 1960; Deutsch; Deutsch, 1963; Treisman, 1964, 1969, 1992).

Com base na teoria de filtro único, podemos dizer que todos os processos solicitam atenção e somente pode ocorrer uma ação ao estímulo, ou seja, só pode ser desempenhada uma reposta de cada vez (Welford, 1952) ou de forma seriada (Broadbent, 1958).

Há, também, a **teoria de fontes múltiplas**. Com pesquisas realizadas entre as décadas de 1960 e 1970, pesquisadores puderam demonstrar que nós somos capazes de lidar com mais de uma tarefa ou estímulo de cada vez (Treisman, 1960; Deutsch; Deutsch, 1963; Treisman, 1964, 1969, 1992).

A grande diferença entre as duas teorias é a localização do filtro, ou seja, enquanto a primeira coloca o filtro no início do processo de seleção, a segunda propõe que o filtro se encontra mais além dentro desse processo que seleciona as informações.

O que vemos em ambas as teorias, contudo, é que o estímulo antes do filtro é livre de atenção, ou seja, é processado simultaneamente. Assim, quando o estímulo atinge o filtro, este passa a ser processado de maneira individual, e é a partir desse momento que precisamos de atenção.

O que acontece é que nenhuma dessas teorias obtiveram sucesso em apontar com precisão o local do filtro. De fato, a posição do filtro pode variar de acordo com o tipo de atividade realizada. Além disso, há a possibilidade da existência de vários filtros, o que depende das combinações da tarefa e das estratégias utilizadas por cada indivíduo (Abernethy et al., 2007). Ainda considerando o exemplo de ser a(o) goleira(o) do nosso time, observe a Figura 3.2, na qual podemos aplicar os conceitos dessas duas teorias.

Figura 3.2 Demonstração sobre a aplicação do filtro das teorias da atenção

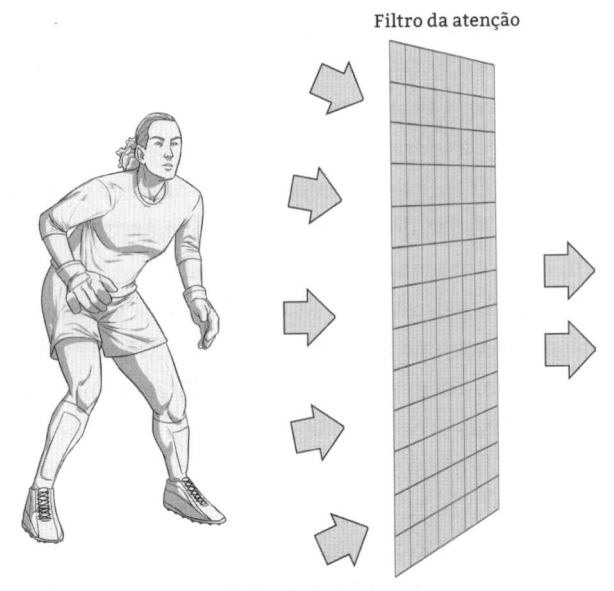

Filtro da atenção

Estímulos externos

Will Amaro

Ao considerarmos os três principais elementos envolvidos no comportamento motor (indivíduo, ambiente e tarefa), podemos dizer que a atenção é a ligação entre o que precisamos em relação ao nosso organismo para o desempenho de determinada tarefa e os aspectos dinâmicos do ambiente no qual essa tarefa é realizada (Bertoldi; Israel; Ladewig, 2011).

Questão para reflexão

Descreva uma habilidade motora que exige que você faça mais de uma coisa ao mesmo tempo e como é possível executar simultaneamente essas múltiplas atividades. Identifique o que você pensa, o que não pensa e o que você foca visualmente ao realizar essas atividades.

A atenção é aspecto importante na coordenação motora. O entendimento sobre os tipos de atenção e suas teorias dá base para quando exploramos os conceitos presentes nesse estudo. A coordenação motora e seu papel na produção de movimento será debatida na próxima seção deste capítulo.

3.2 Coordenação do movimento

A coordenação motora pode ser definida como o domínio dos graus de liberdade para produzir movimento controlado (Levin, 2014). Embora cada elemento envolvido nessa ação (cabeça, pernas, braços, tronco etc.) possa executar movimentos de forma independente, as relações entre as ações motoras dos diferentes segmentos determinam a coordenação motora necessária para cada tarefa.

Mas como nós coordenamos a atividade de todos os subsistemas envolvidos em determinado movimento? Para chegarmos a essa resposta, devemos entender melhor o que são os graus de liberdade.

3.2.1 Graus de liberdade

Um dos principais aspectos que Bernstein (1967) – fisiologista russo que iniciou os estudos sobre os processo de coordenação do movimento – levanta é como os microcomponentes envolvidos no movimento (músculos, articulações, membros inferiores e superiores, cabeça, tronco etc.) se coordenam durante o desempenho de tarefas complexas.

> Por exemplo, quando artistas de acrobacias aéreas encostam a cabeça nas pernas enquanto mantêm o equilíbrio ao desempenhar movimentos com a fita ou o arco. Ou quando nós dirigimos um carro e utilizamos tanto os nossos pés para acelerar e freiar quanto nossas mãos para manejar o volante.

Compreender como empregamos e restringimos o grande número de graus de liberdade relevantes aos sistemas motores durante ações como alcançar ou pegar um objeto é descrito como **problema dos graus de liberdade**.

Importante!

A aquisição da coordenação é vista como o processo de refinamento redundante dos graus de liberdade do orgão (cabeça, pernas, braços, tronco etc.) em movimento, ou seja, a sua conversão a um sistema controlável (Bernstein, 1967).

Inicialmente, nós formamos acoplamentos (ou sinergias) funcionais específicos do músculo e das articulações (veremos a definição de estruturas coordenativas no item 3.2.2) para gerir o grande número de graus de liberdade que são controlados no sistema de movimento. Tais grupos funcionais compreendem os componentes físicos do sistema de movimento e especificam como graus de liberdade relevantes para a ação se tornam mutuamente dependentes (Davids; Button; Bennett, 2008).

As sinergias entre componentes do sistema motor nos auxiliam a descobrir e reunir os acoplamentos relevantes entre os nossos membros (braços, pernas, tronco, cabeça) no momento que lidamos com grande número de graus de liberdade (Mitra; Amazeen; Turvey, 1998) – por exemplo, quando coordenamos a ação de frear com o pé enquanto viramos o volante para a esquerda com ambas as mãos.

Quando estamos aprendendo uma habilidade motora, temos considerável número de graus de liberdade oriundos de diferentes sistemas motores que podem ser utilizados para realizarmos o movimento. Por exemplo, quando aprendemos a dirigir o carro e não sabemos qual dos pés devemos utilizar para o freio, acabamos utilizando qualquer um deles para freiar o carro. Com a prática, eventualmente esse grande número de graus de liberdade é reduzido a grupos menores, os quais podemos facilmente administrar e regular (por exemplo, utilizar o pé direito para frear o carro) (Scholz; Schöner; Latash, 2000; Todorov; Jordan, 2002; Latash et al., 2010).

Além disso, quando aprendemos uma habilidade nova, os padrões de coordenação começam como acoplamentos fixos e rígidos entre as partes do corpo envolvidas. Essa estratégia inicial de aprendizado nos auxilia a lidar com o grande número de graus de liberdade no sistema motor.

Com a prática, esse forte acoplamento inicial entre músculos e articulações é gradualmente relaxado. A partir daí, formamos estruturas coordenativas específicas à tarefa pelas quais conseguimos explorar melhor as forças internas e externas. O intuito é aumentar a eficiência e o custo energético do movimento (Bernstein, 1967; Newell, 1991).

Quando consideramos a reaprendizagem de habilidades motoras de indivíduos se recuperando de lesões ou doenças, os padrões de movimento são remodelados de acordo com os graus de liberdade reconfigurados e alterados (por exemplo, caminhar com muletas ou pegar um objeto após a amputação de um dedo) (Davids; Button; Bennett, 2008).

3.2.2 Estruturas coordenativas

Estruturas coordenativas são delineadas para objetivos ou atividades específicas, como quando grupos de músculos trabalham juntos temporariamente como unidades coerentes para conseguirmos alcançar objetivos específicos da tarefa – por exemplo, quando lançamos uma bola ou abotoamos o botão da camisa.

Importante!

Uma informação perceptiva de qualidade é necessária para agregar estruturas coordenativas, visto que os detalhes de sua organização não são completamente predeterminados e são ligados às restrições apresentadas por cada atividade (Turvey, 1990; Schmidt; Wrisberg, 2004).

A agregação de estruturas coordenativas é um processo dinâmico que depende de recursos relevantes de informação perceptiva relacionada a propriedades importantes do nosso próprio corpo (como informações proprioceptivas dos músculos e das articulações) e do ambiente (visão do alvo ou da superfície que pisamos).

Com a prática, as estruturas coordenativas tornam-se mais flexíveis, mudando as configurações rígidas e fixas que apresentamos no início da aprendizagem para melhor gerenciamento do grande número de graus de liberdade do sistema motor (Davids; Button; Bennett, 2008).

Exemplificando estruturas coordenativas

Podemos considerar como exemplo jogadores de vôlei de areia. Os jogadores aprendem a adaptar sua estrutura coordenativa para sacar a bola, por exemplo, no intuito de que possam utilizá-la sob condições de mudança.

Essas condições podem incluir a força aplicada ao bater na bola, a distância com que a bola deve passar por cima da rede, a direção que se planeja que a bola chegue do outro lado da rede, mudanças nas condições climáticas, fadiga do sistema motor etc. As características podem ser observadas na qualidade do movimento e nas especificidades de coordenação de jogadores iniciantes e jogadores experientes.

Temprado et al. (1997) confirmaram as diferenças por meio da análise do saque de jogadores de voleibol. Os autores verificaram que jogadores iniciantes não mostravam os mesmos padrões de coordenação associados a jogadores experientes.

A rigidez no movimento dos iniciantes e a natureza flexível dos jogadores experientes podem ser vistas na Figura 3.3.

Figura 3.3 Diferença entre movimentos de jogadores experientes e iniciantes

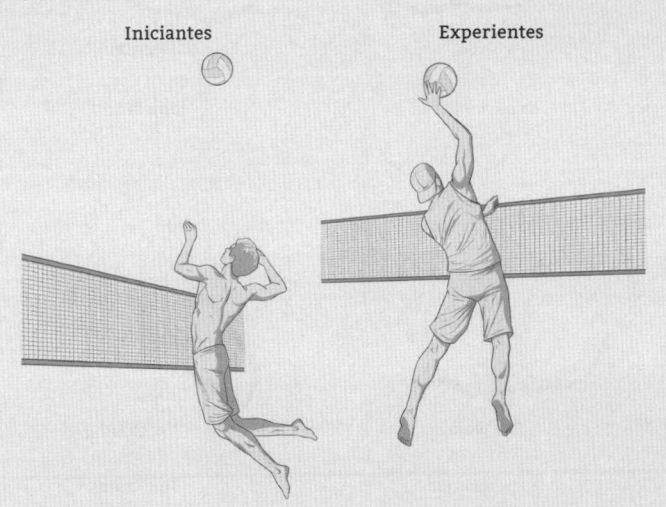

Os iniciantes parecem tratar o braço como unidade única, fixando rigidamente ("congelamento") as articulações do ombro-punho, do ombro-cotovelo e do cotovelo-punho. Em contraste, os experientes dissociam os componentes próximo-mediais (ombro-cotovelo) e medial-distal (cotovelo-punho).

Na Figura 3.4, vemos o posicionamento representativo de cada par de articulações para os jogadores iniciantes e os experientes. Em "A", temos a posição do ombro plotada em função da posição do punho; "B" nos traz a posição do ombro plotada em função da posição do cotovelo; enquanto em "C" vemos a posição do cotovelo plotada em função da posição do punho (Temprado et al., 1997).

Figura 3.4 Posicionamento articular de um jogador iniciante e de um experiente

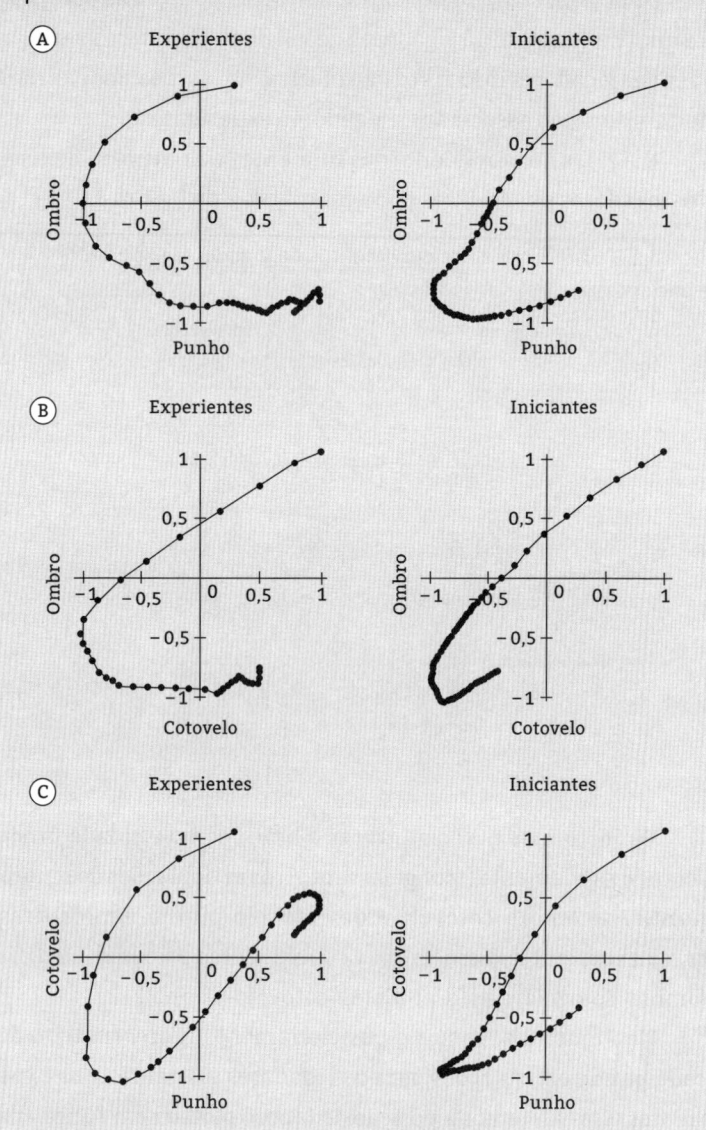

Fonte: Temprado et al., 1997, p. 668, tradução nossa.

3.2.3 A importância da variabilidade nos sistemas do movimento

Neste ponto, é importante compreendermos a relação entre o controle do sistema motor e a flexibilidade da coordenação de movimento. Isso porque a abundância de graus de liberdade pode nos dar flexibilidade para adaptação dos padrões de movimento aos ambientes em que os realizamos. A coordenação do movimento é controlada levando em consideração o local que o movimento ocorre, os eventos existentes no ambiente e os objetos presentes no ambiente durante o desempenho das tarefas.

Dessa forma, nós podemos considerar a variabilidade como funcional, visto que ela nos permite grande flexibilidade de adaptação e melhor coordenação. Esse é o tipo de variabilidade de movimento que podemos ver em corredores experientes, quando realizam pequenas alterações no estilo da corrida para se adaptar melhor aos diferentes níveis do solo, tipos de superfícies e condições climáticas.

A variabilidade funcional também tem papel importante quando consideramos os níveis de habilidade em determinada tarefa, sejam elas dinâmicas, sejam estáticas. Por exemplo, indivíduos mais habilidosos no desempenho do tiro ao alvo apresentam maiores níveis de variabilidade nas articulações do ombro e do cotovelo com intuito de permitir que a articulação do punho se mantenha em posição estável (Scholz; Schöner; Latash, 2000).

Tais níveis de variabilidade nas articulações proximais não é visto da mesma forma em indivíduos iniciantes na prática, o que leva ao menor controle do movimento no momento do tiro. Além disso, indivíduos com doenças que alteram o padrão de movimento, como a doença de Parkinson, apresentam padrões repetitivos com alto grau de consistência, o que pode estar relacionado à capacidade diminuída de variabilidade funcional de movimento (Van Emmerik; Van Wegen, 2000).

> **Questão para reflexão**
>
> Considere que uma de suas alunas tem dificuldades no equilíbrio e na caminhada. Quais são as características de desempenho dessas habilidades à medida que ela reaprende as habilidades? Quais características de controle motor você deve levar em conta nas estratégias e nos procedimentos para a reaprendizagem?

Na próxima seção, discutiremos sobre *feedback* interno, o qual utilizamos para a correção do movimento. Você observará que a compreensão dos conceitos presentes na coordenação motora que acabamos de aprender nesta seção nos dará base para o entendimento da correção interna do movimento.

3.3 *Feedback* e *feedforward*: correções e antecipação de movimento

O nosso sistema motor usa consistentemente um conjunto estreito de soluções para os movimentos que realizamos. Uma questão central nas pesquisas no campo do controle motor é como e por qual motivo o cérebro seleciona certos movimentos, dado o grande conjunto de possibilidades.

Pela **teoria dos sistemas dinâmicos**, podemos dizer que há restrições inerentes ao sistema nervoso que limitam o número de escolhas. As sinergias motoras captam a ideia de que existe um conjunto de combinações fixas de músculos, que são controlados como unidades funcionais (Tresch; Saltiel; Bizzi, 1999).

De forma sucinta, as sinergias motoras referem-se à estrutura de controle que ativa diferentes efetores (músculos, articulações, sistemas) como uma única unidade. Tais combinações musculares são diferentes de acordo como os objetivos da tarefa e os tipos de movimento (D'Avella; Bizzi, 2005; Ting; Macpherson, 2005). Para que o movimento ocorra, ocorrem ajustes dentro desse sistema de movimento por meio de *feedback*.

Já quando consideramos a **teoria da programação motora**, vemos que esta postula que o processamento de informação ocorre no **executivo**, no centro de controle ou comando do sistema. Já a ação (*output*), após o processamento, ocorre devido aos **efetores**, músculos dos membros, do tronco e da cabeça envolvidos em produzir o movimento desejado.

Há duas formas de sistemas de controle motor: os sistemas de circuito fechado e os de circuito aberto. Esses dois modelos são descrições gerais das diferentes maneiras que os sistemas nervosos, periférico e central, iniciam e controlam a ação (Schmidt; Wrisberg, 2004; Magill, 2011). A Figura 3.5 demostra de forma esquemática os dois sistemas.

Figura 3.5 Sistema de circuito fechado e sistema de circuito aberto

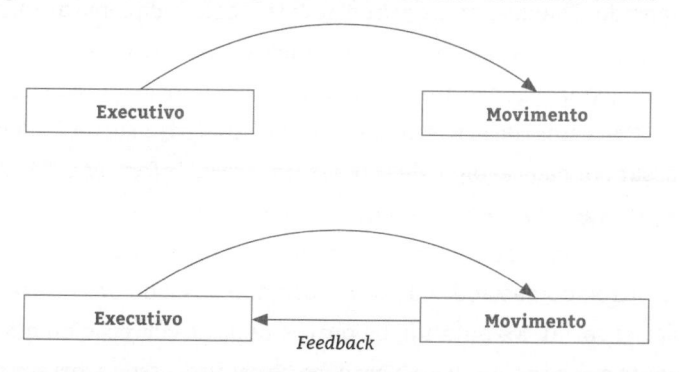

O sistema de circuito fechado apresenta, além do executivo e dos efetores, um comparador com a utilização de *feedback*. Quando falamos *comparador*, referimos-nos a um mecanismo para detecção de erro. Tal mecanismo compara o *feedback* do movimento que planejamos como desejado e o *feedback* do movimento real. Dessa forma, o executivo libera a instrução inicial para os efetores, suficiente somente para iniciar o movimento.

A execução e a conclusão do movimento dependem de informações do *feedback* ao executivo. O *feedback* fornece informação sobre o movimento, o que permite ao executivo continuá-lo como instruído inicialmente, assim como libera mais instruções para continuar o movimento em progresso ou corrigir algum erro neste. Quando há entrada de informação, esta é processada, e o movimento pretendido é determinado.

O movimento pretendido representa o *feedback* esperado que devemos obter caso realizemos o movimento corretamente e alcancemos a meta desejada. Tal *feedback* é registrado no comparador.

Comandos para que se alcance a meta desejada são enviados do executivo ao mecanismo efetor, que consiste de vários componentes, visto que o **programa motor** que produz os comandos do movimento é transmitido via **medula espinhal**, a qual leva a informação aos **músculos** e, então, a ação ocorre.

O *feedback* oriundo desse movimento é comparado ao *feedback* esperado. Qualquer diferença entre eles é registrada como um erro de movimento. Se isso ocorrer, a mensagem de erro é transmitida do comparador ao executivo como entrada de informação adicional.

Cada sinal de erro enviado ao executivo para correção deve passar por cada estágio de processamento de informação, o que requer atenção e determinado tempo para ser processado.

O sistema de circuito fechado apresenta um ajuste consciente e controlado das ações de um indivíduo baseado em informação sensorial. No entanto, há outros tipos de correção do movimento que o indivíduo não percebe. Esses processos ocorrem na medula espinhal e no tronco cerebral e tais ajustes, com pouco ou nenhum controle consciente, ocorrem de forma estereotipada, involuntária e rápida (Alexandrov; Frolov, 2011). Observe a Figura 3.6, a seguir, para maiores detalhes sobre os sistemas de circuito fechado e aberto.

Figura 3.6 Estruturas presentes nos sistemas de circuito fechado e aberto

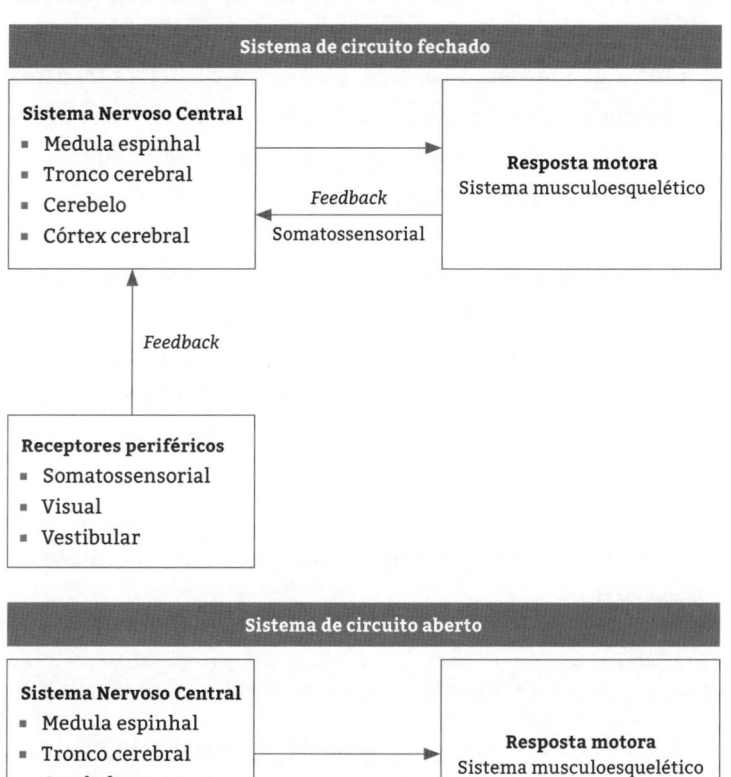

Sistema de circuito fechado

Sistema Nervoso Central
- Medula espinhal
- Tronco cerebral
- Cerebelo
- Córtex cerebral

Feedback Somatossensorial

Resposta motora
Sistema musculoesquelético

Feedback

Receptores periféricos
- Somatossensorial
- Visual
- Vestibular

Sistema de circuito aberto

Sistema Nervoso Central
- Medula espinhal
- Tronco cerebral
- Cerebelo
- Córtex cerebral

Resposta motora
Sistema musculoesquelético

3.3.1 Sistemas de circuito reflexo

O ato reflexo é o mais rápido mecanismo de estímulo e resposta do sistema nervoso. Ocorre quando reagimos de maneira instantânea e involuntária a estímulos ambientais. Os sistemas de circuito reflexo se dividem em *sistema de circuito reflexo de estiramento monossináptico* e *sistema de circuito reflexo longo*. Veremos cada um deles a partir de agora.

A resposta do **sistema de circuito reflexo de estiramento monossináptico** é um dos reflexos mais rápidos subjacente ao controle do movimento (30 – 50 μs). É uma resposta imediata quando algo inesperado ocorre. Os fusos musculares transmitem a informação sensorial para a medula espinhal e uma única sinapse ocorre; a informação é retransmitida diretamente para o mesmo músculo para que a ação ocorra.

A latência para essa correção é muito curta porque envolve somente uma sinapse e a informação percorre uma distância relativamente curta. O reflexo de estiramento monossináptico é responsável pelas modificações na contração muscular causada por pequenos estiramentos, como os que ocorrem durante o controle postural ou quando os membros são sujeitos a forças inesperadas.

Um exemplo seria quando recebemos uma perturbação à posição que estávamos (um toque da adversária enquanto corremos em direção à bola de futebol e rapidamente reorganizamos nossa postura).

Importante!

O reflexo de estiramento monossináptico não é consciente e, dessa forma, não é afetado pelas alternativas estímulo-resposta. As respostas do sistema de circuito de reflexo de estiramento monossináptico ocorrem simultaneamente para o controle do movimento e não requerem atenção para sua realização (Schmidt; Wrisberg, 2004; Magill, 2011).

Partindo, então para o **sistema de circuito reflexo longo**, vemos que sua resposta tem duração mais longa que o primeiro (50 e 80 μs), o que contribui para mais ajustes no movimento. O sistema de circuito reflexo longo também tem origem nos fusos musculares que enviam sinais para a medula espinhal.

No entanto, os impulsos continuam até o córtex motor e o cerebelo, onde são processados. Impulsos motores são enviados para a ativação muscular.

A distância maior e as sinapses adicionais contam com maior latência para a resposta ocorrer. A resposta do sistema de circuito reflexo longo não é afetada pelo número de alternativas de estímulo-resposta, mas é mais flexível do que a resposta do sistema de circuito reflexo de estiramento monossináptico.

Importante!

O tamanho ou a amplitude da resposta do reflexo longo podem ser voluntariamente ajustados pela entrada de informação para gerar uma resposta quando o objetivo é manter a articulação tão firme quanto possível ou para produzir uma resposta com o objetivo de liberá-la após uma perturbação.

Esta capacidade de variação permite que o indivíduo prepare os membros para se adaptar às diferentes exigências ambientais. Por exemplo, quando adaptamos nossas articulações ao corrermos na areia; ou, para os praticantes de judô, para quando seguram o adversário, mantendo a articulação na mesma posição.

A reação desencadeada é uma resposta que apresenta maior latência que a resposta do sistema de circuito de reflexo longo (80 a 120 μs), mas é mais rápida que a resposta voluntária (que passa pelo executivo – 120 a 180 μs). Essa reação pode afetar a musculatura, que é bastante longe do local de estimulação, e é sensível ao número de alternativas de estímulo da mesma maneira que a resposta voluntária. Aparentemente, a reação desencadeada também pode ser aprendida e se tornar uma resposta mais ou menos automática.

Considere a seguinte situação: pegamos um objeto e ele começa a escorregar das nossas mãos; quando o objeto escorrega, gera vibrações na nossa pele, que são detectadas por receptores cutâneos nas pontas dos nossos dedos. As vibrações desencadeam várias compensações muito rápidas, como o aumento da força de prensão dos músculos do nosso antebraço e a redução na força do bíceps, com diminuição na aceleração para cima. Essas reações são bem coordenadas, desencadeadas de uma só vez e não são conscientes.

3.3.2 Feedforward

O *feedforward* é a informação sensorial utilizada para obter informação entre o indivíduo e o ambiente. É utilizado para antecipar a ocorrência da ação motora específica com o objetivo de reduzir o erro. Trata-se de uma "cópia" do *feedback* esperado.

A informação sensorial e a ação motora estão relacionadas uma com outra durante a manutenção de um movimento desejado. Isso ocorre porque a informação sensorial fornece informação sobre o erro que é utilizado para produzir ativação muscular apropriada de forma antecipatória, com o objetivo de controlá-lo (Barela, 2000; Schmidt; Wrisberg, 2004; Bonfim et al., 2009). A aplicação desse conceito e do *feedback* é discutida no estudo de Mohapatra, Kukkar e Aruin (2014). Observe a seguir.

Aplicação dos conceitos de *feedback* e *feedforward* em pesquisas

A manutenção da postura vertical é regulada pelos componentes *feedforward* (controle antecipado) e *feedback* (controle de realimentação) do controle postural. O controle antecipado envolve a ativação dos músculos da perna e do tronco antes de uma perturbação corporal esperada, também conhecida como *ajustes posturais antecipatórios* (Massion, 1992). O controle de realimentação é iniciado pelos sinais de *feedback* sensorial após o início da perturbação e é conhecido como *ajustes posturais compensatórios* (Park; Horak; Kuo, 2004; Alexandrov et al., 2005). Existem diferenças na função entre os dois: ajustes posturais antecipatórios servem para minimizar o deslocamento do centro de massa do nosso corpo antes de uma perturbação (Aruin; Latash, 1995). Já os ajustes posturais compensatórios servem como um mecanismo de restauração da posição do centro de massa depois de ocorrer uma perturbação (Maki; Mcilroy; Perry, 1996).

Os pesquisadores Mohapatra, Kukkar e Aruin (2014) realizaram um estudo com o objetivo de investigar o efeito de diferentes superfícies de suporte nos componentes *feedforward* e *feedback* do controle postural. Eles avaliaram nove indivíduos saudáveis que foram expostos a perturbações externas aplicadas a seus ombros enquanto estavam em pé sobre diferentes tipos de superfície: rígida, espuma e com oscilação. Os participantes do estudo realizaram o experimento tanto com os olhos abertos quanto com os olhos fechados.

A atividade elétrica dos músculos do tronco e das pernas, bem como os deslocamentos do centro de pressão foram registrados e analisados durante os períodos de tempo típicos dos ajustes posturais de *feedforward* e *feedback*. Os autores utilizaram a latência da ativação muscular para as análises. Assim, o *feedforward* foi analisado por meio do controle antecipado (ativação muscular) da postura e o *feedback* foi analisado mediante a ativação muscular após a perturbação.

O controle antecipado da postura foi caracterizado pela ativação mais precoce dos músculos anteriores quando os indivíduos estavam sobre a espuma em comparação a quando estavam sobre a superfície com oscilação ou sobre a superfície rígida. A Figura 3.7 demonstra o momento em que cada músculo avaliado no estudo foi ativado durante o teste.

Figura 3.7 Latências musculares para as três condições experimentais

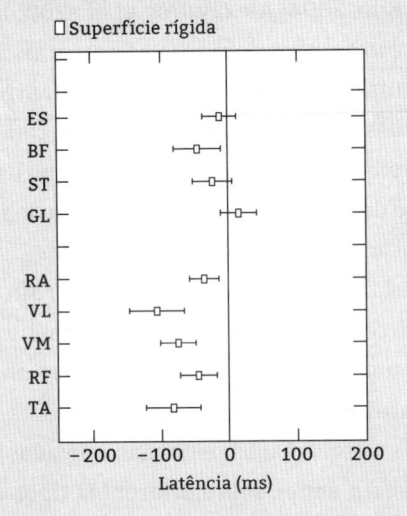

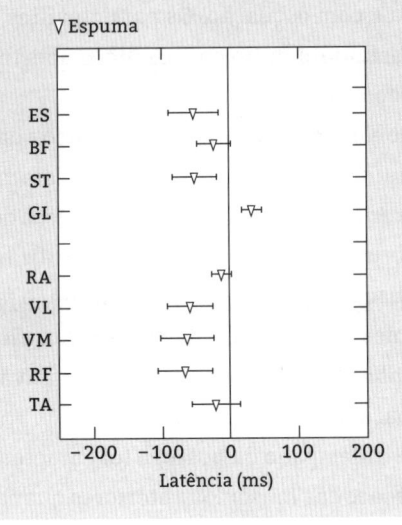

☐ Superfície rígida

▽ Espuma

◇ Superfície com oscilação

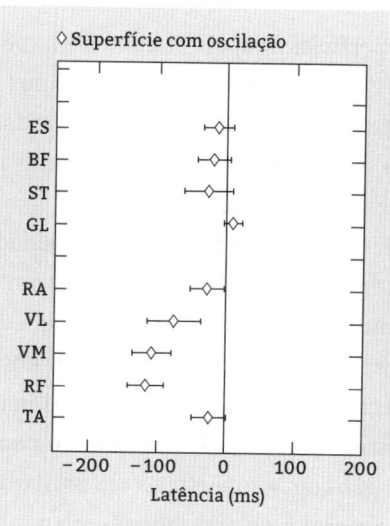

Latência (ms)

Fonte: Mohapatra; Kukkar; Aruin, 2014, tradução nossa.

Veja que a magnitude da atividade muscular direta foi maior quando a espuma foi usada. Durante o controle de *feedback*, os músculos anteriores foram ativados antes dos músculos posteriores, independentemente da natureza da superfície. Além disso, a maior atividade muscular foi observada quando a superfície de apoio era espuma. O deslocamento máximo do centro de pressão ocorreu quando os participantes estavam em uma superfície rígida.

De acordo com os autores do estudo, a capacidade de mantermos a postura é influenciada pela qualidade da informação sensorial recebida, pelas características da perturbação corporal e pela superfície de suporte. No experimento que eles realizaram, os participantes do estudo permaneceram em pé em diferentes superfícies de apoio, o que os permitiu examinar as relações entre os componentes *feedforward* e *feedback* do controle postural (usado para manter a postura ereta) e informações somatossensoriais.

Como as magnitudes das perturbações externas foram mantidas constantes ao longo de todas as condições experimentais, o resultado do estudo apresenta informações sobre o único efeito de diferentes superfícies de apoio no controle da postura vertical. Particularmente, os resultados desse estudo nos fornecem evidências sobre o papel da instabilidade corporal e das informações proprioceptivas e somatossensitivas deficientes na geração de atividades antecipatórias e compensatórias.

O estudo revelou também que tanto as atividades antecipatórias quanto as compensatórias foram maiores em condições nas quais houve maior instabilidade corporal. Além disso, a permanência sobre a espuma (que criou instabilidade nos planos sagital e frontal, bem como a redução de estímulos somatossensoriais) foi associada a atividades antecipatórias e compensatórias maiores em comparação com a superfície com oscilação (que induz à instabilidade corporal no plano sagital com nenhuma redução importante nos estímulos somatossensitivos).

Os autores concluíram que a alteração da superfície de suporte afeta os componentes *feedforward* e *feedback* do controle postural. Eles ainda afirmaram que essas informações devem ser levadas em consideração no planejamento de aulas voltadas para a melhoria do equilíbrio.

Questão para reflexão

Descreva uma habilidade motora que você geralmente executa, as características de controle motor dessa habilidade e como você deve se preparar ou se corrigir após uma pertubação. Você acha que essa preparação seria igual para outras pessoas?

Discutimos até agora características relacionadas ao controle motor enquanto desempenhamos uma determinada habilidade. Tais conceitos nos darão maior esclarecimento para a próxima seção deste capítulo, na qual debateremos sobre as diferenças individuais e o conceito de capacidades motoras.

3.4 Diferenças individuais e capacidades motoras

O estudo da aprendizagem motora tem ênfase na aquisição, no aperfeiçoamento ou na reaquisição de habilidades motoras. É de interesse da aprendizagem motora as modificações comportamentais e neurológicas que ocorrem quando aprendemos habilidades motoras e as variáveis que influenciam tais alterações.

Como vimos no Capítulo 1, as habilidades motoras são movimentos voluntários e devem ser aprendidas ou reaprendidas com o intuito de alcançar a meta estabelecida. A aprendizagem e a maneira que realizamos determinada habilidade motora pode ser influenciada pelas capacidades motoras. Recapitulando o que vimos na seção 1.2, *capacidades* são características gerais e permanentes dos indivíduos e são afetadas tanto pelo aprendizado, como pela hereditariedade, sendo que esta última tem maior peso na influência.

Importante!

O entendimento do papel das capacidades motoras no aprendizado e no desempenho de habilidades motoras auxilia na explicação de algumas das diferenças observadas quando realizamos habilidades motoras.

O benefício desse entendimento para nós, profissionais de educação física, é que as capacidades motoras fornecem a base para o desenvolvimento de aspectos específicos na prática motora, como interpretar a avaliação de habilidades motoras, adquirir novas habilidades motoras, melhorar o desempenho de habilidades já adquiridas, assim como desenvolver métodos efetivos para auxiliar nossas alunas e nossos alunos a superar dificuldades no desempenho.

3.4.1 Capacidade motora e diferenças individuais

O termo *capacidade* envolve o estudo das diferenças individuais, ou seja, a identificação e a mensuração de capacidades que nos caracterizam e nos diferenciam. Com base no conhecimento das diferenças individuais e das capacidades motoras, podemos investigar a relação entre as capacidades e o desempenho e a aprendizagem de habilidades motoras.

Nesse contexto, *capacidade* significa traço ou capacidade geral do indivíduo. É uma característica relativamente duradoura que serve como determinante do potencial de desempenho de habilidades específicas (Adkins et al., 2006). Quando o termo *capacidade motora* é utilizado nesse contexto, refere-se à capacidade especificamente relacionada ao desempenho da habilidade motora.

3.4.2 Capacidades motoras gerais e específicas

Há duas hipóteses quando se analisa a relação entre as capacidades motoras. A compreensão dos diferentes pontos de vista auxilia na aplicação do conceito de capacidades motoras para concretização do desempenho de habilidades motoras. Mas qual é a diferença entre essas duas hipóteses?

A **capacidade motora geral** sustenta que, embora muitas capacidades motoras diferentes possam ser identificadas em nós, estas são altamente relacionadas e podem ser caracterizadas em termos singulares de capacidade motora global.

A teoria sustenta que o nosso nível de capacidade influencia o êxito da realização de qualquer habilidade motora, ou seja, se somos altamente habilidosos em determinada habilidade motora, espera-se que sejamos ou nos tornemos altamente habilidosos em todas as habilidades motoras (Barrow, 1957). No entanto, poucas evidências científicas suportam tal ponto de vista.

Já a **capacidade motora específica** afirma que temos muitas capacidades motoras, e que essas qualidades são relativamente independentes. Estudos da década de 1960 deram suporte ao pressuposto de que, se capacidades motoras são específicas e independentes, então a relação entre quaisquer duas capacidades será muito baixa (Henry, 1961).

3.4.3 Capacidades motoras como variáveis de diferenças individuais

O estudo das diferenças individuais leva em consideração o fato de que diferimos de muitas maneiras (Simonton, 2014). Apresentamos tamanhos e formas diferentes, assim como idades, grupos raciais, sexo e aspectos culturais. Há também a possibilidade de possuirmos incapacidades de natureza física ou mental. Esses fatores influenciam o controle e a aprendizagem durante todo nosso desenvolvimento (Schmidt; Wrisberg, 2004; Magill, 2011).

Alguns fatores de diferenças individuais que podem contribuir nas diferenças de desempenho de habilidade motoras são descritos na Figura 3.8.

Figura 3.8 Fatores de diferenças individuais

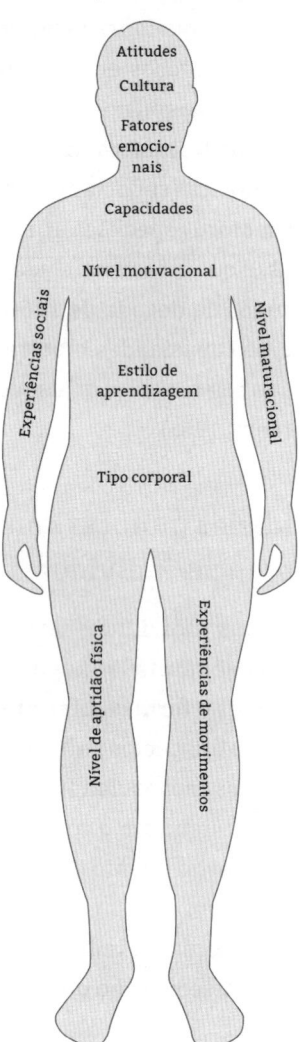

- Atitudes
- Cultura
- Fatores emocionais
- Capacidades
- Nível motivacional
- Experiências sociais
- Nível maturacional
- Estilo de aprendizagem
- Tipo corporal
- Nível de aptidão física
- Experiências de movimentos

Viktorija Reuta/Shutterstock

As diferenças individuais observadas na quantidade de sucessos que alcançamos no momento de desempenhar habilidades motoras dependem, em grande parte, do nível de capacidades motoras que temos e que são importantes para o desempenho de tal habilidade.

Por exemplo, alunas(os) com diferentes níveis de capacidades motoras importantes para jogar futebol terão diferentes potenciais no momento de jogá-lo. Esse exemplo indica que há várias capacidades motoras subjacentes ao desempenho das habilidades motoras complexas presentes no futebol e que nossas alunas e nossos alunos apresentam diferentes níveis de tais capacidades.

Além disso, esse fato também indica que, se duas(dois) alunas(os) têm a mesma experiência de treinamento e quantidade de prática, mas diferem em seus níveis de capacidades motoras importantes para jogar futebol, a(o) aluna(o) com maior nível das capacidades apropriadas tem o potencial de desempenhar a atividade com mais alto nível.

A maioria de nós possui grande número de capacidades no nível médio, ao passo que outras possuem a maior parte das capacidades ou nos extremos altos ou nos extremos baixos da escala (de normalidade). Assim, uma(um) aluna(o) que é excelente em grande número de habilidades tem altos níveis em grande número de capacidades.

Dessa forma, podemos dizer que, quando uma(um) aluna(o) desempenha bem certas habilidades, essa capacidade encontra-se em nível mais alto nela/nele. Ainda, quando ela/ele desempenha muito bem várias habilidades motoras, é provável que tais habilidades apresentem diversas capacidades motoras fundamentais em comum.

Assumimos, assim, que todos nós possuimos todas as capacidades, mas que diferimos no que diz respeito à força delas. Isso ocorre porque um subconjunto específico de capacidades é importante para o desempenho de cada tipo de tarefa ou habilidade motora (Schmidt; Wrisberg, 2004).

Dessa forma, as capacidades motoras indicam limites que afetam nosso potencial de aprender e de realizar habilidades motoras (Simonton, 2014). É importante mencionarmos, contudo, que as capacidades motoras são apenas uma das três categorias de capacidades humanas que afetam nosso desempenho das habilidades motoras. São elas:

- **Inteligência geral ou a capacidade geral:** Capacidades em que estão incluídas aquelas pautadas em aspectos cognitivos. A capacidade geral está diretamente relacionada à aquisição, ao armazenamento, à recuperação e à comparação da informação, bem como à utilização da memória em novos contextos.
- **Capacidade de velocidade perceptiva:** Inclui as capacidades associadas à nossa velocidade em processar a informação necessária para o desempenho de habilidades.
- **Capacidades psicomotoras:** Relacionadas com a velocidade e a precisão dos nossos movimentos; de forma geral, podemos dizer que as capacidades psicomotoras impõem pouca ou quase nenhuma demanda cognitiva.

O conhecimento das capacidades subjacentes ao bom desempenho das habilidades motoras é essencial para a educação física, pois nos permite: a) identificar a fonte dos problemas ou dificuldades no desempenho de uma habilidade; b) predizer o potencial que uma pessoa tem para obter sucesso numa habilidade específica.

Após o entendimento de que todas as diferenças individuais interferem de alguma forma no desempenho de habilidades motoras, discutiremos mais a fundo, na próxima seção, sobre como identificar as capacidades motoras. O conhecimento sobre as capacidades motoras nos dá base para a organização das nossas aulas.

3.5 Identificação de capacidades motoras

A identificação de capacidades motoras específicas são referidas ao trabalho de Fleishman (1972), com base nos resultados de uma grande bateria de testes psicomotores. Foi nesse trabalho que a taxonomia de capacidades psicomotoras foi desenvolvida.

O objetivo da taxonomia foi definir o mínimo de categorias de capacidades independentes e identificar quais poderiam ser as mais utilizáveis e com significado na descrição do desempenho de ampla variedade de tarefas (Fleishman, 1972). A taxonomia incluiu duas categorias amplas de capacidades na percepção motora e nos domínios físicos: capacidades perceptivo-motoras e capacidades de proficiência físicas. A seguir, veremos como definir cada uma delas.

3.5.1 Capacidades perceptivo-motoras

São 11 as capacidades perceptivo-motoras identificáveis e mensuráveis. Acompanhe-as:

1. **Coordenação de múltiplos membros**: É a nossa capacidade de coordenar nossos membros simultaneamente durante determinado movimento. Exemplos: tocar algum instrumento musical, sacar a bola de voleibol e correr.
2. **Precisão de controle**: Quando realizamos ajustes rápidos e precisos em movimentos, principalmente quando grandes grupos musculares estão envolvidos. Exemplo: operação do painel de controle de uma retroescavadeira ou um guindaste.
3. **Orientação da resposta**: É a nossa capacidade de escolher rapidamente o desempenho da tarefa quando temos mais de uma alternativa. Poderíamos dizer que é nosso tempo de reação para a escolha. Aqui, podemos aplicar o conceito da lei de Hick (veja no boxe a seguir o conceito da lei de Hick). Exemplos: quando atravessamos uma rua e outras pessoas também vem na nossa direção ou quando a jogadora de handebol está com a bola e deve responder rapidamente aos movimentos da jogadora do outro time que se aproxima.

> **Preste atenção!**
>
> A lei de Hick, que também é referida como a *lei de Hick-Hyman*, descreve a relação entre o tempo de reação e a complexidade da tarefa (Hick, 1952). Essa lei afirma que nosso tempo de reação aumenta linearmente com o logaritmo do número de alternativas possíveis, ou, mais simplesmente: à medida que a quantidade de informação que recebemos aumenta, a quantidade de tempo que levaremos para processar a informação também aumentará.

4. **Tempo de reação**: É a nossa capacidade de desempenhar tarefas que apresentam um único estímulo e uma única resposta; além disso, a velocidade de reação é crítica para esse desempenho. Exemplo: saída em velocidade na corrida de 100 metros.
5. **Velocidade do movimento do braço**: Capacidade de rapidamente realizar movimento grosso e discreto do braço onde a acurácia é mínima. Exemplo: lançar a bola apenas considerando a velocidade em vez da precisão.
6. **Controle de velocidade**: É a nossa capacidade de produzir movimentos antecipatórios para o ajuste da resposta quanto a mudanças na velocidade de determinado objeto em movimento contínuo. Exemplos: dirigir o carro em uma via rápida ou praticar canoagem em corredeiras.
7. **Destreza manual**: Capacidade de manipular objetos com nossas mãos e braços. Exemplos: tricotar uma blusa de lã, quicar uma bola de basquetebol ou handebol.
8. **Destreza de dedos**: É a nossa capacidade de manipular pequenos objetos com os grupos musculares dos dedos. Exemplos: fazer crochê, desabotoar um botão, enfiar a linha na agulha de costura, colocar os pequenos pinos em um marcador de pontos de jogos de cartas.

9. **Estabilidade braço-mão**: É a nossa capacidade de realizar precisamente movimentos com os braços e mãos. Exemplos: aplicar o delineador nos olhos ou carregar uma bandeja com comida.
10. **Velocidade punho-dedo**: Capacidade de executar movimentos rápidos com nossos punhos e dedos, ou seja, aquilo que não demanda precisão. Exemplos: escrita manual rápida e tocar tamborim.
11. **Mirar**: É a nossa capacidade de produzir movimentos precisos com nossas mãos para acertar alvos que se movem em velocidade. Exemplos: mover rapidamente as baquetas da bateria ou acertar um alvo pequeno em movimento.

3.5.2 Capacidades de proficiência física

As capacidades de proficiência física diferem das capacidades motoras perceptivas visto que são relacionadas ao desempenho de habilidade motora grossa, as quais são geralmente denominadas *capacidades de aptidão física*. São onze as capacidades de proficiência física (Fleishman, 1972). Vejamos:

1. **Força estática**: É a nossa capacidade de aplicar força sem causar movimento articular ou ao objeto. Exemplo: alguns movimentos nas aulas de pilates e yoga.
2. **Força dinâmica**: Capacidade de mover ou suportar repetidamente o peso de um objeto ou do nosso corpo. Exemplos: pular corda e executar agachamentos com ou sem carga (peso).
3. **Força explosiva**: É a nossa capacidade de despender o máximo de energia em atividades nas quais projetamos algum objeto ou o nosso próprio corpo o mais longe ou o mais alto possível. Exemplos: arremesso de peso ou dardo, salto em distância, salto em altura, corrida dos 100 metros no atletismo.

4. **Força de tronco**: É a força dinâmica específica dos músculos do tronco e abdominal. Exemplos: execução de habilidades sobre o cavalo com alças da ginástica e a prática de exercícios de pilates.
5. **Flexibilidade**: É a nossa capacidade de estender ou alongar nosso corpo o máximo que conseguimos para todas as direções possíveis. Exemplos: a prática de alguns exercícios do yoga ou o movimento de espacate da ginástica artística.
6. **Flexibilidade dinâmica**: Capacidade de realizar movimentos que requerem flexibilidade muscular de forma rápida e repetida. Exemplos: alguns exercícios utilizados por bailarinas e ginastas.
7. **Coordenação corporal ampla**: É a nossa capacidade de realizar vários movimentos complexos e de forma simultânea. Exemplo: praticar malabarismo com bolinhas andando sobre o *slackline*.
8. **Equilíbrio corporal amplo**: Capacidade de manter o equilíbrio corporal sem utilizar as informações visuais. Exemplo: caminhar com os olhos vendados na corda-bamba ou realizar um teste de equilíbrio sobre uma espuma estando com os olhos fechados.
9. **Equilíbrio com dicas visuais**: É a nossa capacidade de manter o equilíbrio corporal com a utilização de informações visuais. Exemplo: o momento em que a ginasta executa tarefas na trave de equilíbrio.
10. **Velocidade de movimento de segmento**: Capacidade de movimentarmos rapidamente nossos braços ou pernas, sem utilizar estímulo de tempo de reação. Exemplos: arremessar uma bola rapidamente ou mover as pernas rapidamente na dança de sapateado.
11. **Estamina**: É a nossa capacidade de nos esforçarmos utilizando todo o nosso corpo por período prolongado de tempo. É um tipo de resistência cardiovascular. Exemplos: as atividades de corredores e ciclistas de distância.

É importante salientar que não devemos considerar as capacidades citadas como sendo todas as capacidades motoras possíveis de serem relacionadas ao desempenho motor. Devemos lembrar que o principal objetivo de Fleishman (1972) em seu estudo foi identificar o menor número de capacidades para descrever as tarefas realizadas em sua bateria de testes. Dessa forma, Magill (2011) ainda descreve algumas **outras capacidades motoras**, as quais são citadas a seguir:

12. **Equilíbrio estático**: É a nossa capacidade de manter a estabilidade postural em superfície estável ou não envolvendo atividades de locomoção. Exemplo: quando aguardamos em pé na fila.
13. **Equilíbrio dinâmico**: Capacidade de manter a estabilidade postural em superfície em movimento ou enquanto realizamos atividade de locomoção. Exemplo: caminhar na calçada.
14. **Acuidade visual**: É a nossa capacidade de ver claramente e precisamente. Exemplo: ler uma placa de trânsito.
15. **Rastreamento visual**: Capacidade em acompanharmos visualmente objetos em movimento. Exemplo: receber o passe no basquetebol, no handebol ou no futebol.
16. **Coordenação dos olhos com a mão ou o pé**: É a nossa capacidade de realizar habilidades que requerem a visão e a precisão no uso das mãos. Exemplos: digitar corretamente sentenças no teclado do computador ou chutar o pênalti no futebol.

3.5.3 Capacidades motoras e desempenho de habilidades motoras

As capacidades motoras são componentes fundamentais do desempenho de habilidades motoras. Quando nos referimos às habilidades motoras complexas, entendemos que elas podem ser analisadas pelo processo conhecido como *análise de tarefas*, a fim de identificar as capacidades que sustentam qualquer habilidade motora (Magill, 2011).

Por exemplo, para sacar a bola de voleibol com sucesso, a(o) jogadora deve realizar determinados componentes dessa habilidade corretamente. A identificação desses componentes pelos profissionais de educação física auxilia na identificação mais rápida das capacidades motoras subjacentes que estão envolvidas no desempenho com êxito de tal tarefa.

Devido ao papel de suporte que as capacidades motoras apresentam no desempenho de habilidades motoras, testes de capacidades motoras podem ser utilizados para: a) **predição do desempenho** futuro de habilidades motoras, que podem ser chamados de *testes de aptidão*; e b) **avaliação**, que pode incluir a avaliação das causas das deficiências no desempenho motor ou a avaliação dos efeitos das aulas de educação física (Magill, 2011).

Na próxima parte deste livro, aplicaremos os conceitos discutidos sobre conhecimentos teóricos da aprendizagem motora. Iniciaremos a discussão com as principais concepções e perspectivas da aprendizagem motora.

Síntese

Podemos considerar a atenção como processo pelo qual somos capazes de direcionar nossos esforços a estímulos como sensação, percepção e representação. A atenção pode ser considerada com base nos seguintes aspectos: a) consciência – está ligada ao conceito de processo controlado ou consciente e automático ou inconsciente; b) nível de ativação – níveis muito baixos de ativação (sonolência e apatia) e níveis muito altos (ansiedade e tensão); c) capacidade de recursos – medidas de interferência no desempenho da tarefa, interferência estrutural e interferência pautada na capacidade de atenção; d) aspecto seletivo – seleção da atenção a diferentes sinais do ambiente, do nosso organismo ou da tarefa, o que pode ser intencional ou acidental.

O foco atencional refere-se à qualidade da concentração dada ao estímulo em determinada situação, podendo ser considerado em termos de amplitude e direção. O fenômeno da atenção pode ser explicado por meio de teorias, as quais a tratam como um mecanismo tipo filtro. Entre elas, temos: a) teorias do canal único ou filtro – vista como mecanismo que possui capacidade fixa no momento de perceber e processar a informação; e b) teoria de fontes múltiplas – lida com mais de um estímulo de cada vez.

A coordenação motora pode ser definida como as relações entre ações motoras dos diferentes segmentos do nosso corpo para cada tarefa e contexto. Estruturas coordenativas são delineadas para objetivos ou atividades específicas, como quando grupos musculares trabalham juntos temporariamente como unidades coerentes para conseguirmos realizar uma ação.

Feedback é o processo de o nosso sistema motor usar consistentemente um conjunto estreito de soluções para os movimentos que realizamos. Podemos dizer que há restrições inerentes ao sistema nervoso que limitam o número de escolhas. As sinergias motoras captam a ideia de que existe um conjunto de combinações fixas de músculos, que são controlados como unidades funcionais. Nesse contexto, a teoria da programação motora postula que o sistema de movimento apresenta um comparador com utilização de *feedback*. O comparador, mecanismo de detecção de erro, compara o *feedback* de um estado desejado ao *feedback* de estado real.

O termo *capacidade* envolve o estudo das diferenças individuais. Estudos na área de diferenças individuais estão voltados à identificação e à mensuração de capacidades que caracterizam e diferenciam indivíduos. Em outras palavras, podemos dizer que o entendimento do papel das capacidades motoras no aprendizado e no desempenho de habilidades motoras auxilia na explicação de algumas das diferenças observadas quando realizamos habilidades motoras. Podemos utilizar o conhecimento das capacidades motoras e diferenças individuais com base no desenvolvimento de aspectos específicos na prática motora, como interpretar a avaliação de habilidades motoras, adquirir novas habilidades motoras, melhorar o desempenho de habilidades já adquiridas, assim como desenvolver métodos efetivos para auxiliar alunas e alunos a superar déficits de desempenho.

O conhecimento sobre a natureza das capacidades motoras sugere várias aplicações possíveis na educação física. Como profissionais da área, devemos esperar que alunas e alunos tragam consigo diferentes padrões de capacidades para as aulas. Além disso, devemos considerar que as capacidades das alunas e dos alunos podem facilitar o desempenho em algumas tarefas mais do que em outras.

Atividades de autoavaliação

1. Considerando o conceito de atenção, assinale a alternativa **incorreta**:

    a) Níveis adequados de ativação propiciam efeitos positivos no desempenho das habilidades, o que torna a atenção mais nítida e flexível.

    b) A atenção pode ser vista como um processo com limitada capacidade de recursos.

    c) A atenção seletiva é nossa capacidade de selecionar a atenção a diferentes sinais do ambiente somente.

    d) A atenção é a ligação entre o que precisamos em relação ao nosso organismo para o desempenho de determinada tarefa e os aspectos dinâmicos do ambiente na qual essa tarefa é realizada.

2. Considerando as estruturas coordenativas, avalie as afirmativas a seguir.
   I. Estruturas coordenativas são delineadas para objetivos ou atividades específicos.
   II. Estruturas coordenativas são grupos de músculos que trabalham juntos temporariamente como unidades coerentes para objetivos específicos da tarefa.
   III. A agregação de estruturas coordenativas não é um processo dinâmico que depende de recursos relevantes de informação.

   Agora, assinale a alternativa que apresenta a resposta correta:
   a) As afirmativas I, II, e III são verdadeiras.
   b) As afirmativas I e II são verdadeiras.
   c) As afirmativas I e III são verdadeiras.
   d) Apenas a afirmativa III é verdadeira.

3. Sobre *feedback* e *feedforward*, assinale **V** para verdadeiro e **F** para falso nas afirmativas a seguir:
   ( ) Ajustes ocorrem dentro desse sistema de movimento por meio de *feedback*.
   ( ) De acordo com a teoria da programação motora, o sistema nervoso central compara o *feedback* do movimento que planejamos como desejado e o *feedback* do movimento real.
   ( ) A resposta do sistema de circuito reflexo de estiramento monossináptico é um dos reflexos mais lentos subjacente ao controle do movimento.
   ( ) O movimento pretendido não representa o *feedback* esperado que devemos obter caso realizemos o movimento corretamente.
   ( ) O *feedforward* é utilizado para antecipar a ocorrência da ação motora específica e com o objetivo de reduzir o erro.

4. Considerando as capacidades motoras e as diferenças individuais relacione os termos aos seis respectivos conceitos:

(1) Capacidade motora geral

(2) Capacidade motora específica

(3) Diferenças individuais

( ) Afirma que temos muitas capacidades motoras e que essas qualidades são relativamente independentes.

( ) Sustenta que, embora muitas capacidades motoras diferentes podem ser identificadas em nós, estas são altamente relacionadas e podem ser caracterizadas em termos singulares de capacidade motora global.

( ) Leva em consideração o fato de que diferimos de muitas maneiras.

5. As capacidades motoras podem ser identificadas por meio da taxonomia de Fleshman. De acordo com tal taxonomia, é correto afirmar:

   I. As capacidades podem ser divididas em duas categorias amplas: capacidades perceptivo-motoras e capacidades de proficiência físicas.

   II. As capacidades perceptivo-motoras identificáveis e mensuráveis são 11: coordenação de múltiplos membros, precisão de controle, orientação da resposta, tempo de reação, velocidade do movimento do braço, controle de velocidade, destreza manual, destreza de dedos, estabilidade braço-mão, velocidade punho-dedo e mirar.

   III. A lei de Hick afirma que à medida que a quantidade de informação que recebemos aumenta, a quantidade de tempo que levaremos para processar a informação também aumentará.

   IV. As capacidades de proficiência física são 5: força estática, força de tronco, flexibilidade dinâmica, equilíbrio corporal amplo e estamina.

Agora, assinale a alternativa que apresenta a respota correta:

a) As afirmativas I, II e III são verdadeiras.
b) As afirmativas I e II são verdadeiras.
c) As afirmativas II e IV são verdadeiras.
d) Todas as afirmativas são verdadeiras.

Atividades de aprendizagem

Questão para reflexão

1. Escolha três habilidades motoras de sua preferência e descreva as capacidades motoras que podem estar envolvidas no desempenho delas.

Atividade aplicada: prática

1. Considerando a sua prática tanto como profissional quanto como aluna(o), quando você pensa em uma das habilidades que pratica, poderia dizer que, a não ser por razões relacionadas à qualidade e à quantidade de instrução ou treinamento e prática, algumas pessoas realizam essa habilidade em um nível mais alto ou mais baixo que você? Quais você acredita ser as razões para que isso ocorra?

Parte III

Aprendizagem motora

A Parte III é composta pelos Capítulos 4, 5 e 6 e fornece uma visão geral sobre a aprendizagem motora com base nos pressupostos das teorias cognitivas e dos sistemas dinâmicos do controle motor.

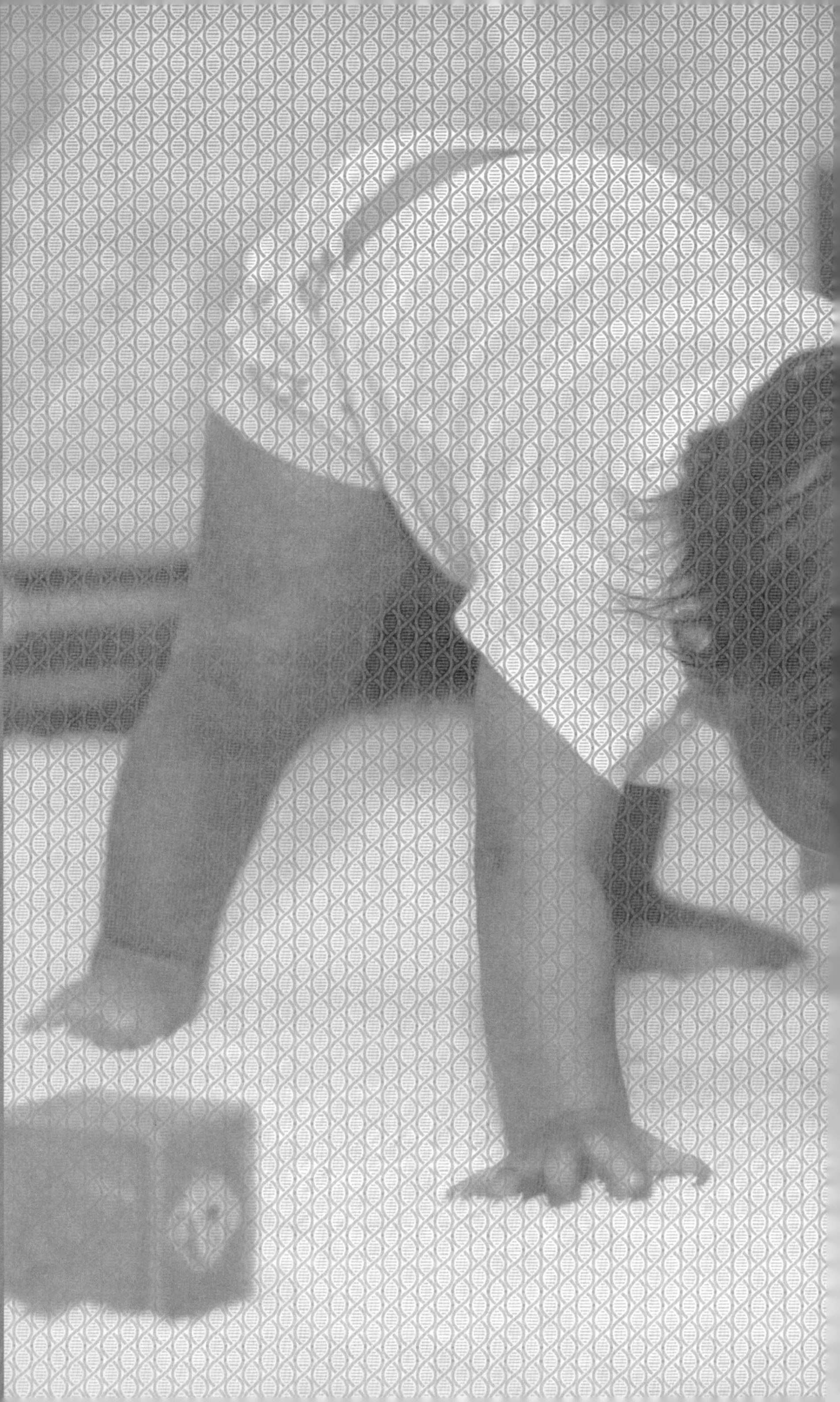

Capítulo 4

Concepções e perspectivas teóricas da aprendizagem motora

Conteúdos do capítulo:

- Princípios básicos da aprendizagem motora.
- Estruturação de concepções teóricas no processo de aquisição de habilidade e na tomada de decisão.
- Tomada de decisões durante a ação motora.
- Estágios e papel da transferência na aprendizagem motora.

Após o estudo deste capítulo, você será capaz de:

1. explicar o processo dinâmico da aquisição de habilidades;
2. discutir o processo de aprendizagem e a construção do panorama perceptual-motor;
3. analisar como indivíduos utilizam a informação no momento da tomada de decisão;
4. indicar os estágios de aprendizagem motora, considerando os estágios de desenvolvimento motor;
5. compreender o papel da tranferência de aprendizagem motora na educação física.

4.1 Características da aquisição de habilidades

A aquisição de habilidades pode ser caracterizada como sistema de movimento dinâmico, o qual busca padrões estáveis e funcionais de coordenação durante o desempenho de determinada tarefa.

Podemos dizer, então, que os diferentes estágios de aprendizagem motora (que discutiremos mais adiante, na seção 4.4 deste capítulo) consistem na criação de padrões temporários de coordenação na tentativa de resistir às mais variadas restrições do ambiente, da tarefa ou do nosso próprio organismo, que perturbam a estabilidade na execução do movimento (Newell; Liu; Mayer-Kress, 2001).

Tanto em ambientes laborais quanto naqueles recreacionais, esportivos ou qualquer outro relacionado ao nosso dia a dia, precisamos desenvolver repertório de atratores (padrões estáveis e funcionais) de movimentos, ou seja, padrões estáveis de coordenação para satisfazer às restrições dos diferentes contextos nos quais estamos inseridos.

Importante!

O repertório de atratores pode ser considerado uma espécie de conjunto de padrões de movimento (panorama perceptivo-motor) que precisamos coordenar durante nossas ações com o meio ambiente para que possamos realizar as habilidades de forma efetiva (Uehara et al., 2014).

Um panorama perceptivo-motor para uma ginasta pode incluir vários saltos, giros, aterrissagens e equilíbrio. Quando aprendemos a andar de bicicleta, o panorama pode incluir padrões estáveis de movimento para guiar a *bike* ao segurar no guidão, pedalar e controlar a força para frear.

O panorama perceptivo-motor é uma metáfora útil para descrever uma dinâmica continuamente moldada pela interação dos nossos genes, percepções e intenções, bem como restrições físicas e informações ao nosso redor. Isso quer dizer que o conjunto de padrões de movimento é limitado pelas nossas características genéticas, fases de desenvolvimento, experiências anteriores de aprendizagem e influências sociais (Thelen; Smith, 1994; Muchisky et al., 1996).

Podemos afirmar que aprender é se adaptar às mudanças de restrições em diferentes aspectos e fatores relacionados ao desenvolvimento e experiências de vida. Visto que as restrições durante o desempenho não são estáticas, os padrões de movimento estáveis e funcionais são flexíveis a mudanças constantes.

À medida que as restrições, oriundas do nosso corpo, ambiente e da tarefa que desejamos desempenhar, se modificam, o panorama perceptivo-motor também se altera para refletir os efeitos do desenvolvimento, das novas experiências, e da aquisição das novas habilidades (Goldfield, 2000; Haywood; Getchell, 2001; Rosengren; Savelsbergh; Van Der Kamp, 2003).

Em outras palavras, a aprendizagem motora pode ser vista como uma "luta" pessoal com o intuito de implementar tais mudanças de contexto. Cada um de nós busca e organiza uma solução de movimento que é única e nos auxiliará no desempenho da tarefa.

Esse processo ocorre quando aprendemos a coordenar nossos movimentos em relação aos objetos, às superfícies e a outras pessoas em uma variedade de ambientes. Assim, quando praticamos, buscamos explorar, descobrir, montar e estabilizar padrões de movimento funcionais e estáveis (Uehara et al., 2014).

Podemos dizer que, a partir do momento que especificamos o objetivo da tarefa, iniciamos um processo de exploração contínua, o qual eventualmente resultará no surgimento de uma solução para a atingir o objetivo da tarefa. Quando uma solução mais refinada para o objetivo da tarefa surge, significa que fortalecemos as conexões dos diferentes sistemas do nosso corpo em uma estrutura de coordenação mais específica (Williams; Davids; Williams, 1999).

Com a prática, o padrão de coordenação bem-sucedido, ou funcional, ganha mais estabilidade, o que nos auxilia na adaptação às diferentes restrições oriundas da tarefa e do meio ambiente. Ao mesmo tempo, descartamos os padrões menos funcionais estimulados durante o processo de busca.

Nessa perspectiva, podemos considerar a prática durante a aquisição de habilidades como a seleção de comportamentos funcionais de acordo com as restrições do ambiente, da tarefa e do nosso corpo (Thelen, 1995).

4.1.1 Como aprendemos habilidades motoras?

No estudo de Sigmundsson et al. (2017), podemos encontrar uma boa explanação sobre a teoria de Edelman e sua aplicação à aprendizagem e à aquisição motora.

A teoria de Edelman sobre a seleção baseada na experiência tenta descrever as mudanças e adaptações que ocorrem no sistema nervoso com base no desenvolvimento e na experiência. A teoria argumenta que a experiência e os estímulos criam conexões aumentadas em áreas específicas do cérebro. O treinamento fortalece as conexões neurais usadas.

Toda vez que realizamos uma tarefa motora, ela fortalecerá as vias nervosas que participaram do exercício relacionadas às conexões nervosas que não foram incluídas, mas somente se esse resultado for interpretado como positivo. Mas qual o foco das pesquisas de Edelman?

Edelman examinou, em seus estudos, como a seleção natural funciona nas nossas células e argumentou que esse processo de seleção ocorria em todo o corpo, especialmente no nosso cérebro, quando somos submetidos à diferentes experiências e ao aprendizado (Edelman, 2006). Edelman desenvolveu a teoria do darwinismo neural, que sugere que a maneira como o cérebro se desenvolve é semelhante à seleção na evolução humana.

De acordo com essa teoria, para que o mecanismo de seleção funcione, deve haver uma população para selecionar, que, no cérebro, seriam numerosos grupos neuronais. Grupos de conexões neuronais formam um repertório de padrões comportamentais e conectam diferentes partes do cérebro (Sporns, 2011).

Preste atenção!

Juntos, os grupos neurais criam redes que levam a conexões e pensamentos. A mente é um resultado desses *links*. O grande número de conexões sinápticas é o que nos dá tudo o que somos, do comportamento motor à consciência.

Edelman baseou suas ideias em pesquisas focadas em como o cérebro forma grupos distintos de neurônios, o que formou a base para a teoria da seleção de grupos neuronais (Edelman, 2006). A organização neuronal é o núcleo da teoria da seleção de grupos neuronais.

A teoria tem três elementos principais: 1) como a anatomia do cérebro evolui e é formada desde a concepção; 2) como a rede cerebral se forma, dependendo dos estímulos e experiências; e 3) como essas redes se comunicam entre si, formando repertórios gerais de comportamento.

O primeiro elemento central da teoria fornece informações sobre como o cérebro se desenvolve e como os neurônios se unem e se conectam uns aos outros. O mecanismo processual de seleção sugere que, por meio da estimulação e da experiência, as células funcionais serão retidas e, aquelas que não encontrarem seu lugar, desaparecerão (morte celular).

Influências ambientais formam a estrutura dessa teoria evolutiva, visto que, em nível micro, os neurônios do cérebro crescem ou morrem, dependendo da estimulação que recebem do ambiente.

O segundo elemento central da teoria fornece uma explicação de como os neurônios formam redes e grupos com base na experiência do indivíduo. Nascemos com muitos neurônios e conexões, e mais neurônios são formados nos primeiros anos de vida. Enquanto isso, os neurônios que não encontram seu lugar para se conectar com os outros eventualmente desaparecem – o princípio de "use-o ou perca". Esses mecanismos formarão, no final, um repertório de grupos que formam a base neural da habilidade e da aprendizagem.

O terceiro elemento central diz respeito às "conexões reentrantes". A "reentrada" é a sinalização contínua de uma região do cérebro para outra por meio de fibras paralelas massivas, presentes abundantemente no cérebro (Edelman, 2006). Os grupos neuronais cerebrais interagem uns com os outros na percepção dos estímulos.

Esses grupos neuronais formam áreas maiores no cérebro, chamadas *mapas corticais*. Um mapa cortical é específico para um tipo de sinal, isto é, eles são especializados para uma entrada específica (Sporns, 2011). Nossa percepção do mundo torna-se coerente e consistente por meio da soma de todas as atividades nas diferentes áreas cerebrais.

Como essas áreas interagem por meio do que Edelman chama de *reentrada*, elas se organizam pelo fortalecimento e enfraquecimento das vias neurais, juntamente com um mapa geral que integra e filtra esses estímulos, resultando na nossa percepção (Sporns, 2011).

As diferentes áreas do cérebro "conversam" umas com as outras, o que fornece funções cerebrais gerais (áreas geográficas de diferentes grupos neuronais). Nesse sentido, podemos interpretar essa teoria de Edelman como uma explicação abrangente de como nosso cérebro se modifica e adquire aprendizado.

Questão para reflexão

Selecione uma habilidade motora que você gostaria de ensinar à sua aluna ou ao seu aluno. Quais aspectos você acredita que estariam envolvidos nesse processo de aprendizagem a curto e a longo prazo? O que você esperaria que sua(seu) aluna(o) aprendesse como resultado dessa experiência com você?

Vimos nesta primeira seção as principais características relacionadas à aquisição de habilidades. A compreensão dessas características nos dará base para o entendimento do processo de aprendizagem e da construção do panorama perceptual-motor nas próximas seções.

4.2 Processo de aprendizagem e construção do panorama perceptual-motor

Podemos dizer que a informação é manipulada por meio de sequências de ações para obtenção de respostas. Na aprendizagem motora, essa abordagem surge com o objetivo de investigar os mecanismos internos básicos (por exemplo: perceptivo, decisório e efetor) responsáveis pela produção do movimento e pela mudança de comportamento. A seguir, discutiremos os modelos de processamento de informação.

4.2.1 Modelos de processamento de informação

É no sistema nervoso central (SNC) que as informações são processadas, podendo elas serem oriundas de uma variedade de fontes externas e internas ao organismo. Um grande número de processos fisiológicos é monitorado por receptores, os quais enviam a informação ao SNC.

No SNC, essa informação se encontra com conhecimento armazenado na forma de memória, planos e processos. A informação é, então, processada na forma de identificação, interpretação, filtragem e, finalmente, age-se sobre ela (Schmidt; Wrisberg, 2004; Ives, 2014).

De acordo com essa abordagem, nós temos uma variedade de fontes de processamento e o cérebro apresenta diferentes áreas para processar informações específicas, como entrada verbal, processos sensoriais auditivos, olfativos e visuais, e razões emocionais. Isso descreve a capacidade que o SNC apresenta para processar diferentes tipos e quantidades de informação.

Tais informações são processadas por meio de esforços cooperativos de muitas estruturas cerebrais, que são organizadas tanto hierarquicamente quanto em paralelo. Quando processadas hierarquicamente, passam pelos níveis ascendentes do SNC e, quando processadas em paralelo, passam por diferentes estruturas cerebrais simultaneamente.

Tanto o processo hierárquico quanto o paralelo ocorrem durante a percepção, o sistema cognitivo, a ação e o controle do padrão de movimento (Shumway-Cook; Woollacott, 2007; Ives, 2014). Dessa forma, a ação motora pode ser representada nas seguintes fases: a) percepção da situação; b) análise e processamento da informação; c) decisão sobre a ação a ser realizada; e d) execução motora.

Contudo, o que nos interessa nesse momento é entender o processamento da informação, que, de acordo com a teoria da programação motora, apresenta três fases (Schmidt; Wrisberg, 2004). Para compreendermos qual é o papel de cada uma dessas fases no processamento da informação, vamos descrever cada uma delas a seguir.

1. **Percepção/identificação do estímulo**: Durante essa primeira fase, percebemos e identificamos a informação. Podemos dizer que, primeiramente, nos deparamos com as características do ambiente, da tarefa e do nosso próprio corpo e analisamos o conteúdo da informação com base em várias fontes sensoriais (visão, audição, tato, olfato, cinestesia). Então, reunimos os componentes da informação.
   O resultado dessa fase é visto como percepção e representação da informação oriunda do ambiente. Por exemplo, podemos observar a combinação das formas e cores para formar uma representação visual de determinado objeto em movimento (uma bola ou pessoa), bem como detectar padrões de movimento do objeto (como direção e velocidade) (Schmidt; Wrisberg, 2004).

2. **Decisão da resposta**: As atividades da fase de decisão da resposta motora iniciam logo após a de percepção/identificação da informação sobre a natureza do ambiente e o contexto em que estamos inseridos. A partir dessa informação, decidimos qual será a resposta (se houver alguma). Se decidimos que a resposta é apropriada, utilizamos padrões de movimento disponível. Por exemplo, pegar a bola ou deixar para que uma colega do time o faça. Nessa fase, ocorre a tradução da informação sensorial de entrada que foi identificada (bola se aproximando) em uma das várias possibilidades de padrão de movimento a ser utilizado (pegar a bola ou não fazer nada) (Schmidt; Wrisberg, 2004).

> ||| *Importante!*
>
> A tomada de decisão é considerada crucial em ambientes dinâmicos com tarefas limitadas pelo tempo. Dessa forma, a decisão da resposta pode ser atribuída à dinâmica emergente de formação de padrões de interações entre nós (indivíduos), o ambiente e a tarefa (Araújo et al., 2014). Discutiremos mais sobre esse aspecto na Seção 4.4, quando falarmos sobre tomada de decisão.

3. **Organização da resposta (ação)**: Nessa fase, o sistema motor é organizado para produzir o padrão de movimento desejado. Tal organização inclui a preparação dos mecanismos no tronco cerebral e na medula espinhal para a ação, como organizar a ação para o movimento, além de considerar a adaptação ao ambiente e à tarefa (Schmidt; Wrisberg, 2004). Uma situação que podemos considerar como exemplo seria quando contraímos nossos músculos em níveis e ritmos adequados para produzirmos o movimento de forma coordenada.

4.3 Tempo de reação e processamento de informação

Tempo de reação é o intervalo de tempo decorrente desde um estímulo até o início de uma resposta. Dessa forma, podemos dizer que o tempo de reação é um indicador da velocidade de processamento da informação, no qual os estímulos visuais, auditivos ou táteis são decodificados pelo corpo por meio de diferentes processos físico-químicos e mecânicos. Eles viajam por meio de vias aferentes e chegam ao cérebro como estímulos sensoriais (Proctor; Schneider, 2018).

Após todo esse processo, a resposta motora é transmitida por neurônios eferentes que penetram na raiz ventral da medula, realizando sinapses por intermédio de interneurônios, os quais retransmitem a informação aos vários níveis da medula até a unidade motora desejada (Davranche et al., 2005).

Na primeira fase, chamada de *pré-motora*, ocorre a decodificação do estímulo até o registro das primeiras atividades elétricas no músculo; na fase chamada de motora, as células musculares iniciam o processo de contração muscular até os primeiros movimentos. Vemos, assim, que o tempo de reação pode ser dividido em duas fases distintas (Davranche et al., 2005).

Importante!

O tempo de reação é um indicador de concentração e atenção, influenciável por fatores relacionados ao condicionamento físico, coordenação motora e também fatores genéticos e psicológicos (Vaghetti; Roesler; Andrade, 2007; Langlet; Hainaut; Bolmont, 2017).

O tempo de reação é importante para a prática de diversas ações (no esporte ou nas tarefas do dia a dia). Quanto mais breve o tempo de reação, iniciamos a ação com maior velocidade. Podemos classificar o tempo de reação em três categorias:

1. **Tempo de reação simples**: Nessa situação, temos somente um estímulo, o qual requer somente uma resposta ou ação.
2. **Tempo de reação de escolha**: É quando há vários estímulos e cada um deles apresenta uma resposta específica.
3. **Tempo de reação de discriminação**: É quando há vários estímulos também, mas, nesse caso, somente uma resposta ou ação é adequada para a tarefa.

Ao considerarmos o processamento de informação e as categorias de tempo de reação, podemos dizer que, quanto mais complexo o tempo de reação, maior a latência para reagirmos à resposta, visto que o impulso neural fica mais lento.

Tempo de reação mais longo é resultado de maior número de alternativas de respostas. Tal relação é conhecida como *Lei de Hick*, a qual afirma que o tempo e a reação aumentam de forma logarítmica com o aumento linear das alternativas de resposta ao estímulo (Hick, 1952).

Percebemos, também, que o atraso no tempo de reação é importante na determinação do sucesso ou não no desempenho de habilidades motoras rápidas. Como exemplos, podemos citar a defesa de um soco no boxe, a intercepção de um passe de bola no futebol ou o desvio de um animal que aparece na estrada enquanto dirigimos.

Quando consideramos o tempo de reação e o processamento de informação, podemos analisar três principais aspectos: a antecipação da resposta/ação, o período refratário e a compatibilidade estímulo-resposta. Veremos, a seguir, mais detalhes de cada um desses aspectos.

4.3.1 Antecipação da resposta/ação

Se há várias possibilidades de resposta no desempenho da ação e uma alternativa é a mais previsível do que as outras, o tempo de preparação da ação será menor do que se todas as alternativas fossem igualmente possíveis, certo? Sim, o tempo de reação realmente diminui se as alternativas possíveis são antecipadas (Ak; Koçak, 2010; Syaquro; Rusdiana; Sumardiyanto, 2017). De acordo com Schmidt e Wrisberg (2004), tal antecipação pode se dar de duas maneiras.

A **antecipação espacial** envolve a predição sobre "o que" acontecerá no ambiente. Considere como exemplo a situação de quando uma jogadora de tênis antecipa que sua oponente rebaterá a bola no lado direito. Essa predição nos permite organizar padrões de movimentos antecipadamente. Assim, se o evento acontecer, podemos iniciar uma resposta apropriada mais rapidamente.

Já a **antecipação temporal** prediz "quando" o evento acontecerá. Um exemplo seria quando uma motorista antecipa que uma pedestre vai atravessar a rua com sinal fechado.

Você acha que a antecipação de movimentos pode apresentar desvantagens em alguns momentos? Sim, podemos dizer que a antecipação pode apresentar desvantagens, visto que algumas vezes o evento antecipado pode não acontecer ou mesmo ocorrer em tempo diferente do previsto, o que leva a atrasos na velocidade de resposta. Dessa forma, se a antecipação é incorreta, nós teremos de inibir o padrão de movimento que estava sendo preparado ou realizado para organizar e iniciar o padrão de movimento mais apropriado para a situação.

4.3.2 Período refratário psicológico

O período refratário psicológico refere-se ao período de tempo durante o qual a resposta a um segundo estímulo é significativamente reduzida porque um primeiro estímulo ainda está sendo processado.

Apenas alguns milissegundos são necessários para pressionarmos um botão de acordo com a natureza de um estímulo. Mas, se tivermos de realizar uma tarefa semelhante com um segundo estímulo apresentado simultaneamente ou em proximidade temporal muito próxima, nosso segundo tempo de resposta será muito mais lento. A esse fenômeno damos o nome de ***período refratário psicológico*** (Pashler, 1994).

Modelos teóricos clássicos do período refratário psicológico propõem que as tarefas podem ser divididas em três estágios consecutivos com relações distintas da divisão serial/paralela: percepção, decisão central e resposta motora. Como vimos anteriormente neste capítulo, a codificação sensorial do estímulo ocorre no primeiro estágio, que é seguido por uma decisão central estritamente serial, ligando a informação sensorial à ação motora arbitrária. O estágio motor é a implementação da resposta motora. Então, quando um segundo estímulo é inserido, esse processamento de informação "atrasa" a resposta ou ação (Pashler, 1994).

Mais tarde, o modelo de interferência central foi refinado para sugerir que o estágio central acumula evidência sensorial ruidosa em direção a um limiar de decisão. Quando esse limiar é alcançado, uma resposta motora é emitida (Zylberberg et al., 2010; Marti; Sigman; Dehaene, 2012). O modelo assume que, enquanto os estágios sensoriais e motores podem ser realizados em paralelo com outra tarefa, o estágio de decisão central é estritamente serial e constitui um gargalo (como de uma garrafa) no processamento das duas tarefas (Figura 4.1). Em outras palavras, tanto a percepção quanto a execução motora não são afetadas pela interferência da tarefa dupla, mas apenas a decisão central é adiada durante o período refratário psicológico.

Figura 4.1 Período refratário: modelo de interferência central

Considere a Figura 4.2. Imagine que cada flecha é um estímulo diferente e entre eles temos o estímulo número 1 e o estímulo número 2. O estímulo 1 foi dado primeiramente e, após alguns milissegundos, veio o estímulo 2. De acordo com o modelo de interferência central, o estágio de decisão central é estritamente serial no processamento dos dois estímulos (o estímulo 1 é considerado primeiro), adiando a decisão central para o estímulo 2.

4.3.3 Compatibilidade estímulo-resposta

A compatibilidade estímulo-resposta é a relação física entre o estímulo e as alternativas de resposta. Dessa forma, o tempo de reação será mais rápido ou com menos erros se a relação entre a característica do estímulo e as respostas necessárias se tornarem mais compatíveis, ou será mais lenta ou com mais erros se forem menos compatíveis (Schmidt e Wrisberg, 2004). Vamos discutir, a seguir, alguns aspectos sobre a compatibilidade estímulo-resposta, bem como alguns exemplos para cada situação.

Comecemos com o **efeito *stroop***, que ocorre quando o surgimento do estímulo sugere um tipo de resposta, mas a situação requer uma resposta diferente. Por exemplo, considere a lista de cores ao lado e responda verbalmente a cor de cada uma das palavras. Uma situação na qual teríamos compatibilidade estímulo-resposta seria se as palavras e as cores fossem as mesmas.

Figura 4.2 Exemplo de efeito *stroop*

Preto

Vermelho

Verde

Quando a compatibilidade de estímulo-resposta é baixa, o tempo de reação aumenta devido a problemas de seleção de resposta. Por outro lado, quando a compatibilidade de estímulo-resposta é alta, o processamento para a seleção da resposta é mínimo.

Também podemos mencionar o **intervalo entre o sinal de preparação e o estímulo (*foreperiod*)**. No tempo de reação simples, se o tempo desse intervalo é constante – ou seja, se houver a mesma quantidade de tempo em cada tentativa –, o tempo de reação será menor do que a quantidade de tempo tipicamente observada na primeira tentativa. Assim, podemos utilizar esse intervalo constante para preparar a ação necessária antecipadamente ao estímulo (Los; Horoufchin, 2011). Um exemplo é o tempo de reação para a saída da natação. Se em cada tentativa o tempo entre as "suas marcas" e o tiro for constante, o tempo de reação para a saída será menos visto.

4.3.4 Prática do padrão de movimento

Quando o desempenho requer que repitamos a mesma resposta na próxima tentativa, o tempo de reação na próxima tentativa é menor do que na tentativa anterior. Com o aumento das tentativas, maior é a influência no tempo de reação, devido à redução no processo de seleção da resposta (Magill, 2011).

A **complexidade do padrão de movimento** é baseada no número de componentes do movimento. O tempo de reação aumenta com o aumento do número de componentes da ação. A complexidade da ação a ser desempenhada influencia a quantidade de tempo que precisamos para preparar o sistema de controle motor (Johnstone; Carey, 2016). Por exemplo, a complexidade da tarefa é maior quando a realizamos com o membro não dominante. Com isso, o tempo de reação para tal tarefa também é maior.

A precisão do padrão de movimento (maior complexidade) também interfere no tempo de reação, visto que, quanto maior é a precisão exigida pelo padrão de movimento, maior será a quantidade de tempo para a sua preparação (Schmidt; Wrisberg, 2004).

Já em relação ao **tempo entre respostas diferentes para diferentes estímulos**, vemos que, em situações em que devemos responder a um estímulo com uma ação e, então, muito rapidamente responder a outro estímulo com uma ação diferente, o tempo de reação será maior para a segunda ação comparada à primeira (Schmidt; Wrisberg, 2004). Por exemplo, quando uma jogadora de basquetebol se movimenta para um lado e vai para o outro (finta), "confunde" as ações da defensora e seu tempo de reação.

Questão para reflexão

Descreva uma habilidade motora que você gostaria de ensinar em uma de suas aulas e as características de controle motor dessa habilidade que suas(seus) alunas(os) devem obter para executá-la com sucesso. Existem situações em que há maior ou menor tempo de reação para as tarefas que você pretende aplicar em sua aula?

A compreensão do papel do tempo de reação no processo de aprendizagem é importante para o melhor entendimento da próxima seção deste capítulo, no qual debateremos sobre tomadas de decisões nas ações motoras.

4.4 Tomada de decisões nas ações e respostas motoras

Quando observamos algumas atletas de destaque em determinado esporte coletivo, vemos que elas parecem possuir uma percepção de jogo que lhes proporcionam habilidades incríveis de estar no lugar e no momento certo. Às vezes, até parece que tais atletas têm mais tempo do que outras jogadoras para mostrar suas habilidades e tomar as decisões corretas sob pressão. Em alguns casos, as melhores jogadoras são lembradas não só por suas capacidades físicas superiores, mas por essa sensibilidade acurada em um contexto dinâmico.

Ao considerarmos as tomadas de decisões nesses contextos dinâmicos e complexos, como na prática esportiva, a pressão temporal, a importância do jogo e as estratégias acordadas anteriormente são fatores importante na decisão a ser tomada (Mouchet: Harvey; Light, 2014).

Dessa forma, a velocidade e a eficiência da tomada de decisão permitidas pelo jogo sugerem que a(o) atleta deve se adaptar ao ambiente dinâmico. Em tal processo, há pouca, se alguma, separação entre percepção, tomada de decisão e ação, entre a mente e o corpo, ou entre a(o) atleta e o ambiente do jogo.

Ao tomarmos decisões em qualquer atividade esportiva (ou mesmo na vida diária), consideramos tanto as dimensões intelectuais, emocionais e afetivas quanto as físicas. Além disso, também são relevantes para a tomada de decisão os ambientes sociais e culturais (Gréhaigne; Richard; Griffin, 2012).

Nesse contexto, podemos pensar a tomada de decisão como resultado da interação entre o indivíduo, o ambiente e a tarefa. Ou seja, as decisões são tomadas por meio da ação (Araújo; Davids; Hristovski, 2006). Há, contudo, a existência de alguns fatores que influenciam os critérios de decisão, como:

- fatores extrínsecos determinados pelas características da situação ou do ambiente;
- fatores de execução que constituem o conjunto das respostas possíveis que dispomos em relação ao nosso grau de experiência (vivências);
- fatores objetivos sob os quais nos baseamos para efetuar as inferências (conhecimentos técnicos/táticos);
- fatores de personalidade que se referem ao compromisso velocidade/precisão adotada individualmente;
- fatores motivacionais relacionados aos aspectos emocional e volitivo;
- fatores de diferença relacionada à idade.

4.4.1 Subjetividade e tomada de decisão

Sobre a tomada de decisões, temos as que emergem durante a ação e há também aquelas em que a atividade cognitiva ou reflexiva prevalece (ver seção 4.2 deste Capítulo 4). De forma geral, podemos considerar a tomada de decisão com base em dois aspectos (Mouchet: Harvey; Light, 2014).

A **tomada de decisão durante a ação** é uma experiência pré-reflexiva, com modo de reflexão implícita. Ela é dominante durante momentos de alta pressão temporal, como em pontos cruciais de encontro entre o ataque e a defesa em esportes coletivos.

A **tomada de decisão reflexiva**, por sua vez, traz um conhecimento conceituado, julgamentos ou explicações sobre o processo. A consciência reflexiva e racional é dominante em momentos de pressão física e temporal menor, como quando o jogador está longe de seus adversários.

As decisões tomadas "em ação" são, muitas vezes, "impregnadas" pela subjetividade da jogadora. Isso acontece porque ela as reconstrói em situações dentro de processo já vivido, de acordo com suas percepções, com base no processo interpretativo em sua própria lógica pessoal (subjetividade), que é fortemente moldada pela experiência anterior (Mouchet: Harvey; Light, 2014).

4.4.2 Tomada de decisões "em-ação"

Podemos considerar a tomada de decisões de acordo com a distância temporal da ação, a qual é considerada com base em três estágios: micro, meso e macro. Dessa forma: a) a estratégia é formulada em nível **macro**, com amplo tempo disponível; b) as decisões táticas usadas para alcançar a estratégia são feitas mais próximas da ação do jogo em nível **meso**; e c) a decisão "emergente" ocorre em nível **micro** no ponto de ação (Gréhaigne; Richard; Griffin, 2012).

Um exemplo pode ser o momento em que um(a) jogador(a) de handebol recebe o passe sob ameaça de intercepção e deve decidir e agir em uma fração de segundo. Essa ação depende da percepção, que, por sua vez, é moldada pelas experiências do(a) jogador(a), visto que a percepção é processo interpretativo influenciado pela subjetividade, e não somente pela entrada de informação.

4.4.3 Papel das emoções na tomada de decisão

A ligação entre as emoções e a tomada de decisão pertence à maneira como percebemos as emoções e, consequentemente, ao modo como elas influenciam o nosso sistema cognitivo e a ação que realizaremos a seguir (Tenenbaum et al., 2013).

O esporte competitivo é considerado como um dos grandes fatores estressores na vida de atletas, visto que evoca emoções. A exposição a condições estressantes, como a competição, exige o uso de processos de avaliação destinados a lidar com o estado emocional.

Nossas tomadas de decisões estão associadas diretamente ao ambiente em que estamos inseridos, a fim de nos adaptarmos a ele e satisfazermos nossas necessidades biológicas e sociais. Assim, a eficácia do comportamento é determinada pelo quão bem nós antecipamos eventos futuros, dadas as nossas capacidades cognitivas e emocionais.

> **Importante!**
>
> Quanto melhor pudermos codificar e acessar informações sob condições que variam no grau de pressão, mais eficientes são nossas operações cognitivas e, posteriormente, nossa tomada de decisão. De fato, nós interagimos com o ambiente, aprendemos a coletar informações e achamos respostas por meio de interações consistentes com o ambiente.

No esporte, especificamente, é importante também que a(o) atleta mantenha sua consciência para os sinais sensoriais externos e internos. Isso precisa acontecer principalmente quando há uma situação de forte pressão e que evoca diferentes tipos de emoções, em que ela/ele precisará, ao mesmo tempo, processar informações e tomar decisões.

As emoções podem ser consideradas agradáveis ou desagradáveis e ambas podem atuar no desempenho como debilitantes ou facilitadoras. Sugere-se que o estado emocional de um(a) atleta é determinado por um processo cognitivo deliberado. Tal processo influencia as percepções de obtenção de metas por meio da avaliação dos recursos pessoais disponíveis (por exemplo, habilidades) e externos (por exemplo, apoio social) (Tenenbaum et al., 2013).

Por sua vez, as emoções afetam tanto as crenças (convicções) quanto o foco de atenção, que atingem interativamente o processamento de informações, a tomada de decisões e a execução das ações.

Por exemplo, as emoções positivas permitem melhor enfrentamento das condições estressantes, pois podem: a) aumentar o espectro de informações relevantes atendidas; b) incentivar a utilização de estratégias e ações novas e imprevisíveis; c) estimular o desenvolvimento da maestria; e d) melhorar as interações da equipe. Esses fatores aumentam a probabilidade de tomadas de decisão e ação bem-sucedidas.

Podemos dizer que as emoções negativas podem ter um papel duplo: facilitador e debilitativo. Por um lado, as emoções negativas podem limitar a capacidade cognitivo-perceptiva e, assim, restringir as opções de seleção de respostas. Por outro lado, dependendo de sua valência e intensidade, essas emoções podem aumentar a consciência ambiental por meio da alocação de atenção e autodeterminação para aumentar o potencial perceptivo-cognitivo e, portanto, o processo de tomada de decisão (Jones; Swain, 1995; Jones; Hanton, 1996).

Além disso, as emoções negativas podem permitir um ajuste de como melhor lidar com algumas condições, além de ser um fator motivador para tomar certas ações. Por exemplo, os níveis de ansiedade podem aumentar o estado de alerta para dicas ambientais cruciais e nos levar à solução mais apropriada; mas, em níveis desfavoráveis, pode afetar na qualidade do desempenho.

Foi nesse contexto que o termo *zonas individuais de ótimo funcionamento* acabou sendo introduzido na literatura. Esse conceito assume que cada indivíduo possui uma faixa de intensidade específica para determinado estado emocional, o qual está associado a tomada de decisão e desempenho ideais (Ruiz; Raglin; Hanin, 2016).

Um aspecto importante a ser levantado é a nossa habilidade de autorregulação, visto que esta pode aumentar a nossa probabilidade de "permanecer na zona ótima" e, consequentemente, tomar decisões melhores e mais rápidas. Dessa forma, a tarefa e o contexto devem ser considerados juntamente com os estímulos ambientais quando avaliamos as consequências cognitivas e motoras dos estados emocionais.

Você já ouviu falar da teoria do U-invertido?

Um dos primeiros modelos que tentou explicar a relação entre nível de ativação e desempenho foi a hipótese do U-invertido. Essa teoria afirma que, à medida que se aumenta o nível de ativação, o desempenho também aumenta; no entanto, se o nível de ativação se tornar muito grande (o que pode levar a maiores níveis de ansiedade, por exemplo), o desempenho se deteriora. Assim, de acordo com tal teoria, níveis moderados de ativação seriam o nível de ativação ideal para melhores desempenhos (Gráfico 4.1).

Gráfico 4.1 Teoria do U-invertido

[Gráfico mostrando curva em U-invertido com eixo vertical "Desempenho" (Baixo a Alto) e eixo horizontal "Nível de ativação" (Baixo a Alto). Pontos indicados: Ativação baixa, Ativação ótima, Ativação alta.]

Embora esse modelo ainda receba ampla aceitação no campo da psicologia do esporte, por fornecer alguma explicação sobre a deterioração do desempenho motor sob alto níveis de pressão (estresse ou ansiedade), não está isento de críticas. Um dos motivos para isso é a falta de explicação para as diferenças no desempenho de atletas expostos ao mesmo nível de fatores estressores (por exemplo, níveis moderados de ansiedade pré-competição nem sempre estão associados ao desempenho ótimo) (Raglin; Turner, 1993; Muse; Harris; Feild, 2003).

4.4.4 Treinamento para melhorar a tomada de decisões

Abordagens centradas no aluno/na aluna e baseadas em abordagens como das obras *Senso de jogo* (Den Duyn, 1997), *Ensinando jogos para o entendimento* (Bunker; Thorpe, 1982) e *Prática de jogo* (Launder, 2001) podem proporcionar oportunidades para melhorar a tomada de decisões, visto que se concentram na manipulação do ambiente de jogo para estruturar e facilitar a aprendizagem.

Essas abordagens reconhecem a interação do conhecimento tático, a capacidade de tomada de decisão e a execução efetiva da habilidade, ao invés de quebrar os jogos em componentes discretos que são ensinados em condições que não podemos reproduzir em um contexto real (Light, 2008; Gréhaigne; Richard; Griffin, 2012).

O treinamento baseado em jogos coloca o aluno/a aluna no centro do processo de aprendizagem e se concentra no jogo como um todo – ou seja, não educamos diretamente, mas indiretamente, por meio do ambiente (Gréhaigne; Richard; Griffin, 2012).

Assim, as decisões tomadas nos jogos estão situadas não só no contexto físico imediato, mas também nas maiores preocupações, como a estratégia pré-acordada e a importância do jogo na competição (Macphail; Kirk; Griffin, 2008).

Além disso, essa abordagem de treinamento também está situada nos contextos sociais que incluem os aspectos social--interativos e institucionais-culturais do jogo (Macphail; Kirk; Griffin, 2008). O aprimoramento da tomada de decisões exige, portanto, a consideração de como os contextos sociais mais amplos influenciam, além de gerenciar os aspectos físico-perceptivos dos jogos como ambiente de aprendizagem.

A complexidade da tomada de decisões durante a ação sugere que esta não pode ser efetivamente melhorada com a instrução direta (Williams; Hodges, 2005). Em vez disso, o treinamento para a tomada de decisões pode concentrar-se na concepção de ambiente de aprendizagem efetivo que reúna certas condições em que as decisões devem ser tomadas como quando em situações reais.

Nós, profissionais de educação física, podemos manipular o ambiente da atividade para nos adequarmos ao propósito da aula e encontrarmos o equilíbrio certo entre os aspectos relacionados ao sucesso e ao desafio da prática. Normalmente, isso envolve o ajuste da posição das alunas e dos alunos envolvidos na atividade, o tamanho do espaço em que as habilidades serão praticadas e o tempo disponível para tomar decisões.

Questão para reflexão

Escolha uma habilidade motora que você gostaria de ensinar a uma aluna sua. Descreva as características relacionadas à tomada de decisão no momento da execução dessa habilidade em um meio competitivo. Há necessidade de sua aluna preparar menos ou mais as suas características motoras e emocionais?

Entenderemos, na próxima seção deste capítulo, como os estágios de aprendizagem podem ser mais uma restrição para as tomadas de decisão e ao desempenho motor.

4.5 Estágios de aprendizagem motora

Quando estamos em processo de aprendizagem de alguma habilidade motora, passamos por estágios nos quais aspectos como consistência de desempenho, capacidade de detectar e corrigir os próprios erros e automatização dos componentes da habilidade se modificam desde os primeiros estágios até aqueles mais avançados.

Podemos perceber que a aprendizagem inicial é caracterizada por tentativas em adquirir uma ideia do movimento (Gentile, 1972) ou entender o padrão básico de coordenação deste (Newell, 1985). Para tanto, devemos realizar uma quantidade considerável de resolução de problema, o que envolve exercício de processos cognitivo (Fitts; Posner, 1967) e verbal (Adams, 1971).

Conforme as proposições de estágios da aprendizagem motora, as características de progressão de nossas alunas e nossos alunos na execução da tarefa são identificadas pelas melhoras observáveis no seu desempenho motor.

Alguns autores propõem a classificação de dois estágios no processo de aprendizagem motora (Adams, 1971; Gentile, 1972). Eles observam as características iniciais de ideia geral do movimento, partindo para o refinamento e na consequente aquisição motora mais controlada.

Há também autores que propõem três estágios no processo de aquisição da aprendizagem motora (Fitts; Posner, 1967; Newell, 1985). Nesse caso, considera-se que exista uma fase intermediária mais definida no processo de aprendizagem. Discutiremos sobre cada uma dessas fases de aprendizagem motora a seguir.

4.5.1 Estágio inicial: cognitivo/verbal/ montagem de padrão de coordenação

Conforme a classificação de três estágios proposta por Fitts e Posner (1967), esse primeiro estágio é denominado **cognitivo**. Nesse caso, imaginamos um(a) aluno(a) que esteja envolvido(a) na compreensão da natureza da tarefa, com desenvolvimento de várias estratégias que possam utilizar para executá-la, abandonando aquelas que não funcionam e armazenando as que são úteis.

Esses esforços exigem alto grau de atividade cognitiva, como a atenção. Dessa forma, o desempenho tende a ser muito variado, pois muitas estratégias para a execução da tarefa estão em processo de investigação. O(a) aluno(a) comete muitos erros e demonstra dificuldades em eliminar os movimentos desnecessários, à medida que experimenta diferentes estratégias e compreende a ideia inicial acerca do movimento para executar a tarefa.

Se pensarmos no modelo desenvolvido por Adams (1971), esse estágio inicial de aprendizagem é denominado **estágio verbal**, no qual o indivíduo adquire ideia do movimento e entende o padrão básico de coordenação de forma verbal (Adams, 1971).

No modelo apresentado por Gentile (1972), os estágios são identificados levando-se em consideração o tipo de habilidade. No primeiro estágio, o(a) aluno(a) adquire uma ideia geral do movimento apresentando inconsistência na resposta. A aquisição de movimentos mais bem definidos depende da estabilidade do ambiente de execução das habilidades motoras, fechadas ou abertas.

Enquanto nas habilidades fechadas o(a) aluno(a) busca consistência na ação entre tentativas procurando menor variabilidade possível no padrão, nas habilidades em que o ambiente determina a ação, ele/ela busca modificar seu comportamento conforme essas alterações ambientais.

Dessa forma, nas habilidades abertas o padrão de movimento acompanha a variabilidade de estímulos relevantes para a ação. Se nas habilidades abertas existe uma ampla gama de estímulos, o aluno/a aluna precisa ser capaz de selecionar as informações importantes para a tarefa em meio às várias possibilidades disponíveis.

Preste atenção!

No curso de aquisição de uma determinada habilidade motora, as incertezas que se apresentam tornam a(o) aluna(o) mais insegura(o), sendo que o grau de incerteza se modifica em razão das soluções que ela/ele vai encontrando e dos processos subjacentes a essas mudanças.

Por fim, considerando uma abordagem mais dinâmica, o primeiro estágio do modelo de Newell (1985) diz respeito à **montagem de padrão de coordenação**. Nesse primeiro estágio, a(o) aluna(o) simplifica o movimento para reduzir os graus de liberdade, ou seja, ela/ele cria uma estrutura coordenativa, na intenção de estabelecer relações básicas entre os componentes-chave do sistema de movimento. Esse processo é executado com restrição/limitação ou pela combinação de articulações múltiplas, de forma que estas se movimentem em uníssono, e por meio da fixação dos ângulos de muitas das articulações envolvidas no movimento.

Tais limitações são feitas à custa da eficiência e da flexibilidade, em resposta às demandas inconstantes da tarefa ou do ambiente. A(o) aluna(o) pode executar a tarefa de maneira razoavelmente precisa, mas não consegue lidar com as mudanças ambientais com flexibilidade.

Nessa fase, ocorre a exploração do cenário perceptivo-motor que é criado pela interação entre objetos importantes para a ação, superfícies, obstáculos e metas. A(o) aluna(o) pode explorar muitas áreas diferentes do cenário perceptivo-motor enquanto procura um padrão de movimento relativamente estável para atingir a meta da tarefa.

No primeiro estágio, a(o) aluna(o) simplifica o problema do movimento, "congelando" parte dos graus de liberdade. Para isso, ela/ele mantém os ângulos das articulações fixos rigidamente ao longo da execução da ação motora. Ela/ele pode, ainda, restringir temporariamente ou acoplar as articulações de modo que atuem como uma unidade (estrutura coordenativa). Com isso, o desempenho ocorre com certa rigidez, sem resposta a mudanças no ambiente da ação.

Tais limitações são feitas à custa da eficiência e da flexibilidade, em resposta às demandas inconstantes da tarefa ou do ambiente. A(o) aluna(o) pode executar a tarefa de maneira razoavelmente precisa, mas não consegue lidar com as mudanças ambientais com flexibilidade (Davids; Button; Bennett, 2008).

Importante!

De forma geral, no estágio inicial de aprendizagem, as tarefas são caracterizadas por ações motoras imprecisas e lentas, que demandam grande quantidade de atenção para o processamento de informações. Mesmo que a(o) aluna(o) perceba o erro cometido na execução da tarefa, ela/ele não consegue encontrar caminhos para solucionar o problema na próxima tentativa.

Nas primeiras tentativas, a aluna/o aluno busca descobrir qual é a tarefa e o que deve fazer para realizá-la, ou seja, busca identificar as características invariantes, a estrutura coordenativa da tarefa. Nessa busca, podemos dizer que a(o) aluna(o) pode apresentar as seguintes características:

- parece descoordenada(o), com movimentos desnecessários e sem fluidez;
- apresenta grande variabilidade de respostas motoras na tentativa de encontrar a melhor solução para executar a tarefa;
- verbaliza a sequência de movimentos;
- não se detém a detalhes da tarefa e tem dificuldade em identificar, nos estímulos internos ou externos, aqueles que são relevantes para a ação;
- apresenta grande quantidade de erros, sendo que os acertos muitas vezes são ao acaso, o que leva a incertezas sobre como deve agir.

Nesse processo de aquisição de habilidades motoras, a instrução e a demonstração têm papel relevante no direcionamento dos caminhos que levam a aluna/o aluno a selecionar as informações importantes para a tarefa, de acordo com as características do ambiente em que esta se realiza (Schmidt; Wrisberg, 2004).

4.5.2 Segundo estágio: associativo/motor/ de controle

De acordo com o modelo de Fitts e Posner (1967), o segundo estágio é denominado *associativo*. Nele, a carga na demanda dos processos de atenção é diminuída e o padrão de movimento tende a ser mais consistente, de tentativa em tentativa, ganhando progressivamente mais fluidez e menos variabilidade.

Nesse segundo estágio, a aluna ou o aluno já apresentam maior sinestesia quanto ao movimento. Assim, eles conseguem se basear cada vez mais nas suas sensações e não têm tanta necessidade de instruções verbais ou visuais. A partir dessa fase, a prática pode ser focada no refinamento e nas percepções de aspectos relevantes por parte da aluna ou do aluno (Gallahue; Ozmun, 2003; Schmidt; Wrisberg, 2004).

Se partirmos para o modelo desenvolvido por Adams, o segundo estágio de aprendizagem passa a ser denominado *estágio motor*, que sugere que os alunos dão mais ênfase aos aspectos motores da tarefa, com menos aspectos cognitivos. Gentile (1972) denomina o segundo estágio o de *fixação/diversificação*. Segundo a autora, o objetivo da aluna e do aluno é aumentar sua capacidade de adaptar suas ações às demandas da tarefa e do ambiente.

Já no modelo de Newell (1985), baseado na teoria dos sistemas dinâmicos, o segundo estágio é denominado *estágio de controle*. Nele, a aluna/o aluno liberam outras articulações, que são assim incorporadas em maiores unidades de ação (estruturas coordenativas). Consequentemente, seu desempenho motor tem mais fluidez e harmonia, o qual pode ser facilmente adaptado às alterações do ambiente.

Segundo esse autor, movimentos desnecessários são eliminados no segundo estágio, o que leva a maior economia de energia e tempo. Além disso, há foco de atenção aos estímulos relevantes e a detalhes não percebidos anteriormente. Também se observam controle cinestésico e estabilização do padrão motor e o número de erros tende a diminuir.

De forma geral, no segundo estágio de aprendizagem motora, os alunos já resolveram a maioria dos problemas estratégicos e cognitivos e têm uma ideia de como o movimento deve ocorrer. Esse é um estágio de prática, no qual tarefas separadas são integradas, exploradas e utilizadas de maneira variada (Gallahue; Ozmun, 2003).

A partir desse estágio, muda-se o foco para o refinamento da habilidade, com organização dos padrões de movimento de forma mais efetiva. O foco da aluna ou do aluno é associar, fixar e diversificar para o refinamento da habilidade.

Nesse estágio, a aluna ou o aluno apresentam controle motor mais consistente, mais confiança e trabalham nos detalhes da tarefa, o que produz movimentos mais estáveis. Além disso, conseguem monitorar seu próprio *feedback* e detectar seus erros.

4.5.3 Terceiro estágio: automação/otimização

No modelo de Fitts e Posner (1967), o terceiro estágio é denominado **autônomo**, sendo que nele as alunas e alunos apresentam ações motoras com grande consistência e com menor gasto de energia.

Nesse estágio, a(o) aluna(o) apresenta padrão de movimento mais estável, é capaz de direcionar a sua atenção a aspectos mais relevantes ao controle da ação, consegue detectar os principais erros de execução e formular estratégias para a correção destes. Essas habilidades básicas a(o) direcionam para a realização das atividades do dia a dia e constituem o caminho de aprimoramento para habilidades mais complexas.

Nesse processo de aquisição e refinamento das habilidades motoras, a grande meta é a prática de ações coordenadas e controladas. O que mais se destaca na coordenação é que a sequência de movimentos é automatizada, de modo que sejam executados sem que a(o) aluna(o) tenha que direcionar a atenção à sua realização. Os padrões motores, que eram originalmente independentes, encadeiam-se e associam-se, formando movimentos compostos, muito mais complexos que os originais.

Assim, a coordenação pressupõe a organização e o domínio de comportamentos relativamente complexos que envolvem movimentos de diferentes segmentos corporais. Nesse estágio, a diversificação das habilidades é importante para o melhor desempenho, o que faz com que cada aluna/aluno desenvolva uma forma particular de realizar a tarefa. A forma mais superior de executar as habilidades motoras ocorre quando cada um personaliza seus repertórios motores para refletir limitações, forças, interesses e necessidades especiais (Gallahue; Ozmun, 2003).

Se seguirmos o modelo de Newell (1985), o terceiro estágio é denominado *estágio de otimização* das estruturas coordenativas. Tal estágio refere-se à otimização da estrutura coordenativa, no qual a aluna/o aluno torna-se gradativamente mais flexível e aberta(o) à exploração de fontes de informação ambiental, como o aumento da eficiência e do controle. Nesse nível de desempenho, as alunas/os alunos podem explorar as forças do movimento para garantir as ações flexíveis e eficientes. O movimento é caracterizado por suavidade e fluidez.

Nessa fase, as estruturas coordenativas tornam-se estáveis, visto que graus de liberdade adicionais são liberados. Tal estabilização aumenta o número de parâmetros controláveis abertos por meio de informação sobre o ambiente, o que resulta em movimento mais flexível. Outras características nos níveis ótimos de desempenho incluem adaptações instantâneas às mudanças ambientais súbitas (Davids; Button; Bennett, 2008).

Importante!

A passagem de um nível a outro durante a aprendizagem das habilidades é gradual e pode variar de acordo com o nível inicial de cada aluna/aluno.

Mesmo no estágio de otimização, a descoberta desempenha papel importante na aprendizagem, visto que as alunas/os alunos buscam soluções criativas para a tarefa ou padrões que são ainda mais eficientes em termos energéticos. Em todas as fases da aprendizagem, as alunas/os alunos estão procurando satisfazer as restrições colocadas sobre elas/eles durante o desempenho da habilidade.

De forma geral, o terceiro estágio caracteriza-se pela aquisição de amplo espectro de habilidades motoras, que possibilita o domínio do corpo durante o movimento (Schmidt; Wrisberg, 2004). A consequência final do processo de coordenação de movimentos é a transformação do sistema motor em unidade controlável, na interação do nosso corpo com o ambiente e a tarefa, enquanto o controle passa a ser a parametrização do sistema motor.

Questão para reflexão

Selecione uma habilidade motora que você executa hoje em dia. Pense em quando você aprendeu a executar essa habilidade. Agora, tente recordar quando você apresentou um bom desempenho e quando teve as maiores dificuldades. Você consegue se lembrar a quais aspectos você dava mais atenção durante os diferentes estágios do seu aprendizado e de como seu desempenho se modificou à medida que você se tornava mais hábil?

Compreender os estágios de aprendizagem nos auxiliará na discussão da próxima seção deste capítulo, quando falarmos sobre a transferência de aprendizagem motora. Conseguir transferir aspectos comuns de certas habilidades nos auxilia no avanço dos estágios de aprendizagem dessas habilidades.

4.6 Transferência de aprendizagem motora

Transferência refere-se à influência da prática ou o desempenho da habilidade anterior na aquisição da habilidade nova, ou seja, é o que podemos ganhar ou perder no desempenho de determinada tarefa com base em práticas anteriores ou experiência em outras tarefas (Vyas et al., 2018).

Segundo a teoria dos sistemas dinâmicos, a essência da transferência é a capacidade de adaptação de padrão de movimento existente para um conjunto diferente de restrições ecológicas. Os atratores fornecem a base estável de apoio para as ações. É importante considerar como estabelecer o atrator para a ação nova com a presença de um atrator antigo.

Nesse panorama, a transferência é considerada em termos da proximidade de um novo atrator em relação a um mais antigo dentro do cenário perceptivo-motor. Os atratores podem competir e cooperar dentro desse cenário (Rosalie; Müller, 2012).

Importante!

A quantidade de transferência depende das similaridades entre duas tarefas e entre dois ambientes, ou seja, se as demandas do processamento neural nas duas situações são similares. Quanto mais as demandas de processamento da tarefa no ambiente se assemelham, melhor a transferência de aprendizado motor. A transferência de aprendizagem deve ser levada em consideração no momento de organização das aulas de Educação Física.

A aluna/o aluno deve adquirir habilidades básicas antes de se aperfeiçoar e chegar às habilidades mais complexas. Além disso, a transferência de aprendizagem pode ocorrer de um ambiente para outro, como ensinar a técnica de natação fora da água, usar equipamentos de segurança (sistema de suporte de peso para idosos) ou utilizar realidade virtual. A transferência da aprendizagem também pode ser utilizada como avaliação da aprendizagem, no momento em que a aluna/o aluno é colocada fora da área de prática para a competição ou dia a dia (Rosalie; Müller, 2012).

Podemos dizer que tal transferência pode ser mais positiva quando a experiência anterior de aprendizagem de uma habilidade auxilia na aprendizagem de outra. No entanto, a transferência também pode ser negativa, quando a experiência anterior traz malefícios para a aprendizagem da nova habilidade. Outro aspecto seria quando não observamos interferências no aprendizado da nova habilidade, ou seja, a transferência é nula.

4.6.1 Transferência negativa

A transferência negativa é temporária e ocorre nos estágios iniciais de aprendizagem. Ela pode se dar devido a características do ambiente de duas situações de desempenho serem similares, porém com características dos movimentos diferentes.

A transferência negativa pode ocorrer devido à representação da memória desenvolvida como resultado da aprendizagem da habilidade, ou seja, como resultado de muita prática da habilidade de uma única maneira. A partir dessa prática, desenvolve-se acoplamento específico de percepção-ação entre as características perceptivas da tarefa e do sistema motor (quando a aluna/o aluno vê características perceptuais familiares no ambiente de desempenho, o sistema motor organiza-se dentro da forma preferida para responder a tais características) (Griffiths; Johnson; Mitchell, 2011).

Outra razão para a transferência negativa pode ser a confusão cognitiva. O problema é em relação à confusão criada pela característica não familiar para alunos e alunas.

4.6.2 Transferência bilateral

A transferência bilateral é relacionada à aprendizagem da mesma tarefa com o membro contralateral. O fenômeno demonstra a capacidade de aprendizado mais fácil com os membros depois que a aluna/o aluno já tenha aprendido com o membro contralateral. Tanto fatores cognitivos quanto motores estão envolvidos na transferência bilateral. Os fatores cognitivos estão relacionados a "o que fazer" para alcançar a meta da tarefa (Harley, 2011).

Além disso, a transferência bilateral envolve bases de controle motor. Do ponto de vista da teoria do programa motor generalizado, os músculos envolvidos no desempenho da tarefa não são características invariantes do programa motor, mas parâmetros que a aluna/o aluno adiciona ao programa para que a meta da tarefa seja atingida (Schmidt; Wrisberg, 2004).

No ponto de vista da teoria dos sistemas dinâmicos, o que é aprendido não é específico ao membro utilizado na prática, a aprendizagem é referida como efetor independente, o que significa que, quando a habilidade é aprendida, coordenações dinâmicas são aprendidas sem referência ao membro envolvido na prática (Vyas et al., 2018).

4.6.3 Transferência de aprendizagem pelo erro

Será que os erros que apresentamos durante a prática de uma habilidade podem ter efeito na aprendizagem de uma habilidade com características similares, mas em um ambiente diferente? A resposta é sim. A noção de atribuição de crédito, a qual podemos definir como a capacidade de atribuir erros ao ambiente ou ao corpo, pode ser importante para compreender a transferência da aprendizagem (Torres-Oviedo; Bastian, 2012).

Se a origem do erro que impulsiona o aprendizado for estimada como sendo o ambiente, o ideal seria adaptar e aplicar o aprendizado somente a essa situação específica. Inversamente, se a origem do erro for estimada como sendo nossos próprios movimentos "defeituosos", o ideal seria adaptar e aplicar o aprendizado a qualquer outro movimento.

Consistente com essa ideia, um estudo realizado por Kluzik et al. (2008) demonstrou que a maior transferência de aprendizagem de movimentos de alcance praticados com um braço mecânico foi quando os participantes do estudo experimentaram pequenos erros no desempenho enquanto recebiam perturbações graduais. Segundo os autores, isso foi possível porque os pequenos erros no movimento são mais facilmente atribuídos aos próprios movimentos dos participantes sem a utilização do braço mecânico.

O histórico de erros normalmente experimentados e suas semelhanças com aqueles experimentados durante a prática de outra habilidade podem determinar a transferência de aprendizado induzida pela prática anterior. A magnitude dos erros e sua variabilidade durante o treinamento podem afetar a taxa de aprendizado ou o que aprendemos (Torres-Oviedo; Bastian, 2012).

O conteúdo de todas as seções deste Capítulo 4 nos darão base para melhor compreensão sobre como o desenvolvimento motor influencia a aprendizagem motora, bem como no entendimento das formas como podemos avaliá-la. Os assuntos sobre os quais debateremos no próximo capítulo deste livro são: mensuração, estágios e comunicação verbal na aprendizagem motora.

III *Síntese*

A aprendizagem motora é um processo dinâmico e contínuo que envolve a busca e a estabilização de padrões de movimentos específicos e funcionais em todo o panorama perceptivo-motor, uma vez que nos adaptamos a uma variedade de restrições em constante mudança.

De acordo com a teoria da programação motora, o processamento da informação apresenta três fases: a) percepção/identificação do estímulo – na qual percebemos e identificamos a informação, ou seja, analisamos o conteúdo com base em várias fontes e reunimos os seus componentes; b) decisão da resposta – na qual decidimos qual será a resposta (se houver alguma) e avaliamos se esta é apropriada, utilizando um padrão de movimento considerado adequado ao contexto; c) organização da resposta (ação) – na qual o sistema motor é organizado para produzir o padrão de movimento desejado. O tempo de reação é o intervalo de tempo decorrente desde um estímulo até o início de uma resposta. Esse é um dos indicadores da velocidade de processamento da informação.

A tomada de decisão está situada dentro de contextos sociais e culturais particulares e a habilidade de tomar decisões é desenvolvida ao longo do tempo por meio da participação da prática dentro desses contextos. Isso, então, sugere a importância de estruturar e manipular o ambiente físico para o desenvolvimento da tomada de decisões, a fim de que nossas(os) alunas(os) e alunos possam aprender os "hábitos de ação" adequados ao aprendizado de um processo de adaptação. Em outras palavras, as alunas/os alunos melhoram sua capacidade de tomada de decisão ao ser colocadas(os) em contextos que reproduzem as condições da situação real.

De maneira geral, estágios da aprendizagem podem ser descritos da seguinte forma: a) primeiro estágio – a aluna/o aluno realiza movimentos descoordenados, sem muita eficiência e sem fluidez, verbaliza a tarefa, mas não se detém em detalhes do movimento; b) segundo estágio – após várias tentativas, os movimentos desnecessários não mais aparecem e a ação motora torna-se mais estabilizada e coordenada; c) terceiro estágio – os movimentos tornam-se mais eficientes, com menor gasto energético, e a aluna/o aluno passa a saber como chegar à meta da atividade proposta, ou seja, realiza os movimentos automaticamente, sem prestar muita atenção a eles. Além disso, a quantidade de transferência de aprendizagem depende das similaridades entre tarefas e ambientes nos quais a habilidade é ensinada.

A transferência de aprendizagem motora nada mais é que a influência da prática ou do desempenho de determinada habilidade na aquisição de outra habilidade. Essa transferência pode ser positiva, quando a experiência anterior auxilia na aprendizagem de outra habilidade; negativa, quando a habilidade aprendida anteriormente atrapalha o aprendizado da nova; e nula, quando não ocorre interferência no aprendizado.

Atividades de autoavaliação

1. Sobre as características da aquisição de habilidades, assinale a alternativa **incorreta**:

    a) A aquisição de habilidades pode ser caracterizada como sistema de movimento dinâmico que busca padrões estáveis e funcionais de coordenação.

    b) Estágios de aprendizagem motora são a criação de padrões temporários de coordenação na tentativa de resistir às mais variadas restrições.

    c) O panorama perceptivo-motor é utilizado para descrever uma dinâmica continuamente moldada pelo sistema nervoso.

    d) A partir do momento que especificamos o objetivo da tarefa, iniciamos um processo de exploração contínua, o qual resultará no surgimento de uma solução para a tarefa.

2. De acordo com a teoria da programação motora, o processamento da informação apresenta três fases. Relacione cada uma dessas fases à sua melhor descrição:

    (A) Percepção/Identificação do estímulo

    (B) Decisão da resposta

    (C) Organização da resposta

( ) Nessa fase, decidimos qual será a resposta (se houver alguma). Se decidimos que a resposta é apropriada, utilizamos padrões de movimento disponível.

( ) Nessa fase, percebemos as características do ambiente, da tarefa e do nosso próprio corpo e analisamos o conteúdo da informação com base em várias fontes sensoriais (visão, audição, tato, olfato, cinestesia). Só então reunimos os componentes da informação. O resultado dessa fase é visto como percepção e representação da informação oriunda do ambiente.

( ) Nessa fase, o sistema motor é organizado para produzir o padrão de movimento desejado. Tal organização inclui a preparação dos mecanismos no tronco cerebral e na medula espinhal para a ação, como organizar a ação para o movimento, além de considerar a adaptação ao ambiente e à tarefa.

3. Quais são os critérios que influenciam a nossa tomada de decisão?

   a) A pressão temporal, a importância do jogo e as estratégias acordadas anteriormente.
   b) As dimensões intelectuais, emocionais e físicas somadas aos ambientes sociais e culturais.
   c) Extrínsecos, execução, objetivos, personalidade, motovação e diferença relacionada à idade.
   d) Tomada de decisão durante a ação e tomada de decisão reflexiva.

4. Sobre os estágios de aprendizagem, analise as afirmativas a seguir:

   I. O estágio inicial é também conhecido como *cognitivo*, *verbal* ou *de montagem* de padrão de coordenação.
   II. No primeiro estágio, a aluna/o aluno simplifica o movimento para reduzir os graus de liberdade na intenção de

estabelecer relações básicas entre os componentes-chave do sistema de movimento.

III. No segundo estágio (também chamado de *associativo, motor* ou *de controle*), movimentos desnecessários são eliminados, o que leva a maior gasto de energia e tempo.

IV. No terceiro estágio (também conhecido como *de automação* ou *de otimização*), ocorre otimização da estrutura coordenativa, com aumento da eficiência e falta de controle.

Agora, assinale a alternativa que apresenta a resposta correta.

a) As afirmativas I e II são verdadeiras.
b) Todas as afirmativas são verdadeiras.
c) As afirmativas I, II e IV são verdadeiras.
d) As afirmativas II e IV são verdadeiras.

5. Ao considerar transferência de aprendizagem motora, é correto afirmar:

a) *Transferência* refere-se à pouca influência da prática ou do desempenho da habilidade anterior na aquisição da habilidade nova
b) A essência da transferência é a capacidade de adaptação de padrão de movimento existente para um conjunto diferente de restrições ecológicas
c) A transferência é considerada em termos da proximidade de um antigo atrator em relação a um mais antigo dentro do cenário perceptivo-motor.
d) A quantidade de transferência não depende das similaridades entre duas tarefas e entre ambientes.

Atividades de aprendizagem

Questão para reflexão

1. Selecione uma das habilidades motoras preferidas entre as que você pratica. Agora, tente recordar de quando você começou a aprender essa habilidade: Que tipos de atividades práticas

você teve? Como você se preparou para aprender os aspectos mais complexos dessa habilidade ou para os variados contextos e situações que ela propôs?

Atividade aplicada: prática

1. Como profissional de educação física, selecione uma habilidade motora que você gostaria de ensinar a sua aluna/seu aluno. Descreva aspectos que você percebe estarem envolvidos no processo de aprendizagem a curto e a longo prazo. Como você explicaria os aspectos ligados às tomadas de decisão quanto às tarefas propostas para essa aluna/esse aluno presente em um ambiente dinâmico?

Capítulo 5

Desenvolvimento motor, mensuração e comunicação verbal na aprendizagem motora

Conteúdos do capítulo:

- Os estágios de desenvolvimento motor e seu papel na aprendizagem motora.
- A relação entre aprendizagem motora e desempenho motor.
- Aspectos relacionados às maneiras de mensurar a aprendizagem motora.
- Utilização de instruções e *feedback* aumentado na aprendizagem.

Após o estudo deste capítulo, você será capaz de:

1. explicar os estágios de desenvolvimento motor e seu papel na aprendizagem motora;
2. diferenciar *aprendizagem motora* de *desempenho motor*;
3. elencar os métodos mais utilizados para mensurar aprendizagem motora;
4. ilustrar os princípios e as influências da comunicação verbal e não verbal na aprendizagem motora;
5. empregar o *feedback* aumentado na aprendizagem motora.

5.1 Estágios de desenvolvimento motor na aprendizagem motora

Para melhor compreensão do processo de aprendizagem motora, é importante que conheçamos alguns aspectos importantes do desenvolvimento motor, já que se trata de algo importante em nossas vidas e que pode trazer restrições enquanto aprendemos uma nova habilidade motora.

Vimos no Capítulo 1 deste livro que o desenvolvimento motor, assim como o controle e a aprendizagem, também é um dos campos de estudo do comportamento motor. Nesta seção, discutiremos os aspectos relacionados às fases de desenvolvimento motor para melhor compreensão do processo de aprendizagem motora, visto que tal campo de estudo do comportamento motor não é um dos nossos principais focos nesta obra.

> **Para saber mais**
>
> Para maiores detalhes sobre desenvolvimento motor, indicamos a seguinte obra:
>
> GALLAHUE, D. L.; OZMUN, J. C.; GOODWAY, J. D. **Compreendendo o desenvolvimento motor**: bebês, crianças, adolescentes e adultos. Tradução de Denise Regina de Tales. 7. ed. Porto Alegre: AMGH, 2013.

O desenvolvimento motor é o estudo da mudança no comportamento motor ao longo do tempo, incluindo as trajetórias típicas de comportamento ao longo da vida, os processos subjacentes às mudanças que vemos e os fatores que influenciam o nosso comportamento motor (Ulrich, 2007; Gallahue; Ozmun; Goodway, 2012).

Importante!

O **desenvolvimento motor** envolve nossos fatores genéticos, combinados com as condições ambientais (contexto no qual o movimento ocorre) e os aspectos da tarefa que desempenhamos, e determinam a quantidade e a extensão da aquisição e/ou requisição de habilidades motoras.

Esse contínuo de modificações envolve as interações de vários fatores, como:

- a maturação neuromuscular, a qual possui componente genético significativo;
- as características de crescimento e envelhecimento, como tamanho do corpo, proporções e composição corporal;
- o ritmo de crescimento e maturação;
- os efeitos residuais de experiências motoras prévias;
- os efeitos de novas experiências motoras em si.

Vamos pensar na seguinte situação: quando consideramos as crianças, as habilidades motoras são geralmente desenvolvidas e refinadas para que sejam capazes de agir com certa facilidade e eficiência em diferentes contextos. À medida que ocorre o desenvolvimento maturacional, as habilidades motoras fundamentais ou básicas adquiridas anteriormente podem ser utilizadas como habilidades especializadas ou complexas.

Para tanto, podemos utilizar diferentes tipos de jogos, atividades esportivas, danças, lutas e atividades recreativas. Por exemplo, a habilidade motora de jogar a bola para uma colega, com uma mão ou com as duas, pode ser progressivamente refinada e, então, ser aplicada em gesto esportivo ou recreativo em atividades como basquetebol, handebol, rugby etc.

Assim, podemos dizer que, por meio do desenvolvimento motor, nosso organismo se torna mais complexo, com o desenvolvimento de habilidades motoras cada vez mais complexas, consistentes e flexíveis ao contexto (Adolph; Franchak, 2017).

É importante considerar que o desenvolvimento motor não envolve apenas aspectos biológicos de crescimento e de maturação (Guedes, 2011). Por isso, os seguintes conceitos são essenciais para o entendimento desse tema:

- **Crescimento físico**: É o processo que ocorre durante a maturação e no qual há o aumento no tamanho do nosso corpo ou de suas partes. Em outras palavras, podemos dizer que é a ampliação das estrutura do nosso corpo, que ocorre via multiplicação (hiperplasia) ou aumento do volume (hipertrofia) das nossas células (Gallahue; Ozmun; Goodway, 2012).
- **Maturação**: É um processo primordialmente determinado geneticamente e, basicamente, resiste aos aspectos externos. Podemos dizer que maturação é a mudança qualitativa que nos permite progredir até níveis mais elevados de funcionamento (Gallahue; Ozmun; Goodway, 2012).
- **Desenvolvimento**: É o processo que ocorre ao longo do tempo, causando modificações no nosso nível de funcionamento. Quando estudamos sobre o desenvolvimento, tentamos compreender o que ocorre durante o período embrionário (feto), a formação do bebê durante a gestação, o nascimento, as fases da infância, adolescência e adulta até a morte, bem como o modo como esse processo ocorre. Podemos dizer, então, que o desenvolvimento depende das experiências que vivemos, por meio das relações com o ambiente que nos cerca (Guedes, 2011).
- **Experiência**: É o processo referente aos fatores ambientais que trazem alterações no ritmo do surgimento de características do nosso desenvolvimento, o que pode

levar ao aparecimento de determinados padrões de comportamento e movimento (Gallahue; Ozmun; Goodway, 2012).

O processo de desenvolvimento motor pode ser relacionado à idade cronológica, sendo que a idade pode ser utilizada para classificação de desenvolvimento. No entanto, essa categorização é somente para conceituação, não é regra. Temos, assim, apenas um conceito amplo de adequação do desenvolvimento. Nesse sentido, o processo de desenvolvimento motor pode ser dividido em fases e apresentado em forma de ampulheta (Gallahue; Ozmun; Goodway, 2012), como nos mostra a Figura 5.1.

Figura 5.1 Fases do desenvolvimento motor

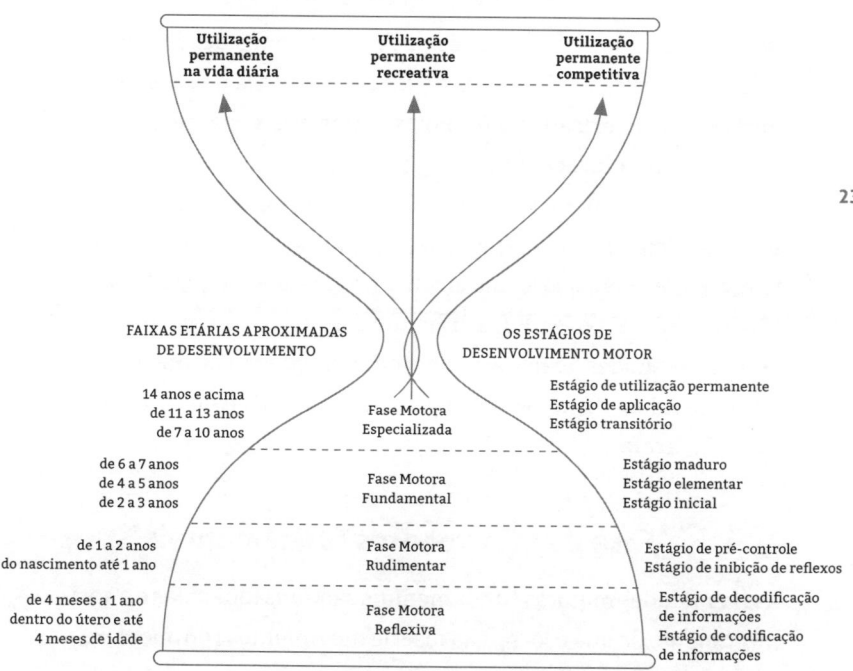

```
                    Utilização              Utilização              Utilização
                    permanente              permanente              permanente
                    na vida diária          recreativa              competitiva

   FAIXAS ETÁRIAS APROXIMADAS                    OS ESTÁGIOS DE
        DE DESENVOLVIMENTO                    DESENVOLVIMENTO MOTOR

        14 anos e acima                          Estágio de utilização permanente
        de 11 a 13 anos        Fase Motora       Estágio de aplicação
        de 7 a 10 anos         Especializada     Estágio transitório

        de 6 a 7 anos                            Estágio maduro
        de 4 a 5 anos          Fase Motora       Estágio elementar
        de 2 a 3 anos          Fundamental       Estágio inicial

        de 1 a 2 anos          Fase Motora       Estágio de pré-controle
   do nascimento até 1 ano     Rudimentar        Estágio de inibição de reflexos

        de 4 meses a 1 ano                       Estágio de decodificação
   dentro do útero e até       Fase Motora       de informações
        4 meses de idade       Reflexiva         Estágio de codificação
                                                 de informações
```

Fonte: Gallahue; Ozmun; Goodway, 2012.

Na sequência, iniciaremos a explicação de cada uma das fases do desenvolvimento motor.

5.1.1 Fase motora reflexiva

As primeiras formas que temos como movimento são os reflexos, que são descritos como *movimentos involuntários*. É pela atividade de reflexos que os bebês percebem o ambiente e obtêm informações. Os movimentos involuntários podem ser: a) reflexos primitivos – classificados como coleta de informações, busca de nutrientes e respostas protetoras; e b) reflexos posturais – mantêm a posição e o equilíbrio do corpo durante repouso ou movimento, além de modular a distribuição do tono muscular nos membros e no tronco).

5.1.2 Fase de movimentos rudimentares

Os movimentos rudimentares podem ser vistos desde o nascimento até cerca de dois anos de idade. Essa fase de desenvolvimento é caracterizada pelos movimentos que são apresentados conforme amadurecemos.

Os movimentos rudimentares são aqueles que envolvem estabilização (como controlar a cabeça, o pescoço e os músculos do tronco); manipulação (como alcançar, agarrar e soltar); e locomoção (como arrastar-se, engatinhar e caminhar). O quanto e como essas habilidades aparecem varia de criança para criança, visto que dependem de fatores biológicos, ambientais e de características da tarefa.

5.1.3 Fase de movimentos fundamentais

As habilidades motoras fundamentais são consequências e o aprimoramento do que ocorreu na fase de movimentos rudimentares. Nessa fase de movimentos fundamentais do nosso desenvolvimento, envolvemos-nos ativamente na exploração e na experimentação das capacidades motoras de nossos corpos.

Quando as crianças desenvolvem padrões fundamentais de movimento, elas estão aprendendo a responder com controle motor e competência de movimento a variedade de estímulos. Tais estímulos aumentam o controle no desempenho de movimentos discretos, em série e contínuos, com evidenciada capacidade de aceitar mudanças nos requisitos da tarefa.

Atividades locomotoras, como correr e saltar, atividades manipuladoras, como lançar e pegar, e atividades de estabilidade, como a caminhada sobre a linha e o equilíbrio sobre um pé, são exemplos de movimentos fundamentais que podem ser desenvolvidos durante os anos da primeira infância.

De acordo com Gallahue, Ozmun e Goodway (2012), essa fase de desenvolvimento pode ser dividida em três estágios: inicial, elementar e maduro.

1. **Estágio inicial**: Representa as primeiras tentativas de realização da habilidade fundamental. O movimento nesse estágio apresenta partes faltantes ou indevidamente sequenciadas, uso restrito ou exagerado do corpo, bem como fluxo e coordenação deficientes. De forma geral, a integração espacial e temporal do movimento não é robusta.

    Podemos dizer que, tipicamente, os movimentos de estabilidade, manipulativos e de locomoção de crianças entre dois e três anos estão no nível inicial dos movimentos fundamentais. Algumas crianças podem estar além desse nível no desempenho de alguns padrões de movimento, mas a maioria acaba se encaixando nesse estágio de desenvolvimento.

2. **Estágio elementar**: Há maior controle motor e coordenação no desempenho das habilidades fundamentais do movimento. A sincronização dos elementos temporais e espaciais do movimento é melhorada, mas os padrões de

movimento ainda são geralmente restritos ou exagerados, embora melhor coordenados. Podemos dizer que crianças entre três e cinco anos de idade revelam uma variedade de habilidades fundamentais de movimento.

3. **Estágio maduro**: É caracterizado por desempenhos mecanicamente eficientes, coordenados e controlados. Em outras palavras, podemos dizer que as habilidades fundamentais são maduras nesses três aspectos do processo. Assim, mediante oportunidades contínuas de prática, encorajamento e instrução, os desempenhos dessas habilidades podem melhorar quanto à distância, à velocidade e à precisão.

Espera-se que crianças entre cinco e seis anos de idade já estejam no estágio maduro de desenvolvimento. Um fato importante é que embora algumas crianças possam chegar a esse estágio por meio do amadurecimento e com mínima influência do ambiente, a grande maioria requer a combinação de prática, encorajamento e instrução em um ambiente que estimula o aprendizado motor (Field; Temple, 2017).

5.1.4 Fase de movimentos especializados

Nessa fase de desenvolvimento, nós refinamos progressivamente as habilidades estabilizadoras, locomotoras e manipulativas fundamentais, as quais são combinadas e melhor elaboradas para utilizarmos em situações de crescente exigência.

A partir dessa fase, podemos aplicar movimentos fundamentais, como saltos simples e duplos, por exemplo, em atividades mais específicas, como a dança, ou em modalidades do atletismo, como salto triplo, em distância ou em altura.

> |||| *Importante!*
>
> Tanto o início como a continuação do desenvolvimento de habilidades dentro da fase de movimento especializado dependem de uma variedade de fatores relacionados ao indivíduo, ao ambiente e à tarefa.

De acordo com Gallahue, Ozmun e Goodway (2012), essa fase de desenvolvimento pode ser dividida em três estágios: transitório, aplicação e permanente.

1. **Estágio transitório**: Durante o período de transição, a criança inicia a combinação e a aplicação de habilidades fundamentais ao desempenho de habilidades especializadas dentro de ambientes esportivos e recreativos.

    As habilidades de movimento de transição contêm os mesmos elementos que os movimentos fundamentais com maior forma, precisão e controle, ou seja, a criança aplica padrões fundamentais de movimento em formas mais complexas e específicas. Alguns exemplos seriam andar em uma ponte de corda, pular corda e jogar bola. Crianças a partir dos 7 ou 8 anos de idade geralmente entram nesse estágio de desenvolvimento.

    Como profissionais de educação física, nosso objetivo nessa etapa deve ser o de auxiliar as crianças a aumentarem sua competência de controle motor e movimento em uma ampla variedade de atividades. Devemos tomar cuidado para não especializarmos ou restringirmos o envolvimento da criança com o movimento (Smith et al., 2017).

2. **Estágio de aplicação**: É quando o aumento da sofisticação cognitiva e a ampliação da base de experiências permitem que a criança/o adolescente tome inúmeras decisões de aprendizado e participação com base em uma

variedade de fatores relacionados à tarefa, ao indivíduo e ao ambiente. A criança/o adolescente geralmente atinge esse estágio por volta dos 11 até os 13 anos de idade.

É a partir dessa etapa que a criança/adolescente começa a tomar decisões mais conscientes a favor ou contra a participação em certas atividades esportivas. Essas decisões baseiam-se, em grande parte, em como ela percebe os fatores dentro da tarefa, em si mesmo e no ambiente, e se estes aumentam (oportunidades) ou inibem (restrições) as suas chances de prazer e sucesso na atividade. Assim, trata-se do momento em que podemos propor o refinamento de habilidades mais complexas e utilizarmos jogos mais avançados, assim como atividades de preparação para uma atividade ou um esporte específico.

3. **Estágio permanente**: Geralmente tem início por volta dos 14 anos de idade e continua até a idade adulta. Quando atingimos tal etapa, podemos dizer que chegamos ao ápice do processo de desenvolvimento motor, que é caracterizado pelo uso do repertório de movimento que foi adquirido ao longo da vida.

Os interesses, as competências e as escolhas feitas durante a etapa anterior são transferidos, aprimorados e aplicados às nossas atividades diárias, recreativas e esportivas.

Importante!

Fatores internos e externos podem afetar os estágios de desenvolvimento, como disponibilidade de tempo e dinheiro, acesso a equipamentos e instalações, e condições físicas e mentais. Podemos dizer, então, que o nível de participação na atividade dependerá de talento, oportunidades, condição física e motivação pessoal (Baker et al., 2003).

5.1.5 Desenvolvimento motor e o contexto em que estamos inseridos

Apesar das fases de desenvolvimento motor já citadas anteriormente focarem mais no desenvolvimento de crianças, os estudos do desenvolvimento motor são relacionados às mudanças que ocorrem ao longo de toda a vida (Tani et al., 2010).

Tanto bebês, crianças e adolescentes quanto adultos e idosos estão envolvidos no processo de aprender a mover-se com controle e competência ao enfrentar os desafios diários (Gallahue; Ozmun; Goodway, 2012). De fato, ao longo deste livro, você pode ver muitos exemplos não somente com crianças e adolescente, mas também com pessoas adultas e idosas apresentando ou não condições especiais de saúde.

Além disso, é essencial que entendamos que o desenvolvimento motor é um processo dinâmico. Nele, ocorre a interação entre: o indivíduo (como hereditariedade biológica e fatores intrínsecos), o ambiente (como experiências, aprendizado, criação e fatores extrínsecos) e a tarefa (como fatores físicos e mecânicos) (Gallahue; Ozmun; Goodway, 2012).

Assim, Gallahue, Ozmun e Goodway (2012) adaptaram a ampulheta das fases do desenvolvimento motor, considerando a interação entre o indivíduo, o ambiente e a tarefa (Figura 5.2). A nova classificação considera que funcionamos em diferentes fases, mas estas dependem de nossas experiências e de fatores genéticos.

Figura 5.2 – Preenchimento da nossa ampulheta com "areia" (aspectos da vida)

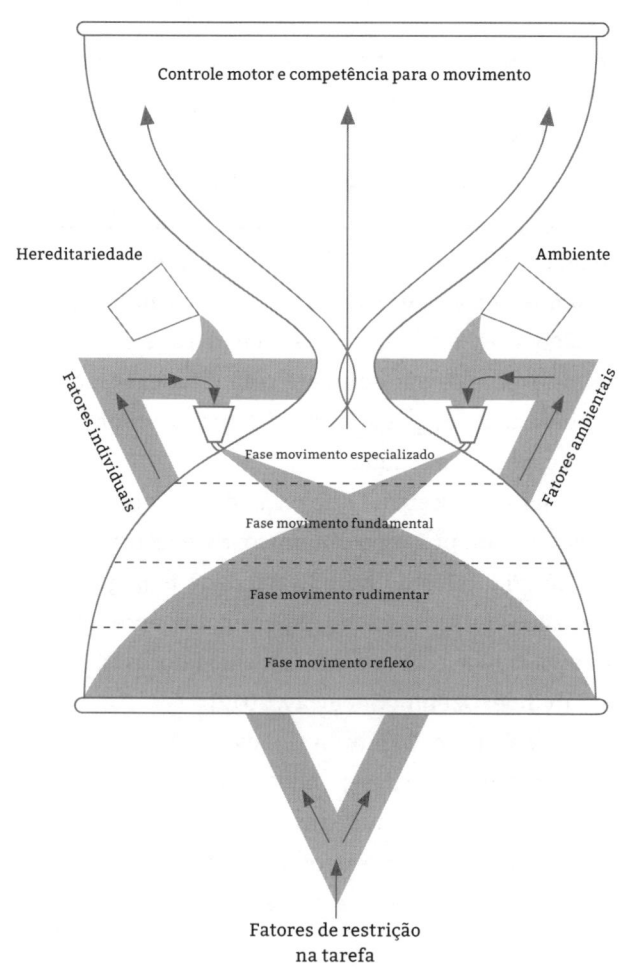

Controle motor e competência para o movimento

Hereditariedade — Ambiente

Fatores individuais — Fatores ambientais

Fase movimento especializado

Fase movimento fundamental

Fase movimento rudimentar

Fase movimento reflexo

Fatores de restrição na tarefa

Fonte: Gallahue; Ozmun; Goodway, 2012.

Quando observamos a Figura 5.2, a ampulheta representa a visão descritiva (produto) e o triângulo invertido representa a visão explicativa (processo) do desenvolvimento. Essas características são úteis na compreensão do desenvolvimento motor, uma vez que nos adaptamos continuamente às mudanças ao longo da vida com o intuito de obter e manter o controle motor e a competência do movimento (Adolph; Berger; Leo, 2011).

Seguindo essa perspectiva, ao olharmos para a nossa ampulheta, precisamos colocar nela as coisas da vida (nesse caso, a "areia"). A areia entra na nossa ampulheta por meio de dois recipientes: o hereditário e o ambiental. Os dois recipientes de areia significam que o ambiente e a hereditariedade influenciam o processo de desenvolvimento. Não importa se nossa ampulheta é preenchida com areia hereditária ou areia ambiental; o essencial é entendermos que a areia entra na nossa ampulheta de alguma forma e que tal aspecto da vida é produto da hereditariedade e do meio ambiente (Gallahue; Ozmun; Goodway, 2012).

Questão para reflexão

Tente recordar quando você era mais jovem e começou a aprender uma habilidade motora nova. Como você descreveria esse processo de aprendizagem conforme o tempo passava e você ficava mais velha(o)?

Compreender as fases de desenvolvimento motor nos demonstra o seu papel como parte do processo de aprendizagem motora, visto que as diferentes fases de desenvolvimento nos trazem restrições e possibilidades para o desempenho das habilidades. Tal conhecimento será importante para o melhor entendimento da próxima seção deste capítulo, quando falaremos sobre a relação entre aprendizagem motora e o desempenho motor.

5.2 Relação entre aprendizagem motora e desempenho motor

Como foi discutido no primeiro capítulo deste livro, sabemos que o estudo da aprendizagem motora tem ênfase na aquisição, no aperfeiçoamento ou na reaquisição de habilidades.

Dessa forma, é de interesse da aprendizagem motora as modificações comportamentais e neurológicas que ocorrem quando aprendemos a habilidade motora e as variáveis que influenciam tais alterações.

A pergunta, então, é: Como podemos avaliar a aprendizagem motora? Antes de discutirmos os métodos de mensuração da aprendizagem motora (tema que será apresentado na Seção 5.3 deste capítulo), temos que deixar clara a diferença entre o que é *aprendizagem* e o que é *desempenho motor*.

5.2.1 Aprendizagem motora

A aprendizagem motora é a mudança que ocorre na nossa capacidade de executar habilidades, a qual é inferida pela melhora – como resultado da prática ou experiência – relativamente permanente no nosso desempenho (Soderstrom; Bjork, 2015).

É importante salientar que, pela aprendizagem motora, nós aumentamos nossa capacidade ou potencial para executarmos a habilidade. O fato de realmente executarmos tal habilidade de maneira consistente com esse potencial dependerá de fatores que podem afetar nosso desempenho (como nível de ativação, ansiedade características do contexto e fadiga), mas não o grau de aprendizagem que alcançamos.

> **Importante!**
>
> A **aprendizagem motora** não pode ser observada diretamente, mas pode ser inferida por meio das características e alterações permanentes no desempenho.

O nosso principal objetivo como profissionais de educação física é facilitar a aprendizagem de longo prazo – isto é, criarmos possibilidades de mudanças relativamente permanentes na compreensão, no entendimento e nas habilidades das(dos) nossas(os) alunas(os). São essas mudanças que apoiarão a retenção e a transferência a longo prazo.

Queremos que o conhecimento e as habilidades sejam duráveis, no sentido de permanecer acessíveis em todos os períodos da vida e que sejam flexíveis nos vários contextos em que são relevantes, e não simplesmente em contextos que correspondam àqueles vivenciados durante a aula de Educação Física.

Nesse sentido, é essencial entender que a aprendizagem motora é um processo ou um conjunto de processos. Assim, implica-se que a aprendizagem não pode ser vista diretamente, pois esses processos ocorrem internamente. Devemos inferir que a aprendizagem está ocorrendo (ou não) com base em algo que pode ser visto diretamente, que são as mudanças no desempenho (Fischman, 2007).

5.2.2 Desempenho motor

Desempenho motor refere-se a comportamentos observáveis que podem ser medidos. O desempenho é indicador objetivo que traduz o grau de integração e/ou aplicação da aprendizagem. O foco do desempenho se dá nos resultados, enquanto que na aprendizagem acontece nos processos (Soderstrom; Bjork, 2015).

Considerando a definição de *aprendizagem motora*, podemos presumir que ela seja indexada pela resistência à extinção ou ao esquecimento, ou pela rapidez de reaprendizado. Já o desempenho motor é considerado indexado pela probabilidade, taxa ou latência atual de uma resposta.

Importante!

O **desempenho motor** é um comportamento observável e se refere à execução de habilidade em determinado instante e situação.

5.2.3 Aprendizagem *versus* desempenho

A compreensão que precisamos ter sobre aprendizagem e desempenho é importante, visto que estabelece o cenário que estamos dispostos a chamar de *variáveis de aprendizagem*, as quais produzem mudanças relativamente duradouras nas nossas capacidades de ação em comparação com as variáveis que afetam temporariamente o desempenho (Fischman, 2007).

Durante o processo de ensino (nas nossas aulas), o que podemos observar e medir é o desempenho. Muitas vezes, o desempenho não é um bom índice de aprendizagem, visto que a aprendizagem pode ocorrer mesmo quando não se observam mudanças discerníveis no desempenho (Soderstrom; Bjork, 2015).

Por exemplo, quando desempenhamos uma ou mais habilidades motoras, a aprendizagem inicial é caracterizada pelas nossas tentativas em entender o padrão básico de coordenação. Dessa forma, podemos dizer que a aprendizagem leva a modificações estruturais internas, as quais podem ou não ser observadas por meio do desempenho motor estável (persistente no tempo) (Bjork; Dunlosky; Kornell, 2013).

> **Preste atenção!**
>
> De forma geral, a aquisição de habilidades requer que exista interação efetiva entre o nosso corpo e o ambiente, por meio da detecção de informações relevantes, para avaliação das respostas adequadas à ação.

Tal aquisição de habilidades resulta em padrões de coordenação adaptáveis a uma variedade de restrições durante o desempenho da tarefa. Esse comportamento adaptativo é importante porque as condições, como o ambiente, as exigências da tarefa e a nossa motivação podem sofrer modificação a qualquer momento durante o desempenho da habilidade motora (Bjork; Dunlosky; Kornell, 2013).

A aprendizagem motora, como processo gradual que ocorre por meio de várias tentativas de desempenho, nos leva a apresentar comportamento menos vulnerável aos fatores transitórios, como a fadiga, a ansiedade e os efeitos que ocorrem devido a mudanças no nosso corpo, no ambiente ou na tarefa (Soderstrom; Bjork, 2015).

Podemos dizer que a aprendizagem motora pode ocorrer mediante a prática e/ou a experiência, que é inferida pela observação do desempenho motor. No entanto, só haverá aprendizagem motora quando o desempenho motor apresentar as seguintes características:

- aperfeiçoamento ou melhoras no desempenho motor;
- consistência nos resultados do desempenho;
- manutenção ou estabilidade do desempenho;
- persistência na qualidade do desempenho mesmo sob dificuldades;
- adaptabilidade a circunstâncias ou restrições impostas pelo próprio corpo, contexto ou tarefa.

Podemos dizer que, a partir do momento em que o nível de destreza do desempenho motor apresenta características relativamente estáveis ao longo do tempo e sob diferentes circunstâncias e restrições, nós, como profissionais da educação física, podemos assumir que o processo de aprendizagem motora está ocorrendo.

Questão para reflexão

Selecione uma habilidade motora que você pode ensinar a suas alunas/seus alunos. O que você esperaria que seja aprendido? Quando você assumiria que suas alunas/seus alunos estão aprendendo a habilidade motora? Quais características te levariam a assumir que estão aprendendo?

Pudemos perceber neste capítulo que algumas características que apresentamos ao longo do tempo em nosso desempenho motor podem nos dar sinais de que a aprendizagem motora está ocorrendo. Na próxima seção, discutiremos como podemos mensurar a aprendizagem motora e qual é o papel do desempenho motor nessa avaliação.

5.3 Características no desempenho para mensuração da aprendizagem motora

Podemos observar algumas características no desempenho enquanto aprendemos determinada habilidade. Partindo dessa ideia, discutiremos cinco delas a seguir: aperfeiçoamento, consistência, estabilidade, persistência e adaptabilidade do desempenho (Tillema; Leenknecht; Segers, 2011).

- **Aperfeiçoamento**: São as melhoras verificadas, ao longo do tempo, no desempenho da habilidade motora praticada.
- **Consistência**: São os níveis de desempenho tornando-se cada vez mais semelhantes de uma tentativa para outra, com menor variabilidade no número de erros e acertos. Em outras palavras, podemos dizer que, à medida que a aprendizagem avança, o desempenho torna-se cada vez mais regular. Por exemplo, no arremesso do basquete, após períodos maiores de prática, tendemos a manter certa regularidade, com manutenção de padrões de movimentos parecidos.
- **Estabilidade**: Refere-se à influência de perturbações (internas e externas) no desempenho. Perturbação interna comum é o estresse, que é vivenciado quando desempenhamos habilidades motoras sob pressão. Perturbações externas envolvem condições ambientais que podem perturbar o desempenho, tal qual obstáculos no caminho, direção

do vento e alterações de clima. Quando nossa(o) aluna(o) progride, a estabilidade do desempenho aumenta, ou seja, as perturbações têm menos influência no desempenho.

- **Persistência**: É caracterizada pela capacidade de manter a melhora no desempenho dos padrões e nas respostas de movimentos por período de tempo relativamente permanente. Ou seja, as modificações decorrentes da prática estendem-se por períodos cada vez mais prolongados, o que caracteriza a retenção do conteúdo apreendido. Por exemplo, quando a aluna/o aluno pratica muito determinado tipo de chute de futebol, em função da aprendizagem, tende a conseguir desempenhá-lo mesmo que passe vários meses sem praticá-lo.

- **Adaptabilidade**: Diz respeito à nossa capacidade de desempenhar determinada habilidade motora em grande variedade de situações e diferentes ambientes, além de conseguir criar variações do padrão motor praticado. Assim, para o desempenho bem-sucedido de qualquer habilidade motora, é necessária a adaptabilidade às alterações das características individuais, da tarefa e do ambiente. Por exemplo, a prática do lance livre em situações de treino possui restrições ambientais muito diferentes da realização de arremesso livre durante o jogo de basquetebol em um compeonato.

5.4 Avaliação da aprendizagem motora

A avaliação da aprendizagem motora é um meio de tornar os aspectos do ensinamento produtivos. Quando utilizamos a avaliação como instrumento a serviço da aprendizagem, esta contribui para a análise e a decisão de ações pedagógicas. Dessa forma, a avaliação da aprendizagem pode ser inferida por meio de quatro aspectos: observação da prática do desempenho; teste de retenção; teste de transferência; e dinâmica de coordenação, as quais serão debatidas a seguir.

5.4.1 Observação da prática do desempenho

A observação pode ser utilizada para verificação do desempenho durante a prática da habilidade. As observações podem ser presenciais (diretas) ou gravadas em vídeo (indiretas) (Yanes et al., 2015). É importante que tomemos nota de aspectos que consideramos importante durante a avaliação por observação para facilitar o processo de análise. Tais anotações podem nos oferecer dados qualitativos e quantitativos sobre o processo de aprendizagem.

A apresentação dessa avaliação por observação pode ocorrer via gráficos em forma de curva de desempenho, os quais oferecem imagens das mudanças no desempenho durante determinado tempo de prática ou tentativas. Duas características gerais do desempenho no aprendizado são observadas na curva de desempenho: o aperfeiçoamento e a consistência (de uma tentativa a outra).

Há, contudo, quatro tendências (tipos) de curvas de desempenho, que podem ser vistas na Figura 5.3:

1. **Curva linear (linha reta)**: Indica aumento proporcional do desempenho sobre o tempo/tentativa.
2. **Curva de aceleração negativa**: Indica que grande quantidade de aperfeiçoamento ocorre no início da prática e em menor quantidade no final.
3. **Curva de aceleração positiva**: Indica pouca melhora no desempenho no início da prática e grande aperfeiçoamento no final.
4. **Curva ogiva ou "S"**: Combinação das três outras curvas.

Figura 5.3 Tipos de curva de desempenho por meio da observação

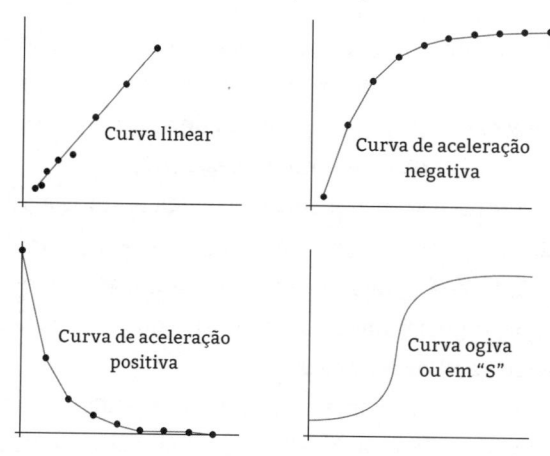

- Curva linear
- Curva de aceleração negativa
- Curva de aceleração positiva
- Curva ogiva ou em "S"

E como podemos interpretar as curvas de desempenho? Para mostrar aperfeiçoamento (mudanças na forma da curva) e consistência (desvio-padrão mais próximo da média) no desempenho, uma amostra representativa de tentativas de diferentes estágios de prática pode ser apresentada em gráficos. Por exemplo, os pontos presentes em alguns dos gráficos da Figura 5.3, são as observações em cada tentativa (prática). Podemos observar com o tempo o quão longe ou perto esses pontos ficam das curvas.

5.4.2 Teste de retenção

O teste de retenção analisa a característica de persistência do desempenho aperfeiçoado. O objetivo do teste de retenção é aferir o nível de permanência ou persistência do desempenho por meio das práticas. Essa avaliação é, então, realizada após determinado tempo sem a prática. É importante que o intervalo seja suficientemente longo. Podemos dizer que o aprendizado ocorre se existir diferença entre o nível de desempenho pré-teste e pós--teste (retenção) (James, 2012).

5.4.3 Teste de transferência

O teste de transferência refere-se ao aspecto da adaptabilidade nas mudanças do desempenho relacionadas à aprendizagem. Os testes envolvem situações novas ao que a aluna/o aluno esteve praticando a habilidade motora (James, 2012).

Dessa forma, é preciso adaptar a habilidade praticada durante as aulas às características da nova situação, ou seja, por meio desse teste, verificamos a adaptabilidade. Para isso, devemos considerar pontos importantes, como a característica do novo contexto e as variações de habilidades novas.

Pela característica do novo contexto, entendemos que pode ocorrer mudança do ambiente físico no qual a aluna/o aluno realiza a habilidade. Por exemplo, jogar voleibol de quadra e depois jogar voleibol de areia ou caminhar em diferentes tipos de piso (grama, areia e pedras).

Assim, como é possível existir alteração no ambiente físico em que se efetua o desempenho, é importante que o objetivo consista em tornar a habilidade capacitada em locais diferentes. Com o novo contexto, a aluna/o aluno modifica suas características individuais, visto que desempenha a habilidade enquanto se adapta às características que não estavam presentes durante outras práticas.

Quanto às variações de habilidades novas, elas consistem na capacidade de a(o) aluna(o) desempenhar com sucesso variações da habilidade já aprendida. Por exemplo, quando trocamos a bola de handebol pela *medicine ball*, observa-se essa adaptação para as novas características da bola. Nesse caso, a *medicine ball* apresenta maior massa.

No contexto do teste de transferência, também precisamos estar atentos à **transferência intermembros**, que é a capacidade de tranferência de aprendizado da prática realizada por um dos nossos membros para o outro que não realizou a prática (Morris et al., 2009; Stöckel; Wang, 2011; Bo; Lee, 2017). Tal transferência de aprendizagem pode ser explicada por meio de duas teorias: a baseada na cognição e a baseada no controle motor.

- **Teoria baseada na cognição**: Nela, acredita-se que há transferência de informação relacionada com "o que fazer" para atingir a meta de habilidade. A teoria enfatiza que, quando a aluna\o aluno se torna competente em determinada habilidade usando o braço direito, não precisa reaprender os elementos cognitivos comuns do "o que fazer" quando começar a praticá-la com o braço esquerdo, por exemplo. Dessa forma, a aluna/o aluno pode começar a prática com o braço esquerdo em nível mais alto do que começaria se nunca tivesse praticado com o braço direito (Malfait; Ostry, 2004).
- **Teoria fundada no controle motor**: Há duas explicações. Na primeira, observam-se as estruturas de controle do movimento baseadas no programa motor generalizado. Essa abordagem tenta explicar a capacidade que temos de escrever nosso nome, por exemplo, segurando a caneta com a nossa mão preferida, com outro membro (pé) ou, até mesmo, segurando a caneta com os dentes.

Assim, o fenômeno de controle motor é consistente com a ideia de que o programa motor generalizado funciona como mecanismo de controle que define os aspectos temporais e espaciais do movimento (Malfait; Ostry, 2004).

A segunda explicação mostra que pelo menos uma parte da transferência é mediada pelos componentes da tarefa entre os hemisférios do cérebro. Essa mediação pode ser demonstrada por meio da atividade de eletromiografia (EMG) dos quatros membros, quando um deles desempenha determinada habilidade.

A existência de atividade eletromiográfica é indício de que o sistema nervoso central reenvia os comandos para os músculos dos quatro membros. A maior parte de atividade de EMG ocorre nos membros contralaterais, uma parte menor nos ipsilaterais e a menor parte nos membros diagonais (Krishnan; Ranganathan; Tetarbe, 2017).

5.4.4 Dinâmica de coordenação

A dinâmica de coordenação observa a estabilidade e as transições do movimento durante a execução da tarefa. Nesse conceito, a aluna/o aluno não aprende a nova habilidade, mas desenvolve novo padrão de coordenação por meio de um padrão já existente. A estabilidade desse padrão caracteriza qual estado de desempenho a aluna ou aluno/o aluno se encontra: no inicial, no de transição ou no avançado.

Figura 5.4 Exemplo de características de curvas de desempenho

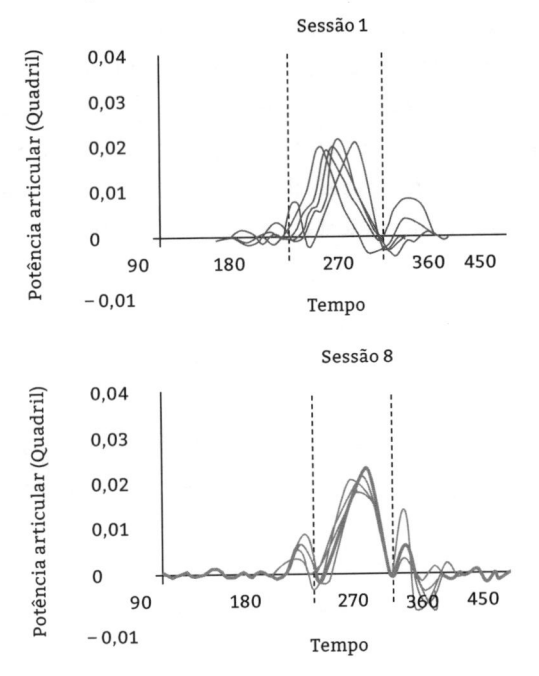

Fonte: William et al., 2014.

Williams et al. (2014) desenvolveram um estudo com o objetivo de investigar as características cinéticas da aprendizagem da técnica do balanço na barra fixa alta da ginástica artística. Eles coletaram dados cinemáticos e cinéticos de 12 participantes novatos do sexo masculino durante oito sessões de treinamento. Com base nesses dados, eles calcularam a potência da articulação do quadril.

A Figura 5.4, apresentada anteriormente, mostra as curvas de desempenho de algumas práticas durante a primeira e a última sessão de treinamento de um dos participantes do estudo.

Como você pode notar, na primeira sessão vemos menos consistência entre as práticas quando comparamos com a última sessão de treinamento. Observe também que o padrão da curva de potência da articulação do quadril ao final do movimento é diferente entre a primeira e a última sessão.

5.5 Prática do desempenho e aprendizagem

Após entendermos os quatro aspectos da avaliação, também é interessante que nos debrucemos sobre outros aspectos da prática do desempenho para refletirmos sobre o progresso da aprendizagem.

5.5.1 A prática do desempenho na alteração da aprendizagem

Neste primeiro momento, partiremos da ideia de que a prática do desempenho pode alterar a aprendizagem. E há duas razões para isso: a primeira é que a prática pode envolver variável de desempenho, o que pode fazer com que ele aumente ou diminua artificialmente. A segunda é que a prática do desempenho pode ser alterada se este envolve platô. Vejamos cada uma delas.

A primeira razão, que podemos chamar de **super ou subestimação do aprendizado**, traz algumas variáveis que podem influenciar no desempenho, o que pode super ou subestimar o aprendizado. Uma maneira de solucionar esse problema é por meio da utilização de testes de retenção ou transferência para avaliar a aprendizagem (Leverrier et al., 2011).

Se a prática do desempenho da aluna/do aluno representa aprendizado, o desempenho no teste de retenção demonstrará característica de persistência e não será muito diferente do desempenho ao final da prática. Da mesma forma, o teste de transferência demonstrará aumento na capacidade de adaptação a novas condições.

A segunda razão surge quando, na aprendizagem motora, a aluna/o aluno, por certo período de tempo, tem a impressão de que não apresenta melhoras no desempenho. Mas, após determinado tempo, o aperfeiçoamento volta a ocorrer. Esse período, durante o qual parece não haver melhoras no desempenho, é conhecido como **platô de desempenho**. O platô é característica de desempenho e não aprendizado.

Dessa forma, o platô pode aparecer ao longo da prática, mas o aprendizado continua ocorrendo durante esse período. Uma das razões disso ocorrer é que o platô representa o período de transição entre duas fases de aquisição de certos aspectos da habilidade. Durante tal transição, a aluna/o aluno está desenvolvendo novas estratégias requeridas pela tarefa para aumentar o nível de desempenho já adquirido.

Consequentemente, nenhuma melhora no desempenho ocorre até a nova estratégia ser implementada com sucesso. Outra possível explicação para o platô de desempenho é que ele representa um período de pouca motivação, fadiga e falta de atenção direcionada a aspectos importantes da habilidade.

Finalmente, é possível que o platô aconteça devido a limitações impostas pelas medidas do desempenho (efeito teto/chão), ou seja, esses instrumentos de medida não permitem que o escore do teste vá acima ou abaixo de certo valor.

Por exemplo, no estudo realizado por Kempf, Corcos e Flament (2001), os autores avaliaram 28 indivíduos. O objetivo do estudo foi avaliar a aprendizagem motora de movimentos específicos do punho. Assim, os participantes ficaram em frente a um monitor de computador no qual foram exibidos dois alvos retangulares e um cursor que se movia em relação ao deslocamento do *mouse* do computador.

Na Figura 5.5, há medidas representativas do parâmetro cinemático para movimentos realizados por um dos participantes do estudo. A duração total do movimento é representativa de parâmetros relacionados ao tempo (duração da aceleração e duração da desaceleração) e o pico de velocidade é representativo dos parâmetros relacionados à magnitude (pico de aceleração e pico de desaceleração). Podemos ver que a duração total do movimento diminuiu com a prática e nivelou com uma constante de tempo de 3,5. A velocidade de pico aumentou com a prática e, mais tarde, atingiu um platô (T = 4,4).

Figura 5.5 Medidas representativas do parâmetro cinemático

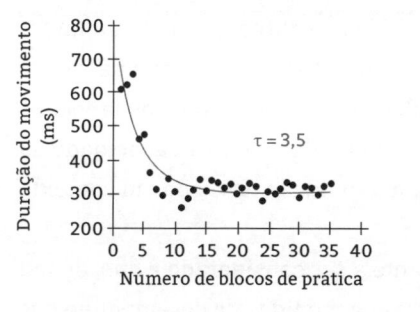

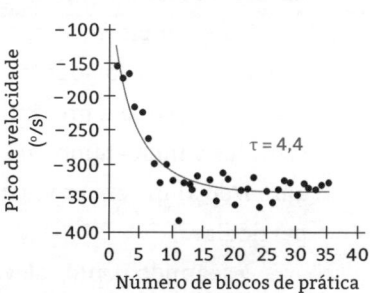

Fonte: Kempf; Corcos; Flament, 2001.

Podemos assumir que, ao atingir o platô do desempenho, esse participante do estudo apresentou características de modificação ao longo do tempo, o que ocorreu por meio da prática do movimento.

5.5.2 Progresso da aprendizagem

O *progresso da aprendizagem* refere-se ao sequenciamento intencional das expectativas do ensino em vários estágios de aprendizagem, desenvolvimento ou idades. O termo é geralmente usado em referência a padrões de aprendizagem, ou seja, descrições concisas e claramente articuladas do que as(os) alunas(os) são capazes de fazer em um estágio específico de aprendizagem.

Dois aspectos importantes relacionados à avaliação do progresso da aprendizagem são a meta da aluna/do aluno e os aspectos do desempenho que representam os melhores indicadores da habilidade. Pensando nessa abordagem, alguns pontos são importantes para o nosso estudo.

O primeiro deles diz respeito à **seleção de indicadores válidos da habilidade**. Isso porque, após a definição da meta, é preciso decidir quais aspectos do desempenho devem ser avaliados para a determinação do progresso da aprendizagem. Tais aspectos devem ser indicadores válidos da habilidade desejada. Um indicador tem valor quando nos permite, como profissionais de educação física, que façamos inferências corretas sobre o desempenho da habilidade.

Por exemplo, medidas válidas da aluna/do aluno na tarefa de lançar o dardo podem incluir a distância entre o dardo e o centro do alvo e a proximidade do grupo de dardos lançados. Medidas válidas também refletem algo sobre a capacidade da aluna/do aluno em produzir a habilidade desejada em contexto particular.

O segundo ponto relevante a ser considerado é que, de maneira geral, há duas categorias de medidas de desempenho que podem ser utilizadas como indicadores para verificar o progresso da aprendizagem: as medidas de resultado e as medidas de processo.

As **medidas de resultado** indicam aspectos sobre os resultados do movimento da aluna/do aluno e quantas tentativas consecutivas foram realizadas sem erro. Elas podem incluir medidas de tempo da realização da tarefa, distância (quão alto ou longe), frequência (número de tentativas com sucesso), acurácia (quão perto do centro do alvo o dardo chegou) e consistência (percentual de tentativas que acertaram o alvo).

Já as **medidas de processo** analisam aspectos referentes à produção e à qualidade do movimento. Podem envolver o uso de instrumentos mais sofisticados, como eletromiografia ou eletroencefalograma, por exemplo. Também é possível que avaliem modificações na variedade de características do movimento que ocorrem com a prática da habilidade ou com o aperfeiçoamento no desempenho. As medidas de processo utilizam instrumentos mais simples, como a classificação subjetiva da forma de movimento.

5.5.3 Aspectos observáveis da aprendizagem

Alguns dos aspectos observáveis dentro da aprendizagem são: a) conhecimentos dos conceitos; b) controle e coordenação dos movimentos; c) grupos e quantidades de músculos utilizados; d) eficiência na execução do movimento; e) qualidade de atenção para realizar o movimento; e f) capacidade de detectar erros. Falaramos sobre cada um deles a partir de agora.

O **conhecimentos dos conceitos** é o entendimento de regras, estratégias e pontos específicos da atividade. Conhecimento expandido e avançado desses conceitos permite à aluna/ao aluno avaliar a demanda da tarefa, determinar a ação mais apropriada e analisar de forma efetiva os resultados do seu desempenho no momento da tomada de decisão ("o que está ocorrendo" e "o que precisa ser feito"). Uma maneira de avaliar o conhecimento de conceitos é colocar em gráfico os tipos e o número de decisões corretas ou de erros que a aluna/o aluno cometeu na seleção de respostas.

Quando falamos em **controle e coordenação dos movimentos**, referimo-nos ao fato de que alunas e alunos em estágios mais avançados de aprendizagem apresentam movimentos que fluem melhor, ou seja, demonstram controle e coordenação das articulações e dos músculos de forma mais eficiente.

Em relação aos **grupos e às quantidades de músculos utilizados**, sabemos que mudanças nos padrões de atividade muscular ocorrem por meio da prática. Alunas e alunos iniciantes apresentam padrão com maior contração simultânea de agonistas e antagonistas.

A **eficiência na execução do movimento** refere-se ao custo energético durante o desempenho, que diminui com a prática como concorrência de controle, coordenação e padrões de atividade muscular mais eficientes. Alunas e alunos em estágios avançados de aprendizagem apresentam menos fadiga e maior capacidade de sustentar o desempenho por períodos longos de tempo.

Qualidade de atenção para realizar o movimento nos traz o fato de que alunas e alunos em estágios avançados de aprendizagem são capazes de sustentar a atenção por períodos longos de tempo, além de reconhecimento e resposta rápida a padrões complexos de estímulos e eventos inesperados.

Por fim, a **capacidade de detectar erros** nos mostra que, assim como alunas e alunos podem se tornar mais eficientes na produção de seus movimentos com o avanço na aprendizagem, também podem se tornar mais aptos a reconhecer e corrigir os erros.

Erros podem ocorrer devido a problemas na seleção do movimento (dançarina que confunde ou transpõe várias partes da sequência da coreografia) ou na execução inadequada da ação pretendida (aluna de saltos ornamentais que deixar de estender completamente os braços antes da entrada na água).

Questão para reflexão

Após ter ensinado à sua aluna ou ao seu aluno uma nova habilidade, como você pode fornecer provas de que ela ou ele está aprendendo a habilidade? Como você diria que as informações fornecidas vão de encontro à definição de aprendizagem motora?

Agora que as possibilidades de avaliação da aprendizagem motora e a prática do desempenho foram descritas, podemos avançar no conhecimento de como podemos auxiliar na aprendizagem motora de nossas alunas e nossos alunos mediante o fornecimento de boas instruções.

5.6 Instruções para a aprendizagem motora

Com o intuito de auxiliar no processo de aprendizagem das habilidades motoras, nós, profissionais de educação física, podemos fornecer informações prévias à prática de duas formas: pelas instrução verbal e pela demonstração (Ugrinowitsch; Benda, 2011).

De forma geral, podemos dizer que a instrução verbal colabora com informações sobre "o que" podemos fazer. Esse tipo de instrução é aplicável a habilidades que envolvem aspecto temporal a um estímulo externo (Tani et al., 2010; Ugrinowitsch; Benda, 2011).

Já a demonstração contribui com informações sobre "como fazer" e auxilia na formação do panorama de ação, o qual atua como ponto referencial em possíveis correções durante a prática (Meaney; Griffin; Harth, 2005; Tani et al., 2010; Ugrinowitsch; Benda, 2011).

5.6.1 Instruções verbais

Consideremos a seguinte situação: é o primeiro dia de sua aluna/seu aluno aprendendo a rebater a bola no tênis. O que você poderia dizer a ela/ele para auxiliá-la(lo) no aprendizado?

Você poderia dizer: "Eu gostaria que você se preparasse para golpear a bola realizando um balanço do braço de baixo para cima; mantenha o pulso firme, gire seu quadril, faça contato na parte da frente, flexione seus joelhos e mantenha o olho na bola. E lembre-se de permanecer relaxada(o) no momento do movimento! Pode ser?"

Você acha que forneceu pouca ou muita informação? Tais informações foram específicas?

Para responder a essas questões, precisamos discutir alguns fatores importantes. O primeiro deles é: **Quanta instrução devemos fornecer?** De forma geral, as instruções devem ser breves e diretas, visto que nossa memória de curto prazo é limitada em capacidade e podemos esquecer rapidamente (em média, 30 segundos) muito da informação que nos foi dada. Além disso, informação demasiada pode ser prejudicial à aprendizagem, pois apresentamos capacidade limitada de atenção (Wulf; Shea; Lewthwaite, 2010).

De fato, podemos dizer que tanto a nossa capacidade de foco de atenção quanto a nossa memória auxiliam na construção do panorama da habilidade motora, e as capacidades perceptivo-motoras nos dão suporte para a produção do movimento (Wulf; Prinz, 2001; Zentgraf; Munzert, 2009).

No entanto, é importante considerarmos o número de vezes em que a informação é apresentada a nossa aluna/nosso aluno. O objetivo é fazermos com que ela/ele perceba os aspectos cruciais do movimento para a formação de uma referência para a produção deste mais tarde.

Outro ponto é: **Quando devemos fornecer instrução?** Podemos fornecer instruções antes da execução e, quando necessário, também podemos fornecer instruções durante a execução. No entanto, é importante que espacemos as instruções durante os primeiros minutos de prática. Primeiramente, fornecemos informações mais elementares para, então, adicionarmos as informações sobre os pequenos detalhes (Wulf; Prinz, 2001; Zentgraf; Munzert, 2009; Wulf; Shea; Lewthwaite, 2010).

Ao fornecermos instruções, tanto o estágio de desenvolvimento cognitivo quanto o motor de nossas alunas/nossos alunos devem ser considerados, visto que ambos podem influenciar os efeitos da instrução. De modo geral, para alunas/alunos mais jovens, é interessante fornecermos instruções verbais que facilitem a captação e retenção das informações. Para as(os) mais velhas(os), podemos fornecer demonstração correta, com ou sem adição de estratégias do movimento (Tani et al., 2011).

A pergunta que se segue é: **Como devemos fornecer instrução?** Para fornecer instruções, devemos favorecem o foco de atenção em pontos-chave do movimento a ser executado. A linguagem utilizada deve ser adequada, ou seja, devemos fornecer as informações de forma simples, sucinta e direta (Wulf; Prinz, 2001).

Além disso, podemos utilizar dicas para o melhor desempenho das habilidades. Tais dicas não devem conter muita informação e devem ser concisas. Por exemplo, "olho na bola", "relaxe o braço", "joelho estendido"; "contraia o abdômen"; "ombro alinhado"; "cabeça erguida"; "inicie"; "finalize"; "gire".

5.6.2 Instruções por demonstração

Podemos aprender também por meio da demonstração, quando observamos a execução de determinada ação motora, seja ela esportiva, seja de lazer ou de qualquer outra natureza (Figura 5.6), e quando tentamos "capturar" as informações relevantes daquela ação por meio do sistema sensorial (Tani et al., 2011).

Figura 5.6 Exemplo de demonstração de movimento com o *kettlebell*

Essas informações são, então, utilizadas imediata ou posteriormente à execução da habilidade motora ao "copiarmos" o padrão de movimento observado e fazermos ajustes em torno desse padrão. Precisamos levar em consideração o contexto em que estamos inseridos no momento da execução (Blake; Shiffrar, 2007; Bouquet et al., 2007).

> **Importante!**
>
> **Instrução por demonstração** simboliza aquilo que observamos durante a execução completa ou parcial do movimento. Tal observação pode ocorrer ao vivo, por meio de desenhos, fotos ou vídeos.

Em outras palavras, por meio da observação visual, nós somos capazes de perceber as ações realizadas por outra pessoa (ou mesmo as realizadas por nós mesmos – vídeos, fotos desenhos, espelho) e produzi-las.

Mas, afinal, **quais são as formas de demonstração?** Podemos demonstrar o movimento das seguintes formas: a) por meio da execução do movimento com base em um modelo; b) por meio de fotografias/desenhos individuais ou em sequência; ou c) com o auxílio de vídeos (Tani et al., 2011). Tanto as fotografias quanto os vídeos podem ser da execução do movimento por modelos ou realizada por nossa aluna/nosso aluno.

E **quem demonstra e/ou observa?** Podemos ter modelos com dois níveis distintos de habilidade: o habilidoso e o aprendiz. No modelo habilidoso, temos a execução correta do padrão de movimento e o alcance com êxito da meta da tarefa. Já no modelo aprendiz, há o processo de aprendizagem da tarefa a ser executada.

Além disso, podemos ter o modelo da auto-observação, após a execução da tarefa motora (Tani et al., 2011). Um aspecto importante que devemos levar em consideração na instrução por demonstração é a transmissão correta tanto das características espaciais quanto das temporais do movimento (Adams, 1986; Bandura, 1986). Isso ocorre porque, ao observarmos um modelo, favorecemos o aumento da seletividade de informações relativas ao movimento, bem como a retenção dessas informações para a produção deste (Horn; Williams; Scott, 2002).

Uma próxima pergunta a ser feita é: **Quando devemos fazer a demonstração?** Sobre esse assunto, o que precisa ser entendido é que, quando permitimos às nossas alunas e aos nossos alunos decidir quando e quantas vezes vão solicitar a demonstração, surgem benefícios e melhoras no desempenho do movimento (Wrisberg; Pein, 2002; Wulf; Raupach; Pfeiffer, 2005).

Isso acontece porque tornamos nossas alunas/nossos alunos mais ativas(os) no processo de aprendizagem motora. Tal abordagem as(os) envolve mais cognitivamente com a tarefa. Quando não estamos presentes como profissionais de educação física para auxiliá-las(los), é a própria aluna ou o próprio aluno quem desenvolve as suas estratégias sobre quando é o melhor momento para ser informada(o), tanto por instrução verbal quanto por demonstração.

Como devemos fazer a demonstração? Ao fornecermos instruções por demonstração, devemos considerar os efeitos dessa demonstração no contexto em que a habilidade é executada, além da complexidade e da funcionalidade do movimento (Tani et al., 2011).

Por exemplo, ao considerarmos a velocidade com que devemos demonstrar o movimento, podemos utilizar o movimento em câmera lenta para levar a habilidades mais complexas. No entanto, quando aspectos temporais – como ritmo e *timing* do movimento – são considerados, a utilização de movimento em câmera lenta não seria a mais adequada. De qualquer forma, é importante sempre enfatizar a velocidade real do movimento por meio da associação entre a velocidade real e a reduzida.

Além disso, como as habilidades motoras abertas exigem, muitas vezes, que nos adaptemos a novas realidades e novos contextos, o emprego da demonstração talvez não seja eficiente. Ao considerarmos a imprevisibilidade das habilidades motoras abertas, é possível que, ao demonstrarmos um único modelo, as informações fornecidas não sejam suficientes para apontar as diversas possibilidades para alcançar a mesma meta. Em contrapartida, habilidades fechadas podem fazer maior uso das instruções por demonstração (Tonello; Pellegrini, 1998).

Questão para reflexão

Em sua aula de Educação Física, descreva como forneceria informações antes da prática sobre a forma de executar a habilidade que você escolheu. Há alguma razão específica para a maneira como você está fornecendo essa informação pré-prática?

O entendimento sobre a maneira pela qual podemos instruir nossas alunas e nossos alunos antes de iniciarem a prática tem papel fundamental na compreensão do *feedback* aumentado. É sobre esse assunto que falaremos na próxima seção.

5.7 Feedback aumentado

Uma das formas mais importantes que os profissionais de educação física podem utilizar para influenciar o processo de aprendizagem é fornecendo informações a respeito das ações realizadas por alunas e alunos, como na Figura 5.7.

Figura 5.7 Exemplo de *feedback* aumentado durante o exercício de avanço

MinDof/Shutterstock

Nesse panorama, *feedback* extrínseco ou aumentado diz respeito à informação sobre o resultado do movimento vinda de uma fonte externa, somando-se ao *feedback* intrínseco (Sigrist et al., 2013; Jakus et al., 2017). Como nas instruções indicadas na seção 5.6, podemos transmitir o *feedback* por meio de informação verbal ou por demonstração.

O *feedback* aumentado é caracterizado como informação que indica algo sobre o estado real do movimento, a qual poderá ser utilizada por nossas alunas e nossos alunos para correção de erros (Jakus et al., 2017).

> **Importante!**
>
> O *feedback* aumentado pode auxiliar a aluna/o aluno a aprender a habilidade desejada mais fácil e rapidamente do que sem essa informação externa. Além disso, o *feedback* pode auxiliar no sentido de manter o nível de aprendizado dessa habilidade quando a aluna/o aluno é submetida(o) a testes de retenção ou transferência.

Por meio do *feedback*, podemos fornecer informações sobre o padrão fundamental do movimento, considerando informações sobre erros, por exemplo. Podemos também fornecer informações relacionadas ao ambiente com especificações como duração, direção e amplitude, que definem as características do movimento (Sigrist et al., 2013; Jakus et al., 2017).

Primeiramente, é importante fornecer um *feedback* que auxilie a aluna/o aluno a corrigir seus erros no padrão de movimento, e não apenas valores relacionados ao ambiente. O *feedback* visual pode auxiliar no desenvolvimento do movimento e na seleção de aspectos relevantes deste. A utilização de vídeos com gravação da(o) própria(o) aluna(o) ou de outro modelo desempenhando a tarefa são exemplos de *feedback* visual. É importante que mostremos informações específicas nos vídeos para que a aluna/o aluno possa utilizar o *feedback* de maneira efetiva (Sigrist et al., 2013).

O conteúdo do *feedback* pode ser **descritivo**, quando apenas se reafirma algo que a aluna/o aluno fez, e **de prescrição**, quando a informação é fornecida para que correções possam ser feitas no próximo movimento.

Quando o *feedback* é fornecido após a realização do movimento e apenas descreve esse movimento realizado, é chamado de **conhecimento de resultado**; já que, quando a informação fornecida se refere especificamente ao padrão de movimento produzido, este é chamado de **conhecimento de desempenho**.

O uso do *feedback*, chama atenção para aspecto específico da tarefa que contribui no melhor desempenho do movimento. Tal recurso pode auxiliar os processos internos, o que facilita a aquisição e/ou a reaquisição de determinada habilidade.

Assim, podemos considerar o *feedback* como informação sobre o resultado do movimento ou sobre o padrão de movimento, o qual é fornecido como complemento à informação intrínseca de cada aluna ou aluno (Ronsse et al., 2011).

A seguir, vamos conhecer algumas das propriedades do *feedback* aumentado.

5.7.1 Propriedades de *feedback* aumentado

Começamos pela **propriedade motivacional**, cuja motivação está relacionada diretamente com o alcance da meta. Já sabemos que uma das importantes funções do *feedback* é fornecer a aluna ou ao aluno informações sobre seu progresso para que ela ou ele continue com os esforços para atingir a meta. Nesse sentido, o *feedback* serve como estímulo para que a meta seja alcançada (Wulf, 2007; Sigrist et al., 2013).

Manter a aluna/o aluno informada(o) sobre o seu progresso geralmente traduz em grande esforço durante a realização da tarefa. *Feedback* motivacional é utilizado na comparação entre o desempenho real e a meta desejada.

Dessa forma, é possível utilizar o *feedback* como recurso para modificar a capacidade de percepção da aluna/do aluno em executar determinada habilidade, o que permite aumento no desempenho do movimento.

Há também as **propriedades de reforço**, que se referem a quando fornecemos *feedback* a nossas(os) alunas(os) após o desempenho motor. O primeiro objetivo do reforço é aumentar a probabilidade de que a ação que acabou de ser realizada seja repetida no futuro sob circunstancias similares (Wulf, 2007; Sigrist et al., 2013). O *feedback* de reforço pode ser verbal ou não verbal, os quais podem ser utilizados em conjunto ("bom trabalho" e um sorriso, por exemplo).

Um *feedback* de reforço positivo apresenta natureza agradável, produz alterações benéficas e consistentes no desempenho.

Já o *feedback* de reforço negativo consiste da remoção de estímulo não agradável, o que aumenta a probabilidade de a aluna/o aluno repetir a mesma resposta sob circunstâncias similares. A punição diminui as chances de respostas serem repetidas, pois passa somente a informação de que a ação não foi aceitável, mas não fornece o que é aceitável ou desejável para a situação (Schmidt; Wrisberg, 2004).

Chegamos, então, às **propriedades de informação**. Uma das grandes funções do *feedback* é fornecer informação durante a realização da tarefa. O *feedback* pode ser utilizado também para que a atenção da aluna/do aluno esteja no resultado da tarefa (Sigrist et al., 2013). O *feedback* de informação dá a aluna/o aluno a direção precisa para corrigir erros e modificar o desempenho futuro, ou seja, por meio do *feedback* de informação, a aluna/o aluno pode apresentar menos erros, corrigir os equívocos rapidamente e levar o padrão do movimento próximo ao padrão esperado para alcançar a meta.

Por fim, temos as **propriedades de orientação**, sendo que o *feedback* de orientação tem o objetivo de facilitar a obtenção da meta, ou seja, orientar o movimento em direção à meta ou guiar a aluna/o aluno à resposta apropriada (Sigrist et al., 2013).

O *feedback* de orientação possibilita a correção dos erros rapidamente e preserva a resposta desejada; dessa forma, a aluna/o aluno pode avaliar se o que ela(ele) está fazendo é apropriado para desempenhar corretamente a habilidade.

5.7.2 Conteúdo do *feedback* aumentado

Para trabalharmos o conteúdo do *feedback* aumentado, é interessante que coloquemos algumas dessas informações em contraste com outras. Isso porque essa comparação pode melhorar a capacidade de autocorreção e aumentar o desempenho.

- **Informação sobre erros *versus* aspectos corretos nodesempenho**

A **informação sobre o erro** é mais efetiva para facilitar o aprendizado da habilidade, especificamente em termos de durabilidade e capacidade de transferência. O *feedback* baseado na operação de erro é importante durante a aquisição da habilidade para aumentar o desempenho desta em diferentes ambientes e situações, bem como melhorar a capacidade de autocorreção enquanto se realiza a tarefa, pois a informação de erro direciona a aluna/o aluno a modificar certas características do desempenho.

Como vimos no Capítulo 4, quando falamos sobre os estágios de aprendizagem, no início desse processo, a aluna/o aluno ainda não apresenta mecanismos efetivos para detectar e corrigir erros de movimento. Para tanto, é crucial que forneçamos *feedback* aumentado nessa fase da aquisição.

O fornecimento de *feedback* deve ser diminuído gradualmente com o decorrer do tempo de prática, visto que, com a prática, a aluna/o aluno é capaz de perceber seus erros no desempenho e corrigi-los, ou seja, fica mais independente para perceber o que e como modificar determinado desempenho (Ronsse et al., 2011). Dessa forma, a informação sobre o desempenho correto serve mais como motivação para que a aluna/o aluno continue.

- **Conhecimento de resultado *versus* conhecimento de desempenho**

É benéfico fornecer informações sobre o **conhecimento de resultado** para a aprendizagem porque: a) as(os) alunas(os) geralmente utilizam conhecimento de resultado para confirmar sua autoavaliação com *feedback* intrínseco; b) a aluna/o aluno não consegue determinar o resultado de desempenho da habilidade somente com o *feedback* intrínseco; c) pode ser fonte de motivação para continuar a prática; e d) pode ser utilizado para estabelecer a descoberta do ambiente de aprendizagem, no qual a aluna/o aluno é encorajada(o) a realizar a atividade de solução do problema com a utilização de tentativa e erro como solução para o desempenho da habilidade e para alcançar a meta (Jakus et al., 2017).

Já o **conhecimento de desempenho** é benéfico quando: a) habilidades devem ser realizadas de acordo com as características de movimento específicos; b) componentes específicos de movimento da habilidade que requer coordenação complexa devem ser melhorados e corrigidos; c) a meta da ação é a cinemática, a cinética ou atividade muscular específica; e d) o conhecimento de resultado é a repetição do *feedback* intrínseco (Carter; Patterson, 2012).

- **Informação quantitativa *versus* informação qualitativa**

O *feedback* **quantitativo** envolve valor numérico relacionado à magnitude de alguma característica do desempenho. Por exemplo: "Desta vez você caminhou mais rápido e diminuiu três segundos do seu tempo".

O *feedback* **qualitativo**, por sua vez, refere-se à qualidade da característica do desempenho sem considerar os valores numéricos associados. Por exemplo: "Desta vez você caminhou mais rápido".

Quando as alunas e os alunos estão no início da aprendizagem, dão mais atenção para a informação qualitativa. A informação qualitativa, nesse caso, fornece a maneira mais fácil de fazer a aproximação ao movimento requerido. Após a aluna/o aluno ser capaz de fazer essa aproximação, a informação quantitativa torna-se mais importante, visto que permite o refinamento das características do desempenho da habilidade (Sigrist et al., 2013).

5.7.3 Determinação de como o *feedback* deve ser dado

Dois fatores que nós, profissionais de educação física, devemos considerar antes de fornecer *feedback* são a **complexidade da tarefa** e a **experiência da aluna/do aluno**.

Quanto mais complexa a habilidade a ser aprendida e quanto menos experiente a aluna/o aluno, muito mais *feedback* extrínseco será necessário. Com o passar do tempo de prática e quando a tarefa é mais simples, é possível confiar mais no *feedback* intrínseco (Sigrist et al., 2013).

Para cada tarefa, há hierarquia de relevância sobre a informação intrínseca que a aluna/o aluno deve considerar ao tentar produzir movimentos de maneira efetiva. Uma proposta do *feedback* é auxiliar no encontro dessa informação.

A partir do momento que a aluna/o aluno é capaz de identificar a informação intrínseca relevante e produzir movimentos de maneira efetiva por conta própria, não será preciso *feedback* adicional ou apenas um pouco dele.

5.7.4 Quantidade de informação dada no *feedback* extrínseco

Dar muito *feedback* às alunas e aos alunos não é efetivo para a aprendizagem. Devemos focar em uma característica do movimento que é fundamental: melhorar durante o desempenho.

Assim que a aluna/o aluno apresentar progresso nessa característica, focamos em outra (Ballard et al., 2012).

Por exemplo, podemos diminuir a quantidade de informação (*feedback* diminuído) quando fornecemos o *feedback*. Ao considerarmos os estágios de aprendizagem, no início fornecemos maior quantidade, mas, a partir do momento em que a aluna/o aluno começa a dominar o desempenho da habilidade, diminuimos a quantidade de informação em até 50%.

O *feedback* médio é outra forma de diminuir a quantidade de resposta. Nele, a aluna/o aluno também realiza uma série de repetições e, somente após o seu término, recebe como *feedback* o escore médio das tentativas realizadas.

Preste atenção!

O fornecimento de *feedback* pode ocorrer após uma série de tentativas. E o número de tentativas em cada série deve considerar a complexidade da tarefa: quanto mais complexa a tarefa, menos tentativas dentro de cada série são consideradas (Sunaryadi, 2017).

O *feedback* após uma série de tentativas pode previnir a dependência de uma aluna/um aluno, visto que ela/ele realiza blocos de prática antes de receber qualquer resposta. Tal estratégia fortalece a familiaridade da aluna/do aluno com a habilidade e sua relação com seu *feedback* interno.

Podemos, ainda, diminuir a quantidade de *feedback* ao utilizarmos faixas de precisão. Assim, se durante a prática o erro de execução estiver dentro da faixa de aceitação, nós não fornecemos *feedback*.

5.7.5 Precisão e frequência do *feedback* aumentado

De maneira geral, no início da aprendizagem da habilidade motora, o *feedback* não tem necessidade de ser muito preciso para ser efetivo, pois, quando iniciam a prática, as alunas/os alunos cometem erros grosseiros, que são facilmente corrigidos com informação. Com maior nível de habilidade, as alunas/os alunos necessitam de informações mais detalhadas, visto que pretendem refinar suas ações (Meira Junior; Maia; Tani, 2012).

Precisamos ter alguns cuidados quando utilizamos o *feedback* extrínseco, principalmente com relação à frequência de fornecimento de estímulos verbais e visuais, pois essas informações, quando fornecidas de forma integral, podem causar danos à aprendizagem devido a três fatores: 1) dependência; 2) instabilidade; e 3) especificidade. Esses fatores podem fazer com que a aluna/o aluno não consiga manter o mesmo nível de desempenho obtido ao final da aquisição, o que implica na incapacidade de executar a habilidade após a remoção do *feedback*.

A redução do *feedback* extrínseco durante a fase de aquisição proporciona níveis estáveis no desempenho do movimento (Meira Junior; Maia; Tani, 2012). Dessa forma, a menor frequência de fornecimento de *feedback* extrínseco é mais eficaz para a aprendizagem do que a utilização de frequências altas.

É provável que a utilização de menores frequências possibilite que a aluna/o aluno utilize mais o *feedback* intrínseco. Este, por sua vez, favorece o desenvolvimento da capacidade de detecção e correção de erros, o que reflete em menor dependência de *feedback* extrínseco (Tani et al., 2014).

E em qual momento da prática podemos utilizar o *feedback*? Ele pode ser terminal, quando o apresentamos após a execução, mas também pode ser concomitante, quando fornecido durante a execução do movimento. Devemos tomar cuidado aqui para não utilizarmos o *feedback* concomitante como substituto do *feedback* intrínseco.

5.7.6 Intervalo na utilização do *feedback* aumentado

Um intervalo mínimo entre um *feedback* e outro é muito importante para que a aluna/o aluno consiga compreender, avaliar e processar o seu *feedback* intrínseco primeiro e, só então, consiga absorver a informação externa. Quanto mais complexa a tarefa, maior esse intervalo deve ser (Sigrist et al., 2013).

Nas últimas duas seções, compreendemos como dar instruções e *feedback* para nossas alunas/nossos alunos. Vamos aplicar esse conhecimento no entendimento do conteúdo do próximo capítulo deste livro, no qual as condições de prática serão apresentadas.

ııı *Síntese*

O desenvolvimento motor é a modificação do comportamento motor ao longo do ciclo da vida. O processo de desenvolvimento motor pode ser dividido em fases: a) fase motora reflexiva; b) fase de movimentos rudimentares; c) fase de movimentos fundamentais, a qual pode ser dividida em três estágios – inicial, elementar e maduro; e d) fase de movimentos especializados, a qual pode ser dividida em três estágios – transitório, de aplicação e permanente.

As fases de desenvolvimento trazem um processo em que há interação entre o indivíduo, o ambiente e a tarefa. Dessa forma, é importante ressaltar que fatores internos e externos podem afetar os estágios de desenvolvimento, como disponibilidade de tempo e dinheiro, acesso a equipamentos e instalações, além de condições físicas e mentais.

A aprendizagem motora ocorre por meio de combinações complexas e dinâmicas de processos motores. *Desempenho motor* diz respeito a comportamentos observáveis que podem ser medidos. Para compreender a relação entre aprendizagem motora e desempenho motor, devemos enfatizar os seguintes fatores: a) a aprendizagem motora resulta da prática ou da experiência; b) a aprendizagem motora não é diretamente observável; c) as modificações na aprendizagem motora são observadas nas alterações do desempenho motor; d) a aprendizagem motora envolve o conjunto de processos relacionados à capacidade do nosso organismo em se adaptar melhor à tarefa e ao ambiente; e) a aprendizagem motora produz capacidade adquirida para o desempenho motor; e f) as modificacões na aprendizagem motora são relativamente permanentes.

Para determinação das mudanças durante o aprendizado, a avaliação da aprendizagem pode ser inferida por meio de observação da prática do desempenho, testes de retenção, testes de transferência e dinâmica de coordenação. É importante que nós, profissionais de educação física, entendamos que, no momento da avaliação da aprendizagem, cada habilidade motora e, consequentemente, sua aprendizagem, seguem restrições do indivíduo, do ambiente e da tarefa. Dessa forma, as avaliações devem ser conduzidas periodicamente para determinação das nossas aulas de Educação Física na aquisição e/ou na reaquisição de habilidades.

Ao ensinarmos alguma habilidade motora, como profissionais de educação física podemos fazer uso das instruções à prática. Temos duas formas de fornecer instruções: a instrução verbal e a demonstração. A instrução verbal fornece informações sobre "o que" fazer. Já a demonstração fornece informações sobre "como" fazer.

É importante que o *feedback* aumentado apresente características que são subjacentes ao controle da aluna/do aluno. Além disso, é essencial que os profissionais de educação física tenham certo conhecimento do quanto a aluna/o aluno controla seus movimentos. Cabe a nós, os profissionais, descobrirmos de que forma o *feedback* funciona, com que frequência tem resultado efetivo, aumentando as probabilidades de uma ação favorável ser repetida em condições semelhantes. Devemos tentar minimizar o reforço negativo, bem como as punições, visto que o *feedback* se constitui elemento crítico para a aprendizagem, ou seja, trata-se de ferramenta importante para aprimorar a atenção e dar referência correta sobre o movimento aprendido. Desse modo, o ideal é utilizar o *feedback* de forma consciente e com a dosagem correta para o perfeito entendimento da tarefa exigida.

Atividades de autoavaliação

1. O desenvolvimento motor é o estudo da mudança no comportamento motor ao longo do tempo. Considere as afirmações a seguir e indique **V** para as verdadeiras e **F** para as falsas.

    ( ) O processo de desenvolvimento motor é sempre relacionado à idade cronológica, que é utilizada para classificação de desenvolvimento.

    ( ) A primeira fase de desenvolvimento é quando apresentamos movimentos reflexos.

    ( ) Os movimentos rudimentares são aqueles que envolvem estabilização, manipulação e locomoção.

    ( ) A fase de movimentos fundamentais pode ser dividida em três estágios: inicial, elementar e maduro.

    ( ) As crianças avançam de um estágio para o outro por meio do amadurecimento e com mínima influência do ambiente.

    ( ) A fase de movimentos especializados pode ser dividida em três estágios: transitório, aplicação e permanente.

    ( ) Quando consideramos a fase de movimentos especializados, a nossa intervenção como profissionais de educação física é mínima em qualquer um dos seus estágios de desenvolvimento.

2. Considerando as diferenças entre aprendizagem motora e desempenho motor, relacione cada termo a suas respectivas características:

(1) Aprendizagem motora

(2) Desempenho motor

( ) Refere-se a comportamentos observáveis que podem ser medidos.

( ) Pode ocorrer mesmo quando não se observam mudanças discerníveis no desempenho.

( ) É indicador objetivo que traduz o grau de integração e/ou aplicação da aprendizagem.

( ) É o processo gradual que ocorre por meio de várias tentativas de desempenho.

3. As características de desempenho citadas a seguir podem ser observadas enquanto aprendemos determinada habilidade motora. Relacione cada característica às suas principais particularidades:

(A) Aperfeiçoamento

(B) Consistência

(C) Estabilidade

(D) Persistência

(E) Adaptabilidade

( ) São as melhoras verificadas, ao longo do tempo, no desempenho da habilidade motora praticada.

( ) Capacidade de desempenhar determinada habilidade motora em grande variedade de situações e diferentes ambientes, além de conseguir criar variações do padrão motor praticado.

( ) Capacidade de manter a melhora, no desempenho dos padrões e nas respostas de movimentos, por período de tempo relativamente permanente.

( ) São os níveis de desempenho tornando-se cada vez mais semelhantes de uma tentativa para outra, com menor variabilidade no número de erros e acertos.

( ) Perturbações internas ou externas têm menos influência no desempenho.

4. Ao considerarmos que podemos utilizar alguns testes para inferir a aprendizagem motora, os quatro aspectos para a avaliação numerados a seguir podem ser considerados. Relacione-os às suas respectivas características:

(1) Observação da prática do desempenho

(2) Teste de retenção

(3) Teste de transferência

(4) Dinâmica de coordenação

( ) Observa a estabilidade e as transições do movimento durante a execução da tarefa. A aluna/o aluno desenvolve novo padrão de coordenação a partir de um padrão já existente.

( ) Refere-se ao aspecto da adaptabilidade nas mudanças do desempenho relacionadas à aprendizagem. Envolvem situações novas relacionadas à habilidade motora que a aluna/o aluno esteve praticando.

( ) Analisa a característica de persistência do desempenho aperfeiçoado. O objetivo é aferir o nível de permanência ou persistência do desempenho por meio das práticas.

( ) Pode ser utilizada para verificação do desempenho durante a prática da habilidade. Pode ser direta ou indireta.

5. Com o intuito de auxiliar no processo de aprendizagem das habilidades motoras, os profissionais de educação física podem fornecer informações prévias durante e após à prática. Nesse sentido, analise as afirmativas a seguir.

I. As informações prévias dizem respeito às instruções e às informações durante ou após a prática, que constituem o *feedback* aumentado.
II. Tanto as instruções prévias quanto o *feedback* aumentado podem ser fornecidos de forma verbal ou por demonstração.
III. Instrução verbal colabora com informações sobre "como fazer". A demonstração contribui com informações sobre "o que fazer".
IV. O conteúdo do *feedback* pode ser descritivo (reafirma algo realizado) e de prescrição (fornece correções).
V. O fornecimento de *feedback* não deve ser diminuído gradualmente com o decorrer da prática.

Agora, assinale a alternativa que apresenta a resposta correta:

a) As afirmativas I, II e V são verdadeiras.
b) As afirmativas I, II e IV são verdadeiras.
c) As afirmativas II, III e IV são verdadeiras.
d) Todas as afirmativas são verdadeiras.

Atividades de aprendizagem

Questão para reflexão

1. Descreva uma habilidade motora que você gostaria de ensinar a suas alunas e seus alunos e como você forneceria o *feedback* enquanto elas(eles) praticam a habilidade. Indique por que você daria *feedback* dessa maneira.

Atividade aplicada: prática

1. Quando em aula e após ter ensinado a sua aluna/o seu aluno uma nova habilidade, como você pode fornecer provas de que ela/ele ou ele está aprendendo a habilidade? Como você diria que as informações fornecidas vão de encontro à definição de aprendizagem motora (processos) e não estão somente baseadas nos resultados?

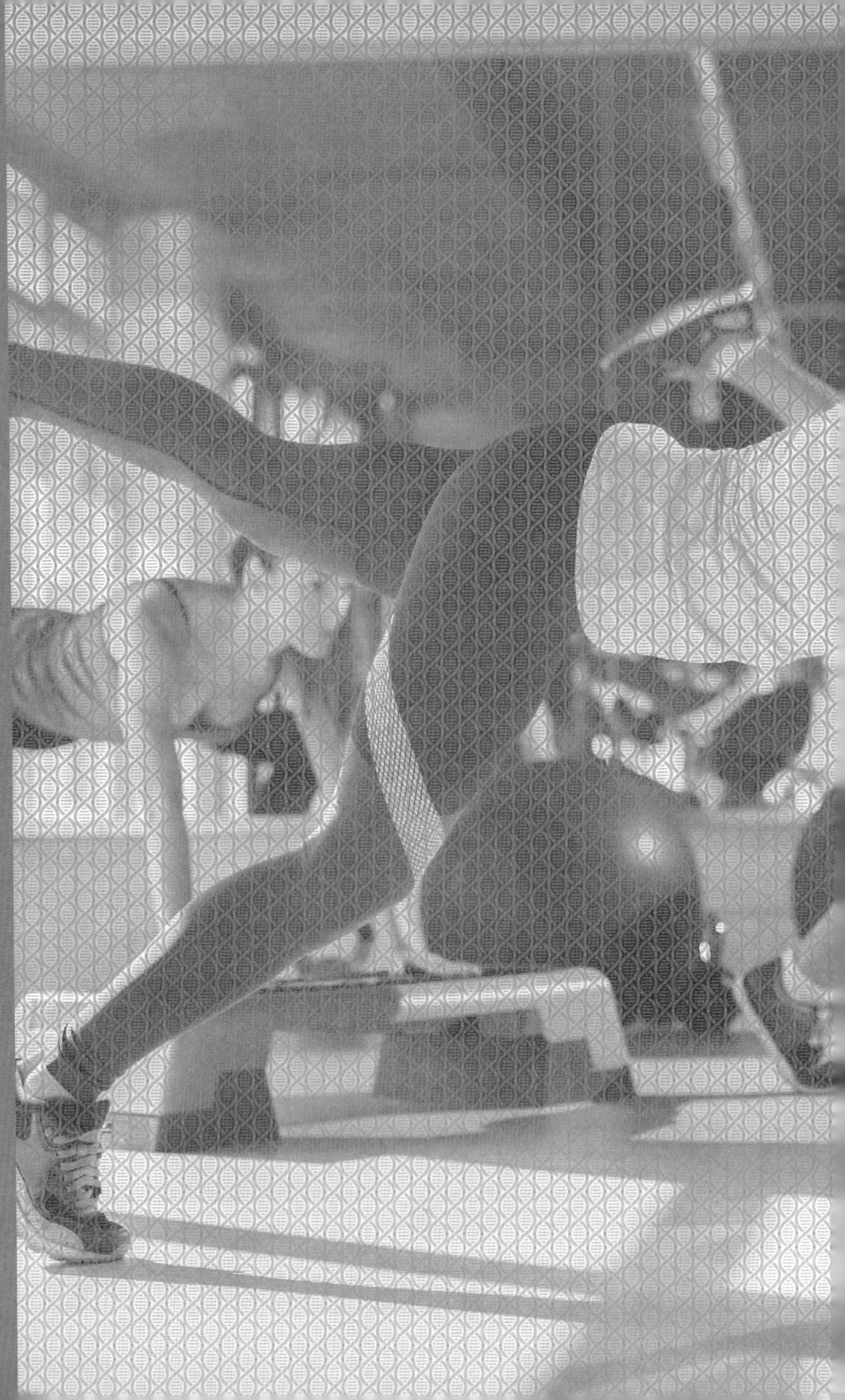

Capítulo 6

Aprendizagem motora: condições da prática

Conteúdos do capítulo:

- A importância da prática para a aprendizagem motora.
- Os tipos de prática para a aprendizagem motora.
- As maneiras como podemos organizar a prática motora de forma a melhorar a aquisição ou a reaquisição de habilidades motoras.
- As possibilidades oriundas da prática física e da prática mental.
- Condições de organização da prática e o papel da interferência contextual na aprendizagem motora.

Após o estudo deste capítulo, você será capaz de:

1. definir o que é prática e os fatores investigados no ensino e na melhora de habilidades motoras;
2. definir e compreender a importância da prática mental para a aprendizagem ou o aperfeiçoamento de habilidades motoras;
3. listar as formas como podemos organizar a prática física;
4. descrever as formas de distribuição de prática;
5. identificar o papel da interferência contextual na prática.

6.1 Prática na aprendizagem motora

A nossa intervenção como profissionais de educação física é vasta e apresenta muitas possibilidades e em diferentes locais, como escolas, clubes esportivos, academias, hospitais, hotéis e indústrias, ou como *personal trainer* de clientes particulares. Em todas essas possibilidades de atuação, podemos ter como foco a melhora de capacidades físicas e o ensino ou melhora de habilidades motoras.

Vimos nos capítulos anteriores que, quando ensinamos uma habilidade motora, alguns fatores influenciam esse ensino. Dentre eles, podemos citar: a) como fornecemos as instruções; b) quais as metas estabelecidas e como as atingiremos durante as práticas; c) como forneceremos *feedback*; e d) como a prática será desenvolvida.

No capítulo anterior, verificamos que as formas de fornecer informação prévia à prática podem ser a instrução verbal e a demonstração. A instrução verbal fornece informações sobre "o que" fazer e a demonstração, sobre "como" fazer.

Quando consideramos as metas, elas podem ser estabelecidas tanto de forma genérica quanto de forma específica. Além disso, as metas podem ser de longo ou curto prazo e estarem associadas a aspectos específicos do que queremos alcançar com a prática. O estabelecimento de metas nos leva a maior comprometimento com a tarefa e maior dedicação e motivação durante a prática (Ugrinowitsch; Benda, 2011).

Como também vimos no Capítulo 5, a correção após a prática está associada ao momento, à quantidade e à frequência de vezes que o *feedback* sobre tal prática é fornecido. Além disso, é importante ressaltar que o *feedback* deve complementar a avaliação do desempenho realizada pela(o) própria(o) aluna(o).

A prática é o esforço consciente de organização, execução, avaliação e modificação das ações motoras a cada tentativa (Tani et al., 2010). De fato, a prática é fator importante na aprendizagem motora.

6.1.1 Quantidade de prática

Visto que, como profissionais de educação física, muitas vezes temos quantidade limitada de tempo para trabalhar com nossas alunas e nossos alunos, é interessante considerarmos a quantidade de prática que elas e eles necessitam para alcançar diferentes níveis de aprendizado e experiência.

É sempre interessante basearmos nossa organização da prática de acordo com os estudos publicados nessa área. No entanto, devido a dificuldades em recrutar participantes e acompanhá-las(los) ao longo do tempo para avaliação do progresso, há poucas pesquisas que realmente conseguem estudos de longo prazo sobre aprendizagem motora.

Dos poucos estudos considerando a avaliação da prática a longo prazo, temos alguns que nos dizem que precisamos de, no mínimo, 10 anos de prática para alcançarmos níveis de desempenho excepcionais (Davids; Button; Bennett, 2008).

De fato, parece que, quanto mais tempo é dedicado à prática, melhor será o desempenho, visto que as horas acumuladas que dedicamos à prática são positivamente relacionadas ao nível de desempenho motor. Dentro de certos limites nos aspectos físicos, quanto mais horas gastamos na prática, é mais provável que desenvolvamos alto nível de especialização em determinado contexto de desempenho motor (Ericsson; Krampe; Tesch-Romer, 1993).

6.1.2 O que fazemos nas práticas motoras?

Bernstein (1967) referiu-se ao processo de prática como "repetição sem repetição", ou seja, menos ênfase na reprodução do padrão de movimento idêntico ao longo das práticas e mais atenção à adaptação dos padrões de movimento durante a prática com o intuito de alcançar objetivos de resultados consistentes.

O processo de busca durante a prática envolve a modificação e a perfeição das soluções de movimento de uma prática a outra, sem contar com desempenho idêntico de uma para a outra – "repetição sem repetição" (Bernstein, 1967).

A prática como processo exploratório é consequência das propriedades de auto-organização encontradas em todos os níveis do nosso sistema de movimento e da natureza emergente do comportamento adaptativo (Davids; Button; Bennett, 2008).

Para saber mais

Para saber mais sobre este assunto, assista ao vídeo dos professores Annie Bosler e Don Greene para o TEDEd:

COMO PRATICAR eficazmente... para quase qualquer coisa – Annie Bossler e Don Greene. Disponível em: <https://www.youtube.com/watch?v=f2O6mQkFiiw>. Acesso em: 24 jun. 2019.

Questão para reflexão

Após assistir o vídeo dos professores Annie Bosler e Don Greene sugerido na seção "Para saber mais", descreva como a prática pode afetar os mecanismos internos e externos do nosso corpo.

Nas próximas seções deste capítulo, concretizaremos os detalhes do processo de prática com a examinação do papel de quem participa dela por meio da manipulação de restrições e da organização da estrutura das suas sessões.

6.2 Prática mental e prática física

Existem dois diferentes tipos de prática: mental e física. A **prática mental** acontece quando não há a prática física efetiva. Já a **prática física** se dá quando ocorre o movimento (Mackay, 1981).

6.2.1 Prática mental

A prática mental auxilia na formação da imagem do movimento, a qual pode ser utilizada em movimentos futuros. Dessa forma, podemos definir a prática mental como a forma de imaginarmos a realização de habilidades motoras sem a execução do movimento (Adegbesan, 2009; Magill, 2011).

> **Importante!**
>
> Um aspecto interessante da prática mental é que ocorrem atividades internas para a "realização" de determinada ação, mas movimentos reais dos segmentos corporais não são observados.

A prática mental pode auxiliar na concentração e no melhor desempenho do controle motor, o que facilita a execução de movimentos futuros específicos (Jackson et al., 2001) e o processo de aprendizagem motora (Mahoney; Millard; Wardrop, 2001).

Um procedimento de prática mental é a imaginação. A imaginação é a prática na qual nos imaginamos executando determinada habilidade motora (Magill, 2011). As ações imaginadas, ou cenas, podem ser obtidas por meio da perspectiva externa ou da perspectiva interna (Mcavinue; Robertson, 2008).

A **perspectiva externa** é baseada principalmente na imagem visual. Nela, assumimos o papel de espectador, ou seja, observamos a nossa própria execução como se estivéssemos assistindo a um filme do nosso próprio movimento.

A perspectiva interna, por sua vez, é baseada principalmente na sensação sinestésica. Dessa forma, nos identificamos intensa e profundamente com os processos internos que ocorrem durante a imaginação do movimento, com ênfase na sensação sinestésica gerada. Por meio dessa abordagem, procuramos vivenciar a ação como se estivéssemos a executando realmente.

> **||| Preste atenção!**

E, afinal, o que ocorre no nosso organismo com a prática mental? Estudos utilizando ressonância magnética têm demonstrado que o córtex motor primário é ativado durante a imaginação, apesar de ser em menor grau do que quando os movimentos são realmente realizados (Beisteiner et al., 1995; Leonardo et al., 1995; Lotze et al., 1999). Isso sugere que, quando estamos engajados na imaginação, podemos fortalecer nossas condições neurais para certos movimentos, o que facilita a execução física posterior.

A prática mental pode ser utilizada tanto para facilitar a aprendizagem quanto para aperfeiçoar habilidades motoras já adquiridas (Orlick, 1991). No entanto, quando comparada à prática física, sua efetividade parece ser menor (Driskell; Copper; Moran, 1994).

Com o intuito de tirar maior proveito da prática mental, esta pode ser associada à prática física. A prática física, juntamente à mental, pode auxiliar na produção de imagens motoras mais realistas e eficientes. Como consequência, vemos aumentar o potencial da prática mental. Quando combinadas, produzem estímulo à neuroplasticidade com reorganização cortical (Butler; Page, 2006; Kasai, 2009).

6.2.2 Prática física

A prática física se dá quando ocorre o movimento efetivamente (Mackay, 1981). Ao falarmos de *prática física*, há basicamente três temas importantes a serem considerados. São eles:

1. **Fragmentação da prática**: É a divisão de determinada habilidade motora com o intuito de ensiná-la por partes (Naylor; Briggs, 1963).

2. **Distribuição da prática**: É o intervalo de tempo entre uma execução e outra na mesma sessão de prática ou entre uma sessão e outra (Lee; Genovese, 1988).
3. **Variabilidade da prática e Interferência contextual**: É a forma de variar a prática, seja na mesma sessão, seja entre uma sessão e outra. A variabilidade da prática leva em consideração o grau com que a prática de várias habilidades motoras interfere na aprendizagem das mesmas (Shea; Morgan, 1979).

> *Questão para reflexão*
>
> Escolha uma habilidade motora que você gosta de executar. Depois, descreva como você poderia praticá-la mentalmente, de forma a auxiliar o seu próximo desempenho. Como você utilizaria essa estratégia da prática mental nas suas aulas de educação física?

Podemos dizer que a prática, seja ela física, seja mental, tem papel fundamental na aprendizagem motora, por meio dela que aprendemos e ensinamos habilidades motoras. Mas como podemos organizar essa prática de maneira que ela seja eficiente e que realmente leve à aprendizagem motora? Esse assunto é o que debateremos nas próximas três seções deste capítulo.

6.3 Fragmentação da habilidade motora na prática

Uma decisão a ser tomada por nós, profissionais de educação física, ao ensinarmos determinada habilidade motora é se vamos organizar a prática pelas partes ou pelo todo.

A prática pelas partes envolve "quebrar" a habilidade em unidades menores, enquanto que a prática pelo todo envolve a prática da habilidade motora na sua totalidade (Fontana et al., 2009).

6.3.1 Qual método utilizar?

É importante que desenvolvamos critérios com o intuito de determinar o uso apropriado das diferentes formas de prática. Uma maneira de sabermos qual prática devemos utilizar é considerar a organização e a complexidade da tarefa a ser aprendida (Naylor; Briggs, 1963).

A **complexidade** refere-se ao número de restrições do indivíduo, do ambiente e da tarefa. Quando consideramos somente a tarefa, podemos inferi-la com base no número de seus componentes (Naylor; Briggs, 1963; Magill, 2011). Por exemplo, a rebatida de bola no tênis seria tarefa com baixa complexidade, enquanto a rotina de ginástica rítmica seria tarefa com alta complexidade. Poderíamos dizer, ainda, que ambas as tarefas são difíceis de executar. No entanto, a rotina de ginástica rítmica tem muitos mais componentes do que a rebatida de bola no tênis.

> **Importante!**
>
> Um aspecto a ser considerado ao organizarmos a prática pelas partes é como iremos, durante o processo de aprendizagem, unir os componentes, visto que devemos promover uma prática pelas partes voltada para a meta principal a ser alcançada por nossos alunos e alunas, isto é, a execução da tarefa dentro do contexto real (Ugrinowitsch; Benda, 2011).

A **organização** da tarefa refere-se a como seus diferentes elementos estão relacionados, ou seja, consideramos se temos habilidades discretas ou seriadas. As tarefas com alta organização têm partes que dependem umas das outras. Em outras palavras, o desempenho de uma parte depende de como se executa a parte anterior (Schmidt; Wrisberg, 2004; Magill, 2011).

6.3.2 Aplicando os métodos de prática

O método de **prática pelas partes** é aconselhável para tarefas de alta complexidade e baixa organização (Naylor; Briggs, 1963; Schmidt; Wrisberg, 2004; Magill, 2011).

Um exemplo, ao considerarmos a organização da tarefa, é a rotina de uma aula de *step* não coreografada (Figura 6.1), que apresenta alta complexidade, mas baixa organização.

Figura 6.1 Exemplo de prática por partes (aula de *step*)

Syda Productions/Shutterstock

O grande número de etapas nas rotinas da aula de *step* não coreografada torna essa tarefa complexa, visto que apresenta altas demandas e restrições sobre as alunas e os alunos. No entanto, a execução de uma etapa não influencia a execução da próxima, o que nos leva a considerar tal tarefa como de baixa organização (habilidades seriadas).

Outros exemplos de tarefas com alta complexidade e baixa organização, nos quais podemos utilizar a prática pelas partes, são os esportes coletivos. No basquetebol, por exemplo, há várias habilidades – passe, drible, controle e arremesso da bola – que podemos ensinar separadamente, já que uma habilidade não apresenta tanta influência na aprendizagem de qualquer outra.

A **prática pelo todo**, por outro lado, é aconselhável para tarefas com baixa complexidade e alta organização (Naylor; Briggs, 1963; Schmidt; Wrisberg, 2004; Magill, 2011).

Levemos em consideração as habilidades individuais presentes em esportes coletivos. Tomando o arremesso no basquete como exemplo (Figura 6.6), percebemos que este apresenta número relativamente baixo de componentes, mas que são altamente dependentes uns dos outros.

Dessa forma, a prática do arremesso da bola sem considerarmos a flexão do joelho, por exemplo, altera completamente a sensação da habilidade. De fato, embora a prática pelas partes possa simplificar o ensino de determinada habilidade motora, esta pode alterar a biomecânica do movimento (Fontana et al., 2009).

Ao organizarmos a prática, podemos considerar as características de complexidade e organização das habilidades motoras como dois extremos dentro de uma continuidade (Figura 6.2). Teríamos, então, em uma das extremidades as habilidades de alta complexidade/baixa organização e, na outra, as habilidades de baixa complexidade/alta organização (Públio; Tani, 1993; Ugrinowitsch; Benda, 2011). Dessa forma, podemos localizar diferentes habilidades em qualquer ponto dessa continuidade.

Figura 6.2 Complexidade e organização da habilidade motora e os métodos de prática pelas partes e pelo todo

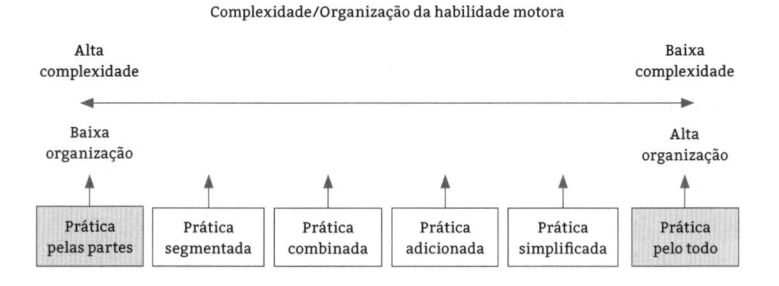

Na situação em que habilidades se encontram em faixas intermediárias nessa continuidade, podemos utilizar métodos de prática: a) segmentada – a parte de uma habilidade ou tarefa-alvo é praticada até que seja aprendida; b) combinada – combinando as etapas da habilidade ou tarefa; c) adicionada – pela inserção gradativa de componentes da habilidade ou tarefa; ou d) simplificada – simplifica-se a habilidade até que ela seja aprendida, aumentando o grau de dificuldade aos poucos (Ugrinowitsch; Benda, 2011).

Questão para reflexão

Pense em três habilidades motoras de sua preferência, as quais você ensinará a seus alunos e suas alunas. Como você ensinaria essas habilidades para um indivíduo experiente e para outro que acabou de chegar? Você ensinaria por meio da prática pelo todo ou por partes? Quais os seus motivos para a escolha da prática?

Após a compreensão sobre como podemos fragmentar ou não o ensino das habilidades, discutiremos, na próxima seção, como podemos distribuir a prática.

6.4 Distribuição da prática motora

Uma das questões para garantir ótimo ambiente para a aquisição ou reaquisição de habilidades motoras diz respeito à quantidade de **repouso necessário** entre as práticas.

A distribuição da prática nada mais é que o espaçamento de uma prática a outra, ou seja, refere-se ao espaço de tempo entre as execuções de prática. Esse espaçamento pode ocorrer de duas formas: por meio da prática distribuída e pela prática maciça. A diferença entre esses dois tipos de prática está relacionada ao tempo de prática e repouso.

As **práticas maciças** envolvem tempo de prática maior com períodos de descanso mais curtos ou até mesmo sem descanso (Burdick, 1977; Wek; Husak, 1989; Schmidt; Wrisberg, 2004).

Já nas **práticas distribuídas**, o tempo de prática é menor ou igual ao período de repouso (Lee; Genovese, 1988; Newell; Antoniou; Carlton, 1988; Schmidt; Wrisberg, 2004). Além disso, o descanso na prática distribuída pode ser ativo, com o ensino de outra habilidade ou tarefa (Schmidt; Wrisberg, 2004).

6.4.1 Qual distribuição de prática utilizar?

Ambas as práticas têm demonstrado serem eficientes na aquisição ou reaquisição de habilidades. Os estudos nessa área tem apresentado resultados positivos tanto para a prática maçica (Lee; Genovese, 1988; García et al., 2008) quanto para a distribuída (Lee; Genovese, 1988; Bock; Thomas; Grigorova, 2005). Além disso, há muitos estudos que não conseguiram observar diferenças entre as duas formas de prática (Carron, 2013; Stelmach, 1969; Lee; Genovese, 1988; Leite et al., 2009). É importante considerar que esses estudos podem apresentar resultados diferentes devido a uma variedade de aspectos metodológicos, como: a população avaliada, os tipos de teste utilizados, as tarefas propostas e o ambiente no qual foram realizadas.

Dessa forma, podemos assumir que a prática maciça e distribuída são dois extremos de uma continuidade. Nelas, podemos manipular o tempo de prática e repouso, considerando diferentes restrições presentes no indivíduo, no contexto que a ação é praticada e na tarefa a ser desempenhada.

6.4.2 Fatores a serem considerados na escolha da prática

A escolha entre as práticas maciça e distribuída depende de alguns fatores, como fadiga, restrições de tempo, número de participantes e restrições da tarefa praticada.

A **fadiga**, tanto a física quanto a mental, desempenha papel importante na escolha do tipo de prática utilizada (Schmidt; Wrisberg, 2004).

Por exemplo, se inúmeras tentativas de determinada ação ou tarefa durante a prática devem ser realizadas, e se as tarefas são muito cansativas, uma redução no tempo de descanso ou nenhuma alocação de tempo para o repouso podem resultar em acumulação de fadiga.

A fadiga pode reduzir o desempenho motor, o qual pode interferir nos processos de aprendizagem envolvidos na realização da tarefa. Além disso, insistir no desempenho motor após a fadiga ser atingida pode levar ao desenvolvimento de "maus hábitos" por meio do ensino de movimentos inapropriados (Murray; Udermann, 2003). Desse modo, a fadiga deve ser levada em consideração quando organizamos o cronograma de prática.

As **restrições de tempo** e o **número de participantes** também devem ser considerados. O tempo desempenha papel importante na decisão de que tipo de prática deve ser empregada. Se nós, profissionais de educação física, tivermos quantidade limitada de tempo e grande número de alunas e alunos na aula, a prática maciça pode não ser a melhor escolha (Murray; Udermann, 2003).

Por exemplo, seria muito difícil para 30 alunas e alunos praticarem o chute ao gol se elas e eles tivessem apenas a oportunidade de uma tentativa para praticar o chute em um período de dez minutos. Ou seja, as restrições de tempo para a prática devem ser consideradas no momento de suas organização.

Para tal exemplo, uma abordagem pedagógica utilizando a prática distribuída com várias habilidades e o trabalho em grupo seria mais interessante para a aquisição da habilidade. Dessa forma, as(os) alunas(os) estariam envolvidas(os) na atividade com maior participação na tarefa e estariam fora da prática da tarefa por menor tempo.

Outro ponto a ser considerado são as **restrições da tarefa praticada**. Quando consideramos as tarefas discretas, como arremessar a bola de basquete na cesta, a bola de handebol no gol (Figura 6.3) ou pegar os halteres do chão na musculação, as práticas maciças parecem apresentar maior vantagem na aquisição ou reaquisição de habilidades.

Figura 6.3 Arremesso de handebol

As tarefas discretas levam tempo muito curto para serem realizadas (décimos de segundo). Assim, fazer os períodos de descanso suficientemente curtos para ter efeito no desempenho é mais fácil.

Na verdade, mesmo em situações bem controladas, em que os períodos de descanso foram mantidos a 300 microssegundos, nenhum decréscimo no desempenho ou na aprendizagem foi observado para a prática maciça (Carron, 1967; Lee; Genovese, 1988; Schmidt; Wrisberg, 2004).

Quando as tarefas contínuas, como a natação, o ciclismo, ou a corrida, são levadas em consideração, as práticas distribuídas parecem ser melhores do que a prática maciça (Stelmach, 1969; Lee; Genovese, 1988; Schmidt; Wrisberg, 2004). No entanto, há pesquisadores que demonstraram efeito contrário, revelando momentos em que a prática distribuída também apresenta melhores resultados (Mackay et al., 2002).

De fato, as tarefas contínuas podem levar a estados similares à fadiga. Nesses casos, a diminuição do repouso entre as tentativas de ação demonstram maiores efeitos negativos na recuperação da fadiga e no desempenho motor (Schmidt; Wrisberg, 2004).

Por fim, um aspecto relevante que devemos considerar na escolha da prática é que o fato de um tipo ser melhor no desempenho motor não significa necessariamente que ele seja melhor para a aprendizagem motora (vimos as diferenças na definição dos dois conceitos no Capítulo 5).

Isso acontece porque os tipos de prática parecem afetar mais o desempenho motor do que a aprendizagem motora (Murray; Udermann, 2003; Magill, 2011). No entanto, de forma geral, a prática com maior tempo de repouso leva à aprendizagem superior, o que nos faz considerar a utilização da prática distribuída no início da aprendizagem (Ugrinowitsch; Benda, 2011).

Dessa forma, a decisão de qual tipo de prática utilizar nas nossas aulas deve se basear no resultado que desejamos, nas demandas das tarefas e nas habilidade praticadas, bem como no estágio de aprendizagem que a aluna/o aluno se encontra.

A distribuição da prática é aspecto importante quando organizamos as nossas aulas de Educação Física. Seu entendimento nos dá base para a compreensão da variabilidade da prática e também provoca *interferência contextual*, termo que discutiremos na próxima seção deste capítulo.

6.5 Variabilidade da prática motora e interferência contextual

Como já discutimos em outros capítulos deste livro, como profissionais de educação física, temos como objetivo em cada uma das nossas aulas proporcionar oportunidades para que nossas alunas e nossos alunos aprendam ou reaprendam habilidades motoras. Ou seja, as habilidades são adquiridas progressivamente por meio da prática. Então, como podemos organizar a prática de maneira a atingir esse objetivo?

Podemos organizar a prática de forma constante ou com variações (Magill, 2011; Ugrinowitsch; Benda, 2011). A **prática constante** é a condição na qual sempre executamos a mesma habilidade ou tarefa sem variações em suas características.

Já a **prática com variações** pode ocorrer: a) quando exploramos diferentes características de uma mesma habilidade ou tarefa (arremessar a bola de basquete de diferentes posições com diferentes distâncias da cesta); e b) quando utilizamos habilidades ou tarefas distintas (correr até um ponto da quadra, receber a bola próximo a cesta e, então, realizar o arremesso da bola de basquete à cesta).

A organização da prática com variações pode levar a maior ou menor interferência contextual na prática. Vamos compreender, então, o que é interferência contextual e como organizar a prática nesse sentido.

6.5.1 Interferência contextual na prática

O efeito da interferência contextual resulta da realização de várias tarefas no contexto da prática e está relacionado com a ordem que as habilidades ou tarefas são praticadas (Lage et al., 2007).

Importante!

A interferência contextual parece ser um dos principais fatores que influenciam na aquisição ou reaquisição de habilidades motoras (Fialho; Benda, Ugrinowitsch, 2006; Ugrinowitsch; Benda, 2011) e ocorre quando uma tarefa é praticada no contexto de outra.

Mas, afinal, como tirar vantagem da interferência contextual quando organizamos as práticas durante as aulas de Educação Física? Podemos considerar a seguinte situação: temos um aluno que veio até nós para que possamos melhorar seu equilíbrio. Ele tem tido muitas quedas nos últimos anos. Após conversarmos com ele e estabelecermos as metas de treinamento, ele chega para seu primeiro dia de aula. Depois do aquecimento e da ativação muscular, decidimos propor os exercícios do Quadro 6.1.

Quadro 6.1 Exercícios propostos

VCoscaron, Monika Mulec Skitek e Daxiao Productions/Shutterstock

Exercício 1: posição em *tandem* (um pé na frente do outro).
Exercício 2: manter a postura ereta enquanto em cima de uma espuma.
Exercício 3: manter o equilíbrio enquanto sentado em cima da bola suíça com a perna elevada.

O objetivo é que o aluno realize cada exercício por 10 vezes com duração de 30 segundos cada uma.

Como poderíamos organizar a prática com a utilização desses três exercícios diferentes? Isso poderia ser feito de duas formas: a prática em blocos e a prática aleatória (Shea; Morgan, 1979). Veja o Quadro 6.2.

Quadro 6.2 Organização dos exercícios em prática por blocos *versus* aleatória

Prática por blocos	Prática aleatória
Organizamos a prática de forma que uma tarefa é repetida diversas vezes e, posteriormente, outra tarefa é repetida diversas vezes.	Organizamos a prática de forma que múltiplas variações das tarefas são realizadas de forma aleatória.
Exercício 1: posição em *tandem* (um pé na frente do outro).	**Exercício 1**: posição em *tandem* (um pé na frente do outro).
Exercício 2: manter a postura ereta enquanto em cima de uma espuma.	**Exercício 2**: manter a postura ereta enquanto em cima de uma espuma.
Exercício 3: manter o equilíbrio enquanto sentado em cima da bola suíça com a perna elevada.	**Exercício 3**: manter o equilíbrio enquanto sentado em cima da bola suíça com a perna elevada.
O objetivo é que nosso aluno realize o exercício 1 por 10 vezes com duração de 30 segundos cada uma das vezes. O exercício 2 (10 vezes por 30 s) vem logo após e, por último, o exercício 3 (10 vezes por 30 s).	O objetivo é que nosso aluno realize os exercícios em ordem aleatória até o total de 10 repetições (de 30 s) para cada exercício.

Dessa forma, ao considerarmos esses dois tipos de organização de prática, a interferência contextual pode ser vista como um contínuo, no qual podemos variar entre a prática por bloco e a prática aleatória (Figura 6.4).

Figura 6.4 Quantidade de interferência contextual e organização da prática por blocos e aleatória

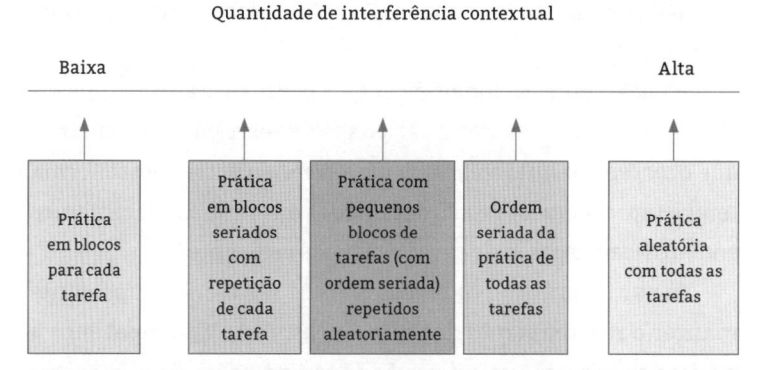

Quantidade de interferência contextual

Baixa →→→→→ Alta

| Prática em blocos para cada tarefa | Prática em blocos seriados com repetição de cada tarefa | Prática com pequenos blocos de tarefas (com ordem seriada) repetidos aleatoriamente | Ordem seriada da prática de todas as tarefas | Prática aleatória com todas as tarefas |

Considerando os aspectos cognitivos, podemos dizer que, por meio da interferência contextual:

- temos a oportunidade de comparar e contrastar as diferentes tarefas;
- mantemos as informações de cada tarefa na memória funcional – com maior probabilidade de lembrarmos mais tarde;
- desenvolvemos representação de memória mais elaborada para as tarefas.

Ao considerarmos o movimento e a prática como partes de um sistema mais complexo, no qual os aspectos cognitivos são apenas parte do todo, podemos dizer que a interferência contextual nos leva à busca contínua de estados mais funcionais e estáveis de coordenação do movimento.

6.5.2 Interferência contextual e aprendizagem

O ponto que desperta interesse nessa temática é que a organização de prática em blocos parece levar ao melhor desempenho durante a aquisição ou reaquisição da habilidade. No entanto, a organização de prática aleatória beneficia a aprendizagem (isto é, retenção e transferência) da habilidade (Davids; Button; Bennett, 2008; Magill, 2011).

Basicamente, podemos dizer que, por meio da prática aleatória, temos de nos adaptar à variedade de restrições de mudança que ocorrem ao intercalarmos uma tarefa e outra. Dessa forma, temos representações mais detalhadas das tarefas e facilitamos a identificação das suas características relevantes.

Já para a prática por blocos, parece ser menos importante manter o rastreamento das diferenças, visto que repetimos a mesma tarefa por um intervalo de tempo antes de iniciarmos a outra (Davids; Button; Bennett, 2008).

Isso acontece porque, com a prática aleatória, temos de buscar e criar soluções de movimento que nos auxiliarão a satisfazer as restrições de tarefas específicas. Em outras palavras, podemos dizer que os objetivos da prática são: buscar, explorar, descobrir, montar e estabilizar padrões de movimento funcionais e confiáveis (Newell, 1986).

O processo de exploração contínua eventualmente resulta no surgimento de uma solução aproximada para atingir o objetivo da tarefa. Ao explorarmos as restrições relevantes e resolvermos os problemas relacionados à tarefa por meio de tentativas, conseguimos desempenhar a tarefa de forma mais refinada (Davids; Button; Bennett, 2008).

O surgimento dessa solução mais refinada para o objetivo da tarefa fortalece as conexões entre as partes do corpo como estrutura de coordenação específica (Williams; David; Williams, 1999). O padrão de coordenação ganha aumento da estabilidade com o progresso da prática, o que nos auxilia na adaptação às restrições de mudança da tarefa e do ambiente (Thelen, 1995).

Para maior aproveitamento da interferência contextual nas nossas práticas, devemos sempre considerar as possibilidade e as restrições presentes (Figura 6.5). Quanto ao **indivíduo**, precisamos estar atentos à idade e ao nível de habilidade. No âmbito da **tarefa**, importa-nos a complexidade. Quanto ao **ambiente**, interessa saber onde o indivíduo e a tarefa estão inseridos, entendendo as similaridades com a realidade.

Figura 6.5 Interferência contextual com restrições impostas pelo indivíduo, tarefa e ambiente

Indivíduo
Tarefa
Ambiente

||| Síntese

A prática é o esforço consciente de organização, execução, avaliação e modificação das ações motoras a cada tentativa. Podemos observar dois tipos de prática: a prática mental ocorre quando não há a prática física efetiva. Já a prática física é quando ocorre o movimento propriamente dito.

Quando temos o objetivo de ensinar habilidades ou tarefas de alta complexidade e baixa organização (habilidades seriadas), o mais apropriado é utilizar o método pelas partes. Quando vamos ensinar habilidades ou tarefas de baixa complexidade e alta organização (habilidades discretas com poucos componentes), a prática pelo todo pode ser a mais efetiva. Nesse contexto, ao organizarmos a prática, devemos considerar as características de complexidade e organização das habilidades motoras como dois extremos dentro de uma continuidade.

A distribuição da prática nada mais é que o espaçamento entre uma prática e outra. Nesse sentido, há dois tipos de prática: a maciça e a distribuída. Na prática maciça, o tempo de prática é maior e os períodos de descanso são mais curtos, ou não há descanso entre as tentativas de prática. Na prática distribuída, o tempo de prática é menor ou igual ao período de repouso. Além disso, o descanso na prática distribuída pode ser ativo, com o ensino de outra habilidade ou tarefa. De forma geral, a escolha entre as práticas maciça e distribuída depende de alguns fatores, como fadiga, restrições de tempo e número de participantes, além de restrições relacionadas à tarefa praticada.

Podemos organizar a prática em constante e com variações. Na prática constante, sempre executamos a mesma habilidade ou tarefa sem variações em suas características. Na prática com variações, podemos variar a prática tanto ao explorarmos diferentes características de uma mesma habilidade quanto ao utilizarmos habilidades distintas.

O efeito da interferência contextual resulta da realização de várias tarefas no contexto da prática e está relacionado com a ordem em que as habilidades ou tarefas são praticadas. Para tanto, podemos considerar as práticas em blocos (uma tarefa é repetida diversas vezes e, posteriormente, outra tarefa é repetida diversas vezes) e as práticas aleatórias (múltiplas variações das tarefas são realizadas de forma aleatória). De forma geral, o efeito da interferência contextual ocorre quando organizamos a prática com maiores quantidades de interferência contextual de outras tarefas. Para que isso aconteça, podemos considerar a prática em blocos. Fatores como nível de habilidade, dificuldade na tarefa e características ambientais devem ser considerados enquanto organizamos a prática.

■ *Atividades de autoavaliação*

1. Sobre a importância da prática para a aprendizagem motora, assinale a alternativa **incorreta**:
   a) A prática é o esforço consciente de organização, execução, avaliação e modificação das ações motoras a cada tentativa.
   b) Quanto mais tempo dedicado à prática, melhor o nível de desempenho.
   c) Na prática, devemos dar menos ênfase à reprodução do padrão de movimento idêntico ao longo das práticas e mais atenção à adaptação dos padrões de movimento.
   d) As metas que queremos alcançar com a prática devem ser somente de longo prazo.

2. Sobre a prática para a aprendizagem motora, avalie as afirmativas a seguir.
   I. A prática mental auxilia na formação da imagem do movimento, a qual pode ser utilizada em movimentos futuros.
   II. A prática mental pode ser definida como a forma de imaginarmos a realização de habilidades motoras sem a execução do movimento.
   III. Na prática mental, observa-se atividades internas para a "realização" de determinada ação, mas movimentos reais dos segmentos corporais não são observados.
   IV. Existem dois diferentes tipos de prática: mental e física.
   V. A prática física se dá quando ocorre o movimento.

   Agora, assinale a alternativa que apresenta a resposta correta:
   a) As afirmativas I, II e III são verdadeiras.
   b) As afirmativas I, II, III, e IV são verdadeiras.
   c) As afirmativas I e IV são verdadeiras.
   d) Todas as afirmativas são verdadeiras.

3. Podemos fragmentar a prática pelas partes ou torná-la pelo todo. Sobre isso, é **incorreto** afirmar:

   a) A prática pelas partes envolve "quebrar" a habilidade em unidades menores.

   b) A prática pelo todo envolve a prática da habilidade motora na sua totalidade.

   c) Para a aprendizagem, aspecto importante a ser considerado ao organizarmos a prática pelas partes é como iremos unir os componentes.

   d) O método de prática pelas partes é aconselhável para tarefas de baixa complexidade e baixa organização.

4. Quanto à distribuição da prática, avalie as afirmativas a seguir.

   I. Uma das questões para garantir ótimo ambiente para a aquisição ou reaquisição de habilidades motoras diz respeito à quantidade de tempo ativo necessário entre as práticas.

   II. A escolha entre as práticas maciça e distribuída depende de alguns fatores, como fadiga, restrições de tempo, número de participantes e restrições da tarefa praticada.

   III. As práticas maciças envolvem tempo de prática maior com períodos de descanso mais curtos ou até mesmo sem descanso.

   IV. Na prática distribuída, o tempo de prática é menor ou igual ao período de repouso. Além disso, o descanso na prática distribuída pode ser ativo, com o ensino de outra habilidade ou tarefa.

   Agora, assinale a alternativa que apresenta a resposta correta:

   a) Todas as afirmativas são verdadeiras.

   b) As afirmativas I, III e IV são verdadeiras.

   c) As afirmativas II, III e IV são verdadeiras.

   d) As afirmativas III e IV são verdadeiras.

5. Ao considerarmos que a interferência contextual pode ser um contínuo com baixa e alta interferência, coloque as sentenças a seguir em ordem (de baixa para alta interferência contextual) considerando a quantidade de interferência contextual com base na organização da prática por blocos e aleatória:

( ) Prática aleatória com todas as tarefas.
( ) Prática com pequenos blocos de tarefas (com ordem seriada) repetidos aleatoriamente.
( ) Prática em blocos para cada tarefa.
( ) Ordem seriada da prática de todas as tarefas.
( ) Prática em blocos seriados com repetição de cada tarefa.

Atividades de aprendizagem

Questão para reflexão

1. Pense em uma habilidade motora que você pratica bem (pode ser relacionada ao seu cotidiano ou a algum ambiente esportivo). Como foram as práticas que você recebeu de sua professora ou professor de educação física? Como você faria hoje no momento de distribuir a prática ao ensinar a mesma habilidade motora para sua aluna ou seu aluno?

Atividade aplicada: prática

1. Selecione uma habilidade motora que suas alunas e seus alunos possam desempenhar de diversas maneiras e em diferentes locais. Considere que eles estão em uma colônia de férias para crianças e adolescentes entre 8 e 14 anos de idade. Como você organizaria a sua prática para maior vantagem da interferência contextual para seus alunos e suas alunas? Quais os motivos para organizar sua prática dessa maneira?

Considerações finais

O conhecimento de aspectos fundamentais do controle motor e da aprendizagem motora como processos dinâmicos é essencial para as (os) profissionais de educação física. Dessa forma, esperamos que este livro tenha tratado tais informações como um imperativo para garantir que as aulas e sessões de treinamento sejam adequadas e adaptadas à realidade de alunas e alunos.

Entendemos que esse adequamento só pode ocorrer por meio da utilização de formas corretas de avaliação do comportamento motor e da compreensão da importância das habilidades e capacidades motoras. Assim, procuramos deixar clara a importância da aplicação de perspectivas teóricas do controle motor e da aprendizagem motora, assim como a consideração de todos os aspectos relacionados à produção de movimento e ao reforço em um padrão de movimento funcional nas mais variadas formas de organização da prática motora.

Neste livro, discutimos aspectos introdutórios do controle motor e da aprendizagem motora, bem como apresentamos, em cada subcapítulo, uma abordagem dentro da perspectiva da teoria dos sistemas dinâmicos. Procuramos capturar os muitos subsistemas envolvidos na produção de movimento e fornecer uma análise abrangente de um modelo conceitual-prático que encoraja profissionais e futuras (os) profissionais da educação física a examinarem o controle e a aprendizagem por diferentes estados de ação. Nosso enfoque se deu tanto nas semelhanças quanto nas diferenças entre níveis mais altos e mais baixos de organização da ação, para melhor compreensão do nosso sistema de ação motora.

É importante ressaltar que tanto o controle motor quanto a aprendizagem motora não podem ser entendidos isoladamente, separados do contexto corporal, ambiental e sociocultural em que ocorrem. Além disso, ambos podem ser enriquecidos por uma perspectiva ampla, flexível, integrada e multidisciplinar.

Esperamos que, por meio de diálogos e trabalhos colaborativos entre profissionais e pesquisadores da educação física e de outras áreas, como ciências biomédicas, bioengenharia, biofísica, matemática e física, possamos alcançar um pensamento cada vez mais crítico. É isso que vai proporcionar o avanço no conhecimento sobre o aprendizado e o controle motor.

Referências

ABERNETHY, B. et al. Attentional Processes in Skill Learning and Expert Performance. In: TENENBAUM, G.; EKLUND, R. C. (Ed.). **Handbook of Sport Psychology**. 3. ed. New York: John Wiley & Sons, 2007. p. 245-265.

ADAMS, J. A. A Closed-Loop Theory of Motor Learning. **Journal of Motor Behavior**, Washington, v. 3, n. 2, p. 111-150, 1971.

_____. Use of the Model's Knowledge of Results to Increase the Observer's Performance. **Journal of Human Movement Studies**, v. 12, p. 89-98, 1986.

ADEGBESAN, O. A. Use of Imagery by Athletes in Nigeria. **Perceptual and Motor Skills**, v. 108, n. 1, p. 43-50, Feb. 2009.

ADKINS, D. L. et al. Motor Training Induces Experience-Specific Patterns of Plasticity Across Motor Cortex and Spinal Cord. **Journal of Applied Physiology**, v. 101, n. 6, p. 1776-1782, Sep. 2006.

ADOLPH, K. E.; BERGER, S. E.; LEO, A. J. Developmental Continuity? Crawling, Cruising, and Walking. **Developmental Science**, v. 14, n. 2, p. 306-318, Mar. 2011.

ADOLPH, K. E.; FRANCHAK, J. M. The Development of Motor Behavior. **Wiley Interdisciplinary Reviews – Cognitive Science**, v. 8, n. 1-2, Jan. 2017.

AK, E.; KOÇAK, S. Coincidence-Anticipation Timing and Reaction Time in Youth Tennis and Table Tennis Players. **Perceptual and Motor Skills**, v. 110, n. 3, p. 879-887, Jun. 2010.

ALEXANDROV, A. V. et al. Feedback Equilibrium Control During Human Standing. **Biological Cybernetics**, v. 93, n. 5, p. 309-322, Nov. 2005.

ALEXANDROV, A. V.; FROLOV, A. A. Closed-Loop and Open-Loop Control of Posture and Movement during Human Trunk Bending. **Biological Cybernetics**, v. 104, n. 6, p. 425-438, Jun. 2011.

AMADIO, A. C.; SERRÃO, J. C. Contextualização da biomecânica para a investigação do movimento: fundamentos, métodos e aplicações para análise da técnica esportiva. **Revista Brasileira de Educação Física e Esporte**, São Paulo, v. 21, p. 61-85, dez. 2007. Disponível em: <https://www.revistas.usp.br/rbefe/article/view/16665/18378>. Acesso em: 1º jul. 2019.

ANGELAKI, D. E.; KLIER, E. M.; SNYDER, L. H. A Vestibular Sensation: Probabilistic Approaches to Spatial Perception. **Neuron**, v. 64, n. 4, p. 448-461, 2009.

AOI, S.; FUNATO, T. Neuromusculoskeletal Models Based on the Muscle Synergy Hypothesis for the Investigation of Adaptive Motor Control in Locomotion Via Sensory-Motor Coordination. **Neuroscience Research**, v. 104, p. 88-95, Mar. 2016.

ARAÚJO, D. et al. Decision Making in Social Neurobiological Systems Modeled as Transitions in Dynamic Pattern Formation. **Adaptive Behavior**, v. 22, n. 1, p. 21-30, 2014.

ARAÚJO, D.; DAVIDS, K. W.; HRISTOVSKI, R. The Ecological Dynamics of Decision Making in Sport. **Psychology of Sport and Exercise**, v. 7, n. 6, p. 653-676, Nov. 2006.

ARUIN, A. S.; LATASH, M. L. The Role of Motor Action in Anticipatory Postural Adjustments Studied with Self-Induced and Externally Triggered Perturbations. **Experimental Brain Research**, v. 106, n. 2, p. 291-300, 1995.

BAKER, J. et al. Nurturing Sport Expertise: Factors Influencing the Development of Elite Athlete. **Journal of Sports Science and Medicine**, v. 2, n. 1, p. 1-9, Mar. 2003.

BALLARD, K. J. et al. Amount of Kinematic Feedback Affects Learning of Speech Motor Skills. **Motor Control**, v. 16, n. 1, p. 106-119, Jan. 2012.

BANDURA, A. **Social Foundations of Thought and Action**: a Social Cognitive Theory. Englewood Cliffs: Prenctice-Hall, 1986.

BARBOSA, C.; SEABRA, A. G.; CALGARO, D. Validade de testes de atenção e ansiedade na predição do desempenho no handebol. **Revista Thêma et Scientia**, v. 1, n. 2, jul./dez. 2011.

BARELA, A. M. F. et al. Influence of Imposed Optic Flow Characteristics and Intention on Postural Responses. **Motor Control**, v. 13, n. 2, p. 119-129, Apr. 2009.

BARELA, J. A. Estratégias de controle em movimentos complexos: ciclo percepção-ação no controle postural. **Revista Paulista de Educação Física**, v. 1, n. 3, p. 79-88, 2000. Disponível em: <http://www.revistas.usp.br/rpef/article/view/139616/134916>. Acesso em: 17 out. 2019.

BARROW, H. M. **Motor Ability Testing for College Men**. Minneapolis: Burgess, 1957.

BEISTEINER, R. et al. Mental Representations of Movements: Brain Potentials Associated with Imagination of Hand Movements. **Electroencephalography and Clinical Neurophysiology**, v. 96, n. 2, p. 183-193, Mar. 1995.

BERNSTEIN, N. A. On Dexterity and its Development. In: LATASH, M. L.; TURVEY, M. T. (Ed.). **Dexterity and its Development**. Mahwah: Erlbaum, 1996. p. 3-244.

BERNSTEIN, N. **The Co-ordination and Regulation of Movements**. Oxford: Pergamon Press, 1967.

BERTENTHAL, B. I.; ROSE, J. L.; BAI, D. L. Perception-Action Coupling in the Development of Visual Control of Posture. **Journal of Experimental Psychology**, Washington, v. 23, n. 6, p. 1631-1643, Dec. 1997.

BERTOLDI, A. L. S.; ISRAEL, V. L.; LADEWIG, I. O papel da atenção na fisioterapia neurofuncional. **Fisioterapia e Pesquisa**, v. 18, n. 2, p. 195-200, abr./jun. 2011. Disponível em: <http://www.scielo.br/pdf/fp/v18n2/16.pdf>. Acesso em: 16 out. 2019.

BJORK, R. A.; DUNLOSKY, J.; KORNELL, N. Self-Regulated Learning: Beliefs, Techniques, and Illusions. **Annual Review of Psychology**, v. 64, p. 417-444, 2013.

BLAKE, R.; SHIFFRAR, M. Perception of Human Motion. **Annual Review of Psychology**, v. 58, p. 47-73, 2007.

BO, J.; LEE, C. M. Inter-limb Transfer of Kinematic Adaptation in Individuals with Motor Difficulties. **Neuroscience Letters**, v. 654, p. 63-69, Jul. 2017.

BOCK, O.; THOMAS, M.; GRIGOROVA, V. The Effect of Rest Breaks on Human Sensorimotor Adaptation. **Experimental Brain Research**, v. 163, n. 2, p. 258-260, May 2005.

BONFIM, T. R. et al. Efeito de informação sensorial adicional na propriocepção e equilíbrio de indivíduos com lesão do LCA. **Acta Ortopédica Brasileira**, São Paulo, v. 17, n. 5, p. 291-296, 2009. Disponível em: <http://www.scielo.br/pdf/aob/v17n5/v17n5a08.pdf>. Acesso em: 1º jul. 2019.

BOREL, L. et al. Walking Performance of Vestibular-Defective Patients Before and After Unilateral Vestibular Neurotomy. **Behavioural Brain Research**, v. 150, n. 1-2, p. 191-200, Apr. 2004.

BOUQUET, C. A. et al. Influence of the Perception of Biological or Non-Biological Motion on Movement Execution. **Journal of Sports Sciences**, v. 25, n. 5, p. 519-530, Mar. 2007.

BROADBENT, D. E. **Perception and Communication**. London: Pergamon, 1958.

BUNKER, D.; THORPE, R. A Model for the Teaching of Games in Secondary Schools. **Bulletin of Physical Education**, v. 18, n. 1, p. 5-8, 1982.

BURDICK, K. J. **Effects of Massed and Distributed Practice on the Learning and Retention of a Novel Gross Motor Skill**. Master's Thesis – Western Illinois University, 1977.

BURKE, R. E. Sir Charles Sherrington's the Integrative Action of the Nervous System: a Centenary Appreciation. **Brain**, v. 130, n. 4, p. 887-894, Apr. 2007.

BUTLER, A. J.; PAGE, S. J. Mental Practice with Motor Imagery: Evidence for Motor Recovery and Cortical Reorganization after Stroke. **Archives of Physical Medicine and Rehabilitation**, v. 87, n. 2, p. 2-11, Dec. 2006.

CANANI, S. F.; BARRETO, S. S. M. Sonolência e acidentes automobilísticos. **Jornal de Pneumologia**, São Paulo, v. 27, n. 2, p. 94-96, mar./abr. 2001. Disponível em: <http://www.scielo.br/pdf/jpneu/v27n2/9239.pdf>. Acesso em: 1º jul. 2019.

CANO-DE-LA-CUERDA, R. et al. Theories and Control Models and Motor Learning: Clinical Applications in Neuro-Rehabilitation. **Neurologia**, v. 30, n. 1, p. 32-41, Jan./Feb. 2015.

CARRON, A. V. **Performance and Learning in a Discrete Motor Task Under Massed versus Distributed Conditions**. Doctoral Dissertation – University of California, Berkeley, 1967.

CARRON, A. V. Performance and Learning in a Discrete Motor Task Under Massed vs. Distributed Practice. **Research Quarterly**, p. 481-489, Mar. 2013.

CARTER, M. J.; PATTERSON, J. T. Self-Controlled Knowledge of Results: Age-Related Differences in Motor Learning, Strategies, and Error Detection. **Human Movement Science**, v. 31, n. 6, p. 1459-1472, Dez. 2012.

CASTRO, E. M. de. Percepção e ação: direções teóricas e experimentais atuais. **Paideia**, v. 14, n. 27, p. 63-73, 2004. Disponível em:<http://www.scielo.br/pdf/paideia/v14n27/09.pdf>. Acesso em: 16 out. 2019.

CLAYTON, M. S.; YEUNG, N.; KADOSH, R. C. The Roles of Cortical Oscillations in Sustained Attention. **Trends in Cognitive Sciences**, v. 19, n. 4, p. 188-195, Apr. 2015.

COHEN, H. S.; SANGI-HAGHPEYKAR, H. Walking Speed and Vestibular Disorders in a Path Integration Task. **Gait & Posture**, v. 33, n. 2, p. 211-213, Feb. 2011.

D'AVELLA, A.; BIZZI, E. Shared and Specific Muscle Synergies in Natural Motor Behaviors. **Proceedings of the National Academy of Sciences of the United States of America**, v. 102, n. 8, p. 3076-3081, Feb. 2005.

DAVIDS, K. et al. Movement Systems as Dynamical Systems: the Functional Role of Variability and its Implications for Sports Medicine. **Sports Medicine**, v. 33, n. 4, p. 245-260, 2003.

DAVIDS, K.; BUTTON, C.; BENNETT, S. **Dynamics of Skill Acquisition**: a Constraints-led Approach. Champaign: Human Kinetics, 2008.

DAVRANCHE, K. et al. Information Processing During Physical Exercise: a Chronometric and Electromyographic Study. **Experimental Brain Research**, v. 165, n. 4, p. 532-540, Sep. 2005.

DECKER, L. M. et al. Effects of Aging on the Relationship between Cognitive Demand and Step Variability During Dual-Task Walking. **Age**, v. 38, n. 4, p. 363-375, Aug. 2016.

DEN DUYN, N. **Game Sense**: Developing Thinking Players. Belconnen: Australian Sports Commission, 1997.

DEUTSCH, J. A.; DEUTSCH, D. Attention: Some Theoretical Considerations. **Psychological Review**, v. 70, n. 1, p. 80-90, Jan. 1963.

DRISKELL, J. E.; COPPER, C.; MORAN, A. Does Mental Practice Enhance Performance? **Journal of Applied Psychology**, v. 79, n. 4, p. 481-492, Aug. 1994.

EDELMAN, G. M. **Second Nature**: Brain Science and Human Knowledge. New Haven: Yale University Press, 2006.

EHLERS, D. K. et al. Effects of Gait Self-Efficacy and Lower-Extremity Physical Function on Dual-Task Performance in Older Adults. **BioMed Research International**, Feb. 2017.

ERICSSON, K. A.; KRAMPE, R.; TESCH-ROMER, C. The Role of Deliberate Practice in the Acquisition of Expert Performance. **Psychological Review**, v. 100, n. 3, p. 363-406, 1993.

FIALHO, J. V. A. P.; BENDA, R. N.; UGRINOWITSCH, H. The Contextual Interference Effect in a Serve Skill Acquisition with Experienced Volleyball Players. **Journal of Human Movement Studies**, v. 50, n. 1, p. 65-77, Jan. 2006.

FIELD, S. C.; TEMPLE, V. A. The Relationship between Fundamental Motor Skill Proficiency and Participation in Organized Sports and Active Recreation in Middle Childhood. **Sports**, Basel, v. 5, n. 2, p. 43, Jun. 2017.

FISCHMAN, M. G. Motor Learning and Control Foundations of Kinesiology: Defining the Academic Core. **Quest**, v. 59, n. 1, p. 67-76, Feb. 2007.

FITTS, P. M.; POSNER, M. I. **Human Performance**. Belmont: Brooks/Cole, 1967.

FLEISHMAN, E. A. On the Relationship between Abilities, Learning, and Human Performance. **American Psychologist**, v. 27, n. 11, p. 1017-1032, 1972.

FONTANA, F. E. et al. Whole and Part Practice: a Meta-Analysis. **Perceptual and Motor Skills**, v. 109, n. 2, p. 517-530, Oct. 2009.

FREITAS JÚNIOR, P. B.; BARELA, J. A. Postural Control as a Function of Self-and Object-Motion Perception. **Neuroscience Letters**, v. 369, n. 1, p. 64-68, Oct. 2004.

GALLAHUE, D. L. **A classificação das habilidades de movimento**: um caso para modelos multidimensionais. Revista da Educação Física/UEM. Maringá, v. 13, n. 2 p. 105-111, 2. sem 2002.

GALLAHUE, D. L; OZMUN, J. C. **Compreendendo o desenvolvimento motor**: bebês, crianças, adolescentes e adultos. Tradução de Maria Aparecida da Silva Pereira Araújo, Juliana de Medeiros Ribeiro e Juliana Pinheiro Souza e Silva. São Paulo: Phorte, 2003.

GALLAHUE, D. L.; OZMUN, J. C.; GOODWAY, J. D. **Compreendendo o desenvolvimento motor**: bebês, crianças, adolescentes e adultos. Tradução de Denise Regina de Sales. 7. ed. Porto Alegre: AMGH, 2013.

____. Motor Development: a Theoretical Model. In: ____. **Understanding Motor Development**: Infants, Children, Adolescents, Adults. 7. ed. Philadelphia: Lippincott Williams & Wilkins, 2012. p. 46-63.

GARCÍA, J. A. et al. Analysis of Effects of Distribution of Practice in Learning and Retention of a Continuous and a Discrete Skill Presented on a Computer. **Perceptual and Motor Skills**, v. 107, n. 1, p. 261-272, Aug. 2008.

GAUTIER, G.; THOUVARECQ, R.; CHOLLET, D. Visual and Postural Control of an Arbitrary Posture: the Handstand. **Journal of Sports Sciences**, v. 25, n. 11, p. 1271-1278, Sep. 2007.

GAUTIER, G.; THOUVARECQ, R.; VUILLERME, N. Postural Control and Perceptive Configuration: Influence of Expertise in Gymnastics. **Gait & Posture**, v. 28, n. 1, p. 46-51, Jul. 2008.

GENTILE, A. M. A Working Model of Skill Acquisition with Application to Teaching. **Quest**, v. 17, n. 1, p. 3-23, Aug. 1972.

GIBSON, J. J. **The Ecological Approach to Visual Perception**. Hillsdale: Erlbaum, 1979.

_____. **The Senses Considered as Perceptual Systems**. Boston: Houghton Mifflin, 1966.

GLASAUER, S. et al. Differential Effects of Labyrinthine Dysfunction on Distance and Direction During Blindfolded Walking of a Triangular Path. **Experimental Brain Research**, v. 145, n. 4, p. 489-497, Sep. 2002.

GÓES, S. M. **Movimento cinemático**. 2019. 1 fot.: color.; 15 × 10,5 cm.

GOLDFIELD, E. C. Development of Infant Action Systems and Exploratory Activity: a Tribute to Edward S. Reed. **Ecological Psychology**, v. 12, n. 4, p. 303-318, 2000.

GOODALE, M. A.; HUMPHREY, G. K. The Objects of Action and Perception. **Cognition**, v. 67, n. 1-2, p. 181-207, Jul. 1998.

GOODALE, M. A.; MILNER, A. D. Separate Visual Pathways for Perception and Action. **Trends in Neuroscience**, v. 15, n. 1, p. 20-25, Jan. 1992.

GOODALE, M. A.; WESTWOOD, D. A. An Evolving View of Duplex Vision: Separate but Interacting Cortical Pathways for Perception and Action. **Current Opinion in Neurobiology**, v. 14, n. 2, p. 203-211, Apr. 2004.

GORLA, J. I.; ARAÚJO, P. F. de; RODRIGUES, J. L. **Avaliação motora em educação física adaptada**. 2. ed. São Paulo: Phorte, 2009.

GRÉHAIGNE, J.-F.; RICHARD, J.-F.; GRIFFIN, L. L. **Teaching and Learning Team Sports and Games**. London: Routledge, 2012.

GRIFFITHS, O.; JOHNSON, A. M.; MITCHELL, C. J. Negative Transfer in Human Associative Learning. **Psychological Science**, v. 22, n. 9, p. 1198-1204, Sep. 2011.

GRILLNER, S. Biological Pattern Generation: the Cellular and Computational Logic of Networks in Motion. **Neuron**, v. 52, n. 5, p. 751-766, Dec. 2006.

GUEDES, D. P. Crescimento e desenvolvimento aplicado à educação física e ao esporte. **Revista Brasileira de Educação Física e Esporte**, São Paulo, v. 25, p. 127-140, dez. 2011. Disponível em: <http://www.scielo.br/pdf/rbefe/v25nspe/13.pdf>. Acesso em: 1º jul. 2019.

GUIDETTI, G. et al. Peripheral Vestibular Damage Causes Impaired Navigation Tasks on Memorized Routes in Humans. **Annales d'Otolaryngologie et de Chirurgie Cervico-Faciale**, v. 124, n. 4, p. 197-201, Sep. 2007.

HALSON, S. Sleep and Recovery: Why Athletes Need to Pay it the Attention it Deserves. **Sport Health**, v. 34, n. 4, p. 7-10, 2016.

HARLEY, L. R. **Motor Learning and its Transfer During Bilateral Arm Reaching**. Thesis (Doctor of Philosophy) – Georgia Institute of Technology, Georgia, 2011.

HAYWOOD, K. M.; GETCHELL, N. **Life Span Motor Development**. 3. ed. Champaign: Human Kinetics, 2001.

HELENE, A. F.; XAVIER, G. F. A construção da atenção a partir da memória. **Revista Brasileira de Psiquiatria**, São Paulo, v. 25, Supl. II, p. 12-20, dez. 2003. Disponível em: <http://www.scielo.br/pdf/rbp/v25s2/a04v25s2.pdf>. Acesso em: 1º jul. 2019.

HENRY, F. M. Stimulus Complexity, Movement Complexity, Age, and Sex in Relation to Reaction Latency and Speed in Limb Movements. **Research Quarterly**, v. 32, n. 3, p. 353-366, 1961.

HICK, W. E. On the Rate of Gain of Information. **Quarterly Journal of Experimental Psychology**, v. 4, n. 1, p. 11-26, 1952.

HILLIER, S.; IMMINK, M.; THEWLIS, D. Assessing Proprioception: a Systematic Review of Possibilities. **Neurorehabilitation and Neural Repair**, v. 29, n. 10, p. 933-949, Nov./Dec. 2015.

HORN, R. R.; WILLIAMS, A. M.; SCOTT, M. A. Learning from Demonstrations: the Role of Visual Search During Observational Learning from Video and Point-Light Models. **Journal of Sports Sciences**, v. 20, n. 3, p. 253-269, Mar. 2002.

IVES, J. C. **Motor Behavior**: Connecting Mind and Body for Optimal Performance. Philadelphia: Lippincott Williams & Wilkins, 2014.

JACKSON, P. L. et al. Potential Role of Mental Practice Using Motor Imagery in Neurologic Rehabilitation. **Archives of Physical Medicine and Rehabilitation**, v. 82, n. 8, p. 1133-1141, Aug. 2001.

JAKUS, G. et al. A System for Efficient Motor Learning Using Multimodal Augmented Feedback. **Multimedia Tools and Applications**, New York, v. 76, n. 20, p. 20409-20421, Oct. 2017.

JAMES, E. G. Body Movement Instructions Facilitate Synergy Level Motor Learning, Retention and Transfer. **Neuroscience Letters**, v. 522, n. 2, p. 162-166, Aug. 2012.

JOHNSTONE, L. T.; CAREY, D. P. Do Left Hand Reaction Time Advantages Depend on Localising Unpredictable Targets? **Experimental Brain Research**, v. 234, n. 12, p. 3625-3632, Dec. 2016.

JONES, G.; HANTON, S. Interpretation of Competitive Anxiety Symptoms and Goal Attainment Expectancies. **Journal of Sport & Exercise Psychology**, Champaign, v. 18, n. 2, p. 144-157, 1996.

JONES, G.; SWAIN, A. Predispositions to Experience Debilitative and Facilitative Anxiety in Elite and Nonelite Performers. **The Sport Psychologist**, v. 9, n. 2, p. 201-211, 1995.

KAHNEMAN, D. **Attention and Effort**. Englewood Cliffs: Prentice-Hall, 1973.

KANDEL, E. R. Perception of Motion, Depth, and Form. In: KANDEL, E. R.; SCHWARTZ, J. H.; JESSELL, T. M. (Ed.). **Principles of Neural Science**. 3. ed. New York: Appleton & Lange, 1991. p. 440-465.

KASAI, T. Motor Imagery: its Future Studies. **Clinical Neurophysiology Limerick**, v. 120, n. 6, p. 1031-1032, Jun. 2009.

KATCH, V. L.; MCARDLE, W. D.; KATCH, F. I. **Essentials of Exercise Phyisiology**. 4. ed. Philadelphia: Wolters Kluwer/Lippincott Williams & Wilkins, 2011.

KEELE, S. W. Movement Control in Skilled Motor Performance. **Psychological Bulletin**, v. 70, n. 6, p. 387-403, 1968.

KEEN, R. The Development of Problem Solving in Young Children: a Critical Cognitive Skill. **Annual Review of Psychology**, v. 62, p. 1-21, 2011.

KEMPF, T.; CORCOS, D. M.; FLAMENT, D. Time Course and Temporal Order of Changes in Movement Kinematics During Motor Learning: Effect of Joint and Instruction. **Experimental Brain Research**, v. 136, n. 3, p. 295-302, Feb. 2001.

KHAN, S.; CHANG, R. Anatomy of the Vestibular System: a Review. **NeuroRehabilitation**, v. 32, n. 3, 437-443, 2013.

KLUZIK, J. et al. Reach Adaptation: what Determines Whether we Learn an Internal Model of the Tool or Adapt the Model of Our Arm? **Journal of Neurophysiology**, v. 100, n. 3, p. 1455-1464, Sep. 2008.

KRISHNAN, C.; RANGANATHAN, R.; TETARBE, M. Interlimb Transfer of Motor Skill Learning During Walking: no Evidence for Asymmetric Transfer. **Gait & Posture**, v. 56, p. 24-30, Jul. 2017.

LAGE, G. M. et al. The Combination of Practice Schedules: Effects on Relative and Absolute Dimensions of the Task. **Journal of Human Movement Studies**, v. 52, n. 1, p. 21-35, Jan. 2007.

LANGLET, C.; HAINAUT, J. P.; BOLMONT, B. Moderate Anxiety Modifies the Electromyographic Activity of a Forearm Muscle During a Time-Reaction Task in Women. **Neuroscience Letters**, v. 643, p. 1-7, Mar. 2017.

LATASH, M. L. et al. Motor Control Theories and Their Applications. **Medicina (Kaunas)**, v. 46, n. 6, p. 382-392, 2010.

LATASH, M. L.; HUANG, X. Neural Control of Movement Stability: Lessons from Studies of Neurological Patients. **Neuroscience**, v. 301, p. 39-48, Aug. 2015.

LAUNDER, A. G. **Play Practice**: the Games Approach to Teaching and Coaching Sports. Champaign: Human Kinetics, 2001.

LEE, D. N.; LISHMAN, J. R. Visual Proprioceptive Control of Stance. **Journal of Human Movement Studies**, v. 1, n. 2, p. 87-95, 1975.

LEE, T. D.; GENOVESE, E. D. Distribution of Practice in Motor Skill Acquisition: Learning and Performance Effects Reconsidered. **Research Quarterly for Exercise and Sport**, v. 59, n. 4, p. 277-287, 1988.

LEITE, C. M. F. et al. Effects of Distribution of Practice on Young Adults in a Complex Coincident Timing Task. **Journal of Sport & Exercise Psychology**, Champaign, v. 31, p. S82-S83, Jun. 2009.

LEONARDO, M. et al. A Functional Magnetic Resonance Imaging Study of Cortical Regions Associated with Motor Task Execution and Motor Ideation in Humans. **Human Brain Mapping**, Hoboken, v. 3, n. 2, p. 83-92, 1995.

LEVERRIER, C. et al. Effects of Training on the Estimation of Muscular Moment in Submaximal Exercise. **Research Quarterly for Exercise and Sport**, v. 82, n. 3, p. 458-465, Sep. 2011.

LEVIN, M. F. **Progress in Motor Control**: Skill Learning, Performance, Health, and Injury. New York: Springer, 2014.

LI, K.-Y. Examining Contemporary Motor Control Theories from the Perspective of Degrees of Freedom. **Australian Occupational Therapy Journal**, v. 60, n. 2, p. 138-143, Apr. 2013.

LIGHT, R. Complex Learning Theory: its Epistemology and its Assumptions about Learning – Implications for Physical Education. **Journal of Teaching in Physical Education**, v. 27, n. 1, p. 21-37, 2008.

LIMA, R. C. M.; NASCIMENTO, L. R.; TEIXEIRA-SALMELA, L. F. O movimento funcional de alcance em uma abordagem ecológica. **Fisioterapia e Pesquisa**, São Paulo, v. 17, n. 2, p. 184-189, abr./jun. 2010. Disponível em: <http://www.scielo.br/pdf/fp/v17n2/16.pdf>. Acesso em: 1º jul. 2019.

LISHMAN, J. R.; LEE, D. N. The Autonomy of Visual Kinaesthesis. **Perception**, v. 2, n. 3, p. 287-294, Sep. 1973.

LOS, S. A.; HOROUFCHIN, H. Dissociative Patterns of Foreperiod Effects in Temporal Discrimination and Reaction Time Tasks. **The Quarterly Journal of Experimental Psychology**, v. 64, n. 5, p. 1009-1020, May 2011.

LOTZE, M. et al. Activation of Cortical and Cerebellar Motor Areas During Executed and Imagined Hand Movements: an fMRI Study. **Journal of Cognitive Neuroscience**, v. 11, n. 5, p. 491-501, Set. 1999.

MACKAY, D. G. The Problem of Rehearsal or Mental Practice. **Journal of Motor Behavior**, v. 13, n. 4, p. 274-285, Dec. 1981.

MACKAY, S. et al. Practice Distribution in Procedural Skills Training: a Randomized Controlled Trial. **Surgical Endoscopy**, v. 16, n. 6, p. 957-961, Jun. 2002.

MACPHAIL, A.; KIRK, D.; GRIFFIN, L. L. Throwing and Catching as Relational Skills in Game Play: Situated Learning in a Modified Game Unit. **Journal of Teaching in Physical Education**, v. 27, n. 1, p. 100-115, Jan. 2008.

MAGAROTTO JUNIOR, L. A.; DEPRÁ, P. P. Validação de lista para análise qualitativa da recepção no voleibol. **Motriz – Revista de Educação Física**, Rio Claro, v. 16, n. 3, p. 571-579, jul./set. 2010. Disponível em: <http://www.scielo.br/pdf/motriz/v16n3/a04v16n3.pdf>. Acesso em: 2 jun. 2019.

MAGILL, R. A. **Motor Learning and Control**: Concepts and Applications. 9. ed. New York: McGraw-Hill, 2011.

MAGNUS, R. Some Results of Studies in the Physiology of Posture. **The Lancet**, v. 2, p. 531-585, 1926.

MAHONEY, C.; MILLARD, M.; WARDROP, J. A Preliminary Study of Mental and Physical Practice on the Kayak wet Exit Skill. **Perceptual and Motor Skills**, v. 92, n. 3, p. 977-984, Jun. 2001.

MAKI, B. E.; MCILROY, W. E.; PERRY, S. D. Influence of Lateral Destabilization on Compensatory Stepping Responses. **Journal of Biomechanics**, v. 29, n. 3, p. 343-353, Mar. 1996.

MALFAIT, N.; OSTRY, D. J. Is Interlimb Transfer of Force-Field Adaptation a Cognitive Response to the Sudden Introduction of Load? **The Journal of Neuroscience**, v. 24, n. 37, p. 8084-8089, Set. 2004.

MANSON, C.; KANDEL, E. R. Central Visual Pathways. In: KANDEL, E. R.; SCHWARTZ, J. H.; JESSELL, T. M. (Ed.). **Principles of Neural Science**. 3. ed. New York: Appleton & Lange, 1991. p. 420-439.

MARTI, S.; SIGMAN, M.; DEHAENE, S. A Shared Cortical Bottleneck Underlying Attentional Blink and Psychological Refractory Period. **NeuroImage**, v. 59, n. 3, p. 2883-2898, Feb. 2012.

MASSION, J. Movement, Posture and Equilibrium: Interaction and Coordination. **Progress in Neurobiology**, v. 38, n. 1, p. 35-56, 1992.

MCARDLE, W. D.; KATCH, F. I.; KATCH, V. L. **Exercise Physiology**: Nutrition, Energy, and Human Performance. Philadelphia: Lippincott Williams & Wilkins, 2010.

MCAVINUE, L. P.; ROBERTSON, I. H. Measuring Motor Imagery Ability: a Review. **European Journal of Cognitive Psychology**, v. 20, n. 2, p. 232-251, 2008.

MEANEY, K. S.; GRIFFIN, L. K.; HART, M. A. The Effect of Model Similarity on Girls' Motor Performance. **Journal of Teaching in Physical Education**, v. 24, n. 2, p. 165-178, 2005.

MEDIJAINEN, K. et al. Functional Performance and Associations between Performance Tests and Neurological Assessment Differ in Men and Women with Parkinson's Disease. **Behavioural Neurology**, Oct. 2015.

MEIRA JUNIOR, C. de M. Validação de uma lista de checagem para análise qualitativa do saque do voleibol. **Motriz – Revista de Educação Física**, Rio Claro, v. 9, n. 3, p. 153-160, set./dez. 2003. Disponível em: <http://www.rc.unesp.br/ib/efisica/motriz/09n3/10Cassio.pdf>. Acesso em: 16 out. 2019.

MEIRA JUNIOR, C. de M.; MAIA, J. A. R.; TANI, G. Frequency and Precision of Feedback and the Adaptive Process of Learning a Dual Motor Task. **Revista Brasileira de Educação Física e Esporte**, São Paulo, v. 26, n. 3, p. 455-462, jul./set. 2012. Disponível em: <http://www.scielo.br/pdf/rbefe/v26n3/11.pdf>. Acesso em: 1º jul. 2019.

MITRA, S.; AMAZEEN, P. G.; TURVEY, M. T. Intermediate Motor Learning as Decreasing Active (Dynamical) Degrees of Freedom. **Human Movement Science**, v. 17, n. 1, p. 17-65, Jan. 1998.

MOHAPATRA, S.; KRISHNAN, V.; ARUIN, A. S. The Effect of Decreased Visual Acuity on Control of Posture. **Clinical Neurophysiology**, v. 123, n. 1, p. 173-182, Jan. 2012.

MOHAPATRA, S.; KUKKAR, K. K.; ARUIN, A. S. Support Surface Related Changes in Feedforward and Feedback Control of Standing Posture. **Journal of Electromyography and Kinesiology**, v. 24, n. 1, p. 144-152, Feb. 2014.

MORRIS, T. et al. Inter-Limb Transfer of Learned Ankle Movements. **Experimental Brain Research**, v. 192, n. 1, p. 33-42, Jan. 2009.

MOUCHET, A.; HARVEY, S.; LIGHT, R. A Study on in-Match Rugby Coaches' Communications with Players: a Holistic Approach. **Physical Education and Sport Pedagogy**, v. 19, n. 3, p. 320-336, 2014.

MUCHISKY, M. et al. The Epigenetic Landscape Revisited: a Dynamical Interpretation. In: ROVEE-COLLIER, C.; LIPSITT, L. P. (Ed.). **Advances in Infancy Research**. Norwood: Ablex, 1996. v. 10. p. 121-160.

MULATTI, C.; CECCHERINI, L.; COLTHEART, M. What can we Learn about Visual Attention to Multiple Words from the Word-Word Interference Task? **Memory & Cognition**, Boston, v. 43, n. 1, p. 121-132, 2015.

MURRAY, S. R.; UDERMANN, B. E. Massed versus Distributed Practice: Which is Better? **CAHPERD Journal**, v. 28, n. 1, p. 19-22, 2003.

MUSE, L. A.; HARRIS, S. G.; FEILD, H. S. Has the Inverted-U Theory of Stress and Job Performance Had a Fair Test? **Human Performance**, v. 16, n. 4, p. 349-364, 2003.

NAYLOR, J. C.; BRIGGS, G. E. Effects of Task Complexity and Task Organization on the Relative Efficiency of Part and Whole Training Methods. **Journal of Experimental Psychology**, v. 65, p. 217-224, Mar. 1963.

NEWELL, K. M. Constraints on the Development of Coordination. In: WADE, M. G.; WHITING, H. T. A. (Ed.). **Motor Development in Children**: Aspects of Coordination and Control. Netherlands: Martinus Nijhoff, 1986. p. 341-360.

_____. Coordination, Control and Skill. In: GOODMAN, D.; WILBERG, R. B.; FRANKS, I. M. (Ed.). **Differing Perspectives in Motor Learning, Memory, and Control**. Amsterdam: Elsevier Science, 1985. p. 295-317.

_____. Motor Skill Acquisition. **Annual Review of Psychology**, v. 42, p. 213-237, 1991.

NEWELL, K. M.; ANTONIOU, A.; CARLTON, L. G. Massed and Distributed Practice Effects: Phenomena in Search of a Theory? **Research Quarterly for Exercise and Sport**, v. 59, n. 4, p. 308-313, 1988.

NEWELL, K. M.; LIU, Y.-T.; MAYER-KRESS, G. Time Scales in Motor Learning and Development. **Psychological Review**, v. 108, n. 1, p. 57-82, Jan. 2001.

NORMAN, J. Two Visual Systems and Two Theories of Perception: an Attempt to Reconcile the Constructivist and Ecological Approaches. **Behavior Brain Science**, v. 25, n. 1, p. 73-96; Discussion 96-144, Feb. 2002.

ORLICK, T. **Psyching For Sport:** Mental Training for Athletes. New York: Leisure Press, 1991.

PARK, S.; HORAK, F. B.; KUO, A. D. Postural Feedback Responses Scale with Biomechanical Constraints in Human Standing. **Experimental Brain Research**, v. 154, n. 4, p. 417-427, Feb. 2004.

PASHLER, H. Dual-Task Interference in Simple Tasks: Data and Theory. **Psychological Bulletin**, v. 116, n. 2, p. 220-244, Set. 1994.

PAULUS, W. et al. Differential Effects of Retinal Target Displacement, Changing Size and Changing Disparity in the Control of Anterior/Posterior and Lateral Body Sway. **Experimental Brain Research**, v. 78, n. 2, p. 243-252, 1989.

PAULUS, W. M.; STRAUBE, A.; BRANDT, T. Visual Stabilization of Posture. Physiological Stimulus Characteristics and Clinical Aspects. **Brain**, v. 107, n. 4, p. 1143-1163, Dec. 1984.

PÉRUCH, P. et al. Direction and Distance Deficits in Path Integration after Unilateral Vestibular Loss Depend on Task Complexity. **Cognitive Brain Research**, v. 25, n. 3, p. 862-872, Dec. 2005.

POLASTRI, P. F.; BARELA, J. A. Perception-Action Coupling in Infants with Down Syndrome: Effects of Experience and Practice. **Adapted Physical Activity Quarterly**, v. 22, n. 1, p. 39-56, 2005.

PRIOLI, A. C.; FREITAS JÚNIOR, P. B.; BARELA, J. A. Physical Activity and Postural Control in the Elderly: Coupling between Visual Information and Body Sway. **Gerontology**, v. 51, n. 3, p. 145-148, May/Jun. 2005.

PROCTOR, R. W.; SCHNEIDER, D. W. Hick's Law for Choice Reaction Time: a Review. **Quarterly Journal of Experimental Psychology**, v. 71, n. 6, p. 1281-1299, Jun. 2018.

PÚBLIO, N. S.; TANI, G. Aprendizagem de habilidades motoras seriadas da ginástica olímpica. **Revista Paulista de Educação Física**, São Paulo, v. 7, n. 1, p. 58-68, jan./jun. 1993. Disponível em: <http://www.revistas.usp.br/rpef/article/view/138851/134187>. Acesso em: 16 out. 2019.

QUAGLIA, M. A. C.; FUKUSIMA, S. S. O sistema de percepção-ação frente às ilusões geométricas visuais. **Psico**, v. 39, n. 4, p. 477-483, out./dez. 2008. Disponível em: <http://revistaseletronicas.pucrs.br/revistapsico/ojs/index.php/revistapsico/article/view/3912/3838>. Acesso em: 16 out. 2019.

RAGLIN, J. S.; TURNER, P. E. Anxiety and Performance in Track and Field Athletes: A Comparison of the Inverted-U Hypothesis with Zone of Optimal Function Theory. **Personality and Individual Differences**, v. 14, n. 1, p. 163-171, Jan. 1993.

RICHARDSON, M. J.; RILEY, M. A.; SHOCKLEY, K. **Progress in Motor Control**: Neural, Computational and Dynamic Approaches. New York: Springer, 2013.

RONSSE, R. et al. Motor Learning with Augmented Feedback: Modality-Dependent Behavioral and Neural Consequences. **Cerebral Cortex**, New York, v. 21, n. 6, p. 1283-1294, Jun. 2011.

ROSA NETO, F. **Manual de avaliação motora**. Porto Alegre: Artmed, 2002.

ROSALIE, S. M.; MÜLLER, S. A Model for the Transfer of Perceptual-Motor Skill Learning in Human Behaviors. **Research Quarterly for Exercise and Sport**, v. 83, n. 3, p. 413-421, Sep. 2012.

ROSENGREN, K. S.; SAVELSBERGH, G. J. P.; VAN DER KAMP, J. Development and Learning: A TASC-Based Perspective of the Acquisition of Perceptual-Motor Behaviors. **Infant Behavior and Development**, v. 26, n. 4, p. 473-494, 2003.

RUIZ, M. C.; RAGLIN, J. S.; HANIN, Y. L. The Individual Zones of Optimal Functioning (IZOF) Model (1978-2014): Historical Overview of its Development and Use. **International Journal of Sport and Exercise Psychology**, v. 15, n. 1, p. 41-63, 2016.

SCHMIDT, R. A.; LEE, T. D. **Motor Control and Learning**: a Behavioral Emphasis. 4. ed. Champaign: Human Kinetics, 2005.

SCHMIDT, R. A.; WRISBERG, C. A. **Motor Learning and Performance**: a Situation-Based Learning Approach. 3. ed. Champaign: Human Kinetics, 2004.

SCHOLZ, J. P.; SCHÖNER, G.; LATASH, M. L. Identifying the Control Structure of Multijoint Coordination During Pistol Shooting. **Experimental Brain Research**, v. 135, n. 3, p. 382-404, Dec. 2000.

SHEA, J. B.; MORGAN, R. L. Contextual Interference Effects on the Acquisition, Retention, and Transfer of a Motor Skill. **Journal of Experimental Psychology – Human Learning and Memory**, v. 5, n. 2, p. 179-187, 1979.

SHERRINGTON, C. S. **The Integrative Action of the Nervous System**. New Haven: Yale University Press, 1906.

SHUMWAY-COOK, A.; WOOLLACOTT, M. H. **Motor Control**: Translating Research into Clinical Practice. 3. ed. Philadelphia: Lippincott Williams & Wilkins, 2007.

____. ____. 4. ed. Philadelphia: Lippincott Williams & Wilkins, 2014.

SIGMUNDSSON, H. et al. What is Trained Develops! Theoretical Perspective on Skill Learning. **Sports**, Basel, v. 5, n. 2, p. 38, Jun. 2017.

SIGRIST, R. et al. Augmented Visual, Auditory, Haptic, and Multimodal Feedback in Motor Learning: a Review. **Psychonomic Bulletin & Review**, New York, v. 20, n. 1, p. 21-53, Feb. 2013.

SIMONTON, D. K. Creative Performance, Expertise Acquisition, Individual Differences, and Developmental Antecedents: an Integrative Research Agenda. **Intelligence**, v. 45, p. 66-73, July/Aug. 2014.

SINGER, R. N. **Motor Learning and Human Performance**: an Application to Physical Education Skills. 2. ed. New York: Macmillan, 1975.

SMITH, A. D. et al. Early Sports Specialization: an International Perspective. **Current Sports Medicine Reports**, v. 16, n. 6, p. 439-442, Nov./Dec. 2017.

SODERSTROM, N. C.; BJORK, R. A. Learning versus Performance: an Integrative Review. **Perspectives on Psychological Science**, v. 10, n. 2, p. 176-199, Mar. 2015.

SONOO, C. N. et al. Ansiedade e desempenho: um estudo com uma equipe infantil de voleibol feminino. **Motriz – Revista de Educação Física**, Rio Claro, v. 16, n. 3, p. 629-637, jul./set. 2010. Disponível em: <http://www.scielo.br/pdf/motriz/v16n3/a10v16n3.pdf>. Acesso em: 1 jul. 2019.

SPORNS, O. **Networks of the Brain**. Cambridge: MIT Press, 2011.

STACKMAN, R. W.; CLARK, A. S.; TAUBE, J. S. Hippocampal Spatial Representations Require Vestibular Input. **Hippocampus**, New York, v. 12, n. 3, p. 291-303, 2002.

STACKMAN, R. W.; TAUBE, J. S. Firing Properties of Head Direction Cells in the Rat Anterior Thalamic Nucleus: Dependence on Vestibular Input. **The Journal of Neuroscience**, v. 17, n. 11, p. 4349-4358, Jun. 1997.

STELMACH, G. E. Efficiency of Motor Learning as a Function of Intertrial Rest. **Research Quarterly. American Association for Health, Physical Education and Recreation**, v. 40, n. 1, p. 198-202, 1969.

STÖCKEL, T.; WANG, J. Transfer of Short-Term Motor Learning Across the Lower Limbs as a Function of Task Conception and Practice Order. **Brain and Cognition**, v. 77, n. 2, p. 271-279, Nov. 2011.

SUNARYADI, Y. Relative Frequency of Augmented Feedback and Motor Skill Learning. **IOP Conference Series: Materials Science and Engineering**, v. 180, n. 1, 2017.

SYAQURO, A.; RUSDIANA, A.; SUMARDIYANTO. Comparison of Whole Body Reaction and Anticipation Reaction Time between Kata and Kumite in Karater. **IOP Conference Series: Materials Science and Engineering**, v. 180, n. 1, 2017.

TANI, G. et al. An Adaptive Process Model of Motor Learning: Insights for the Teaching of Motor Skills. **Nonlinear Dynamics, Psychology, and Life Sciences**, v. 18, n. 1, p. 47-65, Jan. 2014.

TANI, G. et al. O ensino de habilidades motoras esportivas na escola e o esporte de alto rendimento: discurso, realidade e possibilidades. **Revista Brasileira de Educação Física e Esporte**, São Paulo, v. 27, n. 3, p. 507-518, jul./set. 2013. Disponível em: <http://www.scielo.br/pdf/rbefe/v27n3/v27n3a16.pdf>. Acesso em: 1º jul. 2019.

_____. O estudo da demonstração em aprendizagem motora: estado da arte, desafios e perspectivas. **Revista Brasileira de Cineantropometria & Desempenho Humano**, v. 13, n. 5, p. 392-403, 2011. Disponível em: <http://www.scielo.br/pdf/rbcdh/v13n5/a11v13n5.pdf>. Acesso em: 16 out 2019.

TANI, G. et al. Pesquisa na área de comportamento motor: modelos teóricos, métodos de investigação, instrumentos de análise, desafios, tendências e perspectivas. **Revista da Educação Física/UEM**, Maringá, v. 21, n. 3, p. 329-380, 2010. Disponível em: <http://www.periodicos.uem.br/ojs/index.php/RevEducFis/article/view/9254/5831>. Acesso em: 16 out. 2019.

TEMPRADO, J. et al. A Novice-Expert Comparison of (Intra-Limb) Coordination Subserving the Volleyball Serve. **Human Movement Science**, v. 16, n. 5, p. 653-676, Oct. 1997.

TENENBAUM, G. et al. Emotions–Decision-Making in Sport: Theoretical Conceptualization and Experimental Evidence. **International Journal of Sport and Exercise Psychology**, v. 11, n. 2, p. 151-168, Oct. 2013.

THELEN, E. Motor Development: a New Synthesis. **American Psychologist**, v. 50, n. 2, p. 79-95, Feb. 1995.

THELEN, E.; SMITH, L. B. **A Dynamic Systems Approach to the Development of Cognition and Action**. Cambridge: MIT Press, 1994.

TILLEMA, H.; LEENKNECHT, M.; SEGERS, M. R. Assessing Assessment Quality: Criteria for Quality Assurance in Design of (Peer) Assessment for Learning – a Review of Research Studies. **Studies in Educational Evaluation**, v. 37, n. 1, p. 25-34, Mar. 2011.

TING, L. H.; MACPHERSON, J. M. A Limited Set of Muscle Synergies for Force Control during a Postural Task. **Journal of Neurophysiology**, v. 93, n. 1, p. 609-613, Jan. 2005.

TODOROV, E.; JORDAN, M. I. Optimal Feedback Control as a Theory of Motor Coordination. **Nature Neuroscience**, v. 5, n. 11, p. 1226-1235, Nov. 2002.

TOMBU, M.; JOLICOEUR, P. Testing the Predictions of the Central Capacity Sharing Model. **Journal of Experimental Psychology: Human Perception and Performance**, v. 31, n. 4, p. 790-802, Aug. 2005.

TONELLO, M. G. M.; PELLEGRINI, A. M. A utilização da demonstração para a aprendizagem de habilidades em aulas de Educação Física. **Revista Paulista de Educação Fisica**, São Paulo, v. 12, n. 2, p. 107-114, jul./dez. 1998. Disponível em: <http://www.revistas.usp.br/rpef/article/download/139538/134843/>. Acesso em: 16 out. 2019.

TORRES-OVIEDO, G.; BASTIAN, A. J. Natural Error Patterns Enable Transfer of Motor Learning to Novel Contexts. **Journal of Neurophysiology**, v. 107, n. 1, p. 346-356, Jan. 2012.

TREISMAN, A. M. Contextual Cues in Selective Listening. **Quarterly Journal of Experimental Psychology**, v. 12, n. 4, p. 242-248, 1960.

_____. Effect of Irrelevant Material on the Efficiency of Selective Listening. **The American Journal of Psychology**, v. 77, n. 4, p. 533-546, 1964.

_____. Perceiving and Reperceiving Objects. **American Psychologist**, v. 47, n. 7, p. 862-875, Jul. 1992.

_____. Strategies and Models of Selective Attention. **Psychological Review**, v. 76, n. 3, p. 282-299, 1969.

TRESCH, M. C.; SALTIEL, P.; BIZZI, E. The Construction of Movement by the Spinal Cord. **Nature Neuroscience**, v. 2, n. 2, p. 162-167, Feb. 1999.

TURVEY, M. T. Coordination. **American Psychologist**, v. 45, n. 8, p. 938-953, Aug. 1990.

UEHARA, L. et al. Contextualised Skill Acquisition Research: a New Framework to Study the Development of Sport Expertise. **Physical Education and Sport Pedagogy**, v. 21, n. 2, p. 153-168, 2014.

UGRINOWITSCH, H.; BENDA, R. N. Contribuições da aprendizagem motora: a prática na intervenção em educação física. **Revista Brasileira de Educação Física e Esporte**, São Paulo, v. 25, p. 25-35, dez. 2011. Disponível em: <http://www.scielo.br/pdf/rbefe/v25nspe/04.pdf>. Acesso em: 1º jul. 2019.

ULRICH, B. Motor Development: Core Curricular Concepts. **Quest**, v. 59, n. 1, p. 77-91, 2007.

ULRICH, B.; REEVE, T. G. Studies in Motor Behavior: 75 Years of Research in Motor Development, Learning, and Control. **Research Quarterly for Exercise and Sport**, v. 76, p. 62-70, Jun. 2005.

VAGHETTI, C. A. O.; ROESLER, H.; ANDRADE, A. Tempo de reação simples auditivo e visual em surfistas com diferentes níveis de habilidade: comparação entre atletas profissionais, amadores e praticantes. **Revista Brasileira de Medicina do Esporte**, Niterói, v. 13, n. 2, p. 81-85, mar./abr. 2007. Disponível em: <http://www.scielo.br/pdf/rbme/v13n2/03.pdf>. Acesso em: 1º jul. 2019.

VAN EMMERIK, R. E. A.; VAN WEGEN, E. On Variability and Stability in Human Movement. **Journal of Applied Biomechanics**, v. 16, n. 4, p. 394-406, Nov. 2000.

VYAS, S. et al. Neural Population Dynamics Underlying Motor Learning Transfer. **Neuron**, v. 97, n. 5, p. 1177-1186, Mar. 2018.

WEK, S. R.; HUSAK, W. S. Distributed and Massed Practice Effects on Motor Performance and Learning of Autistic Children. **Perceptual and Motor Skills**, v. 68, n. 1, p. 107-113, Feb. 1989.

WELFORD, A. T. The Psychological Refractory Period and the Timing of High-Speed Performance: a Review and a Theory. **British Journal of Psycholog**, v. 43, p. 2-19, 1952.

WILLIAMS, A. M.; DAVIDS, K.; WILLIAMS, J. G. **Visual Perception and Action in Sport**. London: Routledge, 1999.

WILLIAMS, A. M.; HODGES, N. J. Practice, Instruction and Skill Acquisition in Soccer: Challenging Tradition. **Journal of Sports Sciences**, v. 23, n. 6, p. 637-650, Jun. 2005.

WILLIAMS, G. K. R. et al. Changes in Joint Kinetics during Learning the Longswing on High Bar. **Journal of Sports Sciences**, v. 33, n. 1, p. 29-38, May 2014.

WINTER, D. A. Kinetics: Forces and Moments of Force. In: WINTER, D. A. (Ed.). **Biomechanics and Motor Control of Human Movement**. New Jersey: John Wiley & Sons, 2009. p. 107-138.

WRISBERG, C. A.; PEIN, R. L. Note on Learners Control of the Frequency of Model Presentation During Skill Acquisition. **Perceptual and Motor Skills**, v. 94, n. 3, p. 792-794, Jun. 2002.

WULF, G. Self-Controlled Practice Enhances Motor Learning: Implications for Physiotherapy. **Physiotherapy**, v. 93, n. 2, p. 96-101, 2007.

WULF, G.; PRINZ, W. Directing Attention to Movement Effects Enhances Learning: a Review. **Psychonomic Bulletin & Review**, New York, v. 8, n. 4, p. 648-660, Dec. 2001.

WULF, G.; RAUPACH, M.; PFEIFFER, F. Self-Controlled Observational Practice Enhances Learning. **Research Quarterly for Exercise and Sport**, v. 76, n. 1, p. 107-111, Mar. 2005.

WULF, G.; SHEA, C.; LEWTHWAITE, R. Motor Skill Learning and Performance: a Review of Influential Factors. **Medical Education**, Oxford, v. 44, n. 1, p. 75-84, Jan. 2010.

YANES, A. F. et al. Observation for Assessment of Clinician Performance: a Narrative Review. **BMJ Quality & Safety**, v. 25, n. 1, 2015.

ZENTGRAF, K.; MUNZERT, J. Effects of Attentional-Focus Instructions on Movement Kinematics. **Psychology of Sport & Exercise**, v. 10, n. 5, p. 520-525, 2009.

ZYLBERBERG, A. et al. The Brain's Router: a Cortical Network Model of Serial Processing in the Primate Brain (Network Model of Serial Processing). **PLoS Computational Biology**, San Francisco, v. 6, n. 4, Apr. 2010.

Bibliografia comentada

Durante o desenvolvimento deste livro, focamos no entendimento do processo dinâmico e complexo de controle motor e de aquisição de habilidades motoras. Para sustentar essa linha de pensamento e os conteúdos presentes na obra, utilizamos autores que abordam as mesmas linhas de pensamento, bem como aqueles que contrariam essas ideias para melhor discussão e entendimento do controle e da aprendizagem motora. Aqui, comentamos sucintamente algumas obras da área:

BARELA, A. M. F. et al. Influence of Imposed Optic Flow Characteristics and Intention on Postural Responses. **Motor Control**, v. 13, n. 2, p. 119-129, Apr. 2009.

Os professores Ana Barela e José Angelo Barela são profissionais de educação física e ambos atuam principalmente nas áreas de controle motor e aprendizagem motora. Os autores trabalham especialmente na análise da postura e locomoção em diferentes populações e contextos, bem como em estratégias de intervenção para indivíduos com comprometimento ou não do aparelho locomotor. Alguns dos artigos publicados por esses autores também podem ser encontrados nos seguintes *links*:
<https://scholar.google.com/citations?user=1npQA0AAAAAJ&hl=en>
<https://scholar.google.ca/citations?user=sIn2mTcAAAAJ&hl=en>

DAVIDS, K.; BUTTON, C.; BENNETT, S. **Dynamics of Skill Acquisition**: a Constraints-led Approach. Champaign: Human Kinetics, 2008.

Os professores Keith Davids, Chris Button e Simon Bennett são especialistas na área de comportamento motor, principalmente utilizando a abordagem da teoria dos sistemas dinâmicos na aprendizagem motora. Neste livro, os autores fornecem uma análise abrangente da evolução da perspectiva conduzida por restrições, uma teoria reconhecida em aprendizagem e controle motor. É o primeiro texto a delinear o desenvolvimento de um modelo conceitual de coordenação e controle dentro de uma estrutura multidisciplinar, capturando as várias escalas interligadas de análise e os muitos subsistemas envolvidos na produção de movimento. O livro ainda não foi traduzido para a língua portuguesa.

LATASH, M. L. et al. Motor Control Theories and Their Applications. **Medicina (Kaunas)**, v. 46, n. 6, p. 382-392, 2010.

LATASH, M. L.; HUANG, X. Neural Control of Movement Stability: Lessons from Studies of Neurological Patients. **Neuroscience**, v. 301, p. 39-48, Aug. 2015.

Mark Latash é pesquisador focado na compreensão de como o sistema nervoso central controla e coordena os movimentos voluntários naturais. O professor Latash e seus colegas têm como objetivo promover a cooperação e a compreensão sobre o controle motor, abordando diferentes aspectos do complexo fenômeno da coordenação motora.

MAGILL, R. A. **Motor Learning and Control**: Concepts and Applications. 9. ed. New York: McGraw-Hill, 2011.

O professor Richard A. Magill é um profissional de educação física e pesquisador renomado na área de aprendizagem motora. Seus livros fornecem um estudo introdutório de aprendizagem e controle motor. A maior parte das explicações fornecidas em seus livros são baseadas tanto na teoria da programação motora quando na teoria dos sistemas dinâmicos, com maior ênfase na primeira.

SCHMIDT, R. A.; WRISBERG, C. A. **Motor Learning and Performance**: a Situation-Based Learning Approach. 3. ed. Champaign: Human Kinetics, 2004.

O professor Richard A. Schmidt foi um profissional de educação física e renomado pesquisador na área de controle e aprendizagem motora. Já o professor Caig A. Wrisberg é professor e pesquisador na área de psicologia do esporte e comportamento motor. Nesse livro, os autores expandem os princípios fundamentais do desempenho motor e da aprendizagem motora, aplicando princípios teóricos (baseados na teoria da programação motora) a uma variedade de contextos realistas. Os autores combinam um modelo conceitual de desempenho motor com uma abordagem de aprendizagem baseada em problemas.

Respostas

Capítulo 1
1. C, A, B.
2. a) fina, em série; b) grossa, contínua, aberta, de locomoção; c) fina, discreta, aberta, de locomoção; d) grossa, em série, fechada, de estabilidade, de locomoção.
3. V, F, F, V.
4. b
5. d

Capítulo 2
1. b
2. c
3. C, A, D, B.
4. d
5. V, V, F, V, F.

Capítulo 3
1. c
2. b
3. V, F, F, V.
4. 2, 1, 3.
5. a

Capítulo 4

1. c
2. B, A, C.
3. c
4. a
5. b

Capítulo 5

1. F, V, V, V, F, V, F.
2. 2, 1, 2, 1.
3. A, E, D, B, C.
4. 4, 3, 2, 1.
5. b

Capítulo 6

1. d
2. d
3. d
4. c
5. 5, 3, 1, 4, 2.

Sobre a autora

Suelen Meira Góes tem dois pós-doutorados na área de Comportamento Motor e Ciências da Reabilitação pela Escola de Ciências da Reabilitação da *University of Saskatchewan* e da *Dalhousie University*, ambas no Canadá; doutorado em Educação Física na área de Comportamento Motor e mestrado em Educação Física na área de Atividade Física e Saúde pela Universidade Federal do Paraná (UFPR); licenciatura plena em Educação Física pela Universidade Estadual de Ponta Grossa (UEPG). Atualmente, é Pesquisadora Associada no Departamento de Educação Física e na Escola de Ciências da Reabilitação na *University of Saskatchewan* (Canadá). O foco de suas pesquisas está na compreensão do comportamento motor de indivíduos com e sem condições clínicas. Tem experiência nas seguintes áreas: controle motor, aprendizagem motora, biomecânica, atividade física e saúde, cinesiologia, gerontologia, populações em condições especiais de saúde, e pesquisa voltada as comunidades.

Os papéis utilizados neste livro, certificados por instituições ambientais competentes, são recicláveis, provenientes de fontes renováveis e, protanto, um meio sustentável e natural de informação e conhecimento.

FSC
www.fsc.org
MISTO
Papel produzido a partir de fontes responsáveis
FSC® C114026

Impressão: Optagraf
Dezembro/2019